公路工程建设标准管理
法规文件选编

(2021年版)

交通运输部公路局 编

人民交通出版社股份有限公司

北京

内 容 提 要

本书收录了涉及公路工程建设标准管理的法律、法规、部门规章和规范性文件共计46篇，各文件均为现行有效。

本书可供公路工程建设标准管理相关工作人员及其他从事标准化工作的人员使用。

图书在版编目（CIP）数据

公路工程建设标准管理法规文件选编：2021年版 / 交通运输部公路局编. — 北京：人民交通出版社股份有限公司，2021.11

ISBN 978-7-114-17101-7

Ⅰ.①公… Ⅱ.①交… Ⅲ.①道路工程—法规—汇编—中国—2020 Ⅳ.①D922.296.9

中国版本图书馆CIP数据核字（2021）第029481号

Gonglu Gongcheng Jianshe Biaozhun Guanli Fagui Wenjian Xuanbian

书　　名	公路工程建设标准管理法规文件选编（2021年版）
著 作 者	交通运输部公路局
责任编辑	李　沛
责任校对	刘　芹
责任印制	张　凯
出版发行	人民交通出版社股份有限公司
地　　址	（100011）北京市朝阳区安定门外外馆斜街3号
网　　址	http：//www.ccpcl.com.cn
销售电话	（010）59757973
总 经 销	人民交通出版社股份有限公司发行部
经　　销	各地新华书店
印　　刷	北京市密东印刷有限公司
开　　本	787×1092　1/16
印　　张	15.75
字　　数	370千
版　　次	2021年11月　第1版
印　　次	2021年11月　第1次印刷
书　　号	ISBN 978-7-114-17101-7
定　　价	90.00元

（有印刷、装订质量问题的图书，由本公司负责调换）

目 录

- 中华人民共和国公路法
  （中华人民共和国主席令第25号） ……………………………………… 1
- 中华人民共和国标准化法
  （中华人民共和国主席令第78号） ……………………………………… 11
- 中华人民共和国预算法
  （中华人民共和国主席令第22号） ……………………………………… 17
- 中华人民共和国政府采购法
  （中华人民共和国主席令第68号） ……………………………………… 32
- 中华人民共和国科学技术普及法
  （中华人民共和国主席令第71号） ……………………………………… 42

- 中华人民共和国标准化法实施条例
  （中华人民共和国国务院令第53号） …………………………………… 46
- 公路安全保护条例
  （中华人民共和国国务院令第593号） …………………………………… 52
- 建设工程质量管理条例
  （中华人民共和国国务院令第279号） …………………………………… 62
- 建设工程勘察设计管理条例
  （中华人民共和国国务院令第293号） …………………………………… 72
- 建设工程安全生产管理条例
  （中华人民共和国国务院令第393号） …………………………………… 77

- 国家标准化发展纲要
  （中共中央　国务院） …………………………………………………… 87
- 中共中央　国务院关于全面实施预算绩效管理的意见
  （2018年9月1日） ……………………………………………………… 94
- 交通强国建设纲要
  （中共中央　国务院） …………………………………………………… 99
- 国务院关于印发深化标准化工作改革方案的通知
  （国发〔2015〕13号） …………………………………………………… 105
- 国务院关于改进加强中央财政科研项目和资金管理的若干意见
  （国发〔2014〕11号） …………………………………………………… 110
- 国务院办公厅关于促进建筑业持续健康发展的意见
  （国办发〔2017〕19号） ………………………………………………… 116

- 国务院办公厅关于印发强制性标准整合精简工作方案的通知

  （国办发〔2016〕3号） ………………………………………………… 121
- 国务院办公厅关于政府向社会力量购买服务的指导意见

  （国办发〔2013〕96号） ………………………………………………… 125
- 国务院办公厅关于改革完善中央财政科研经费管理的若干意见

  （国办发〔2021〕32号） ………………………………………………… 129

- 强制性国家标准管理办法

  （国家市场监督管理总局令第25号） ………………………………… 134
- 实施工程建设强制性标准监督规定

  （中华人民共和国建设部令第81号） ………………………………… 140
- 工程建设国家标准管理办法

  （中华人民共和国建设部令第24号） ………………………………… 143
- 工程建设行业标准管理办法

  （中华人民共和国建设部令第25号） ………………………………… 150
- 政府购买服务管理办法

  （中华人民共和国财政部令第102号） ………………………………… 152
- 交通运输标准化管理办法

  （中华人民共和国交通运输部令2019年第12号） …………………… 156

- 关于深化工程建设标准化工作改革的意见

  （建标〔2016〕166号） ………………………………………………… 160
- 工程建设标准培训管理办法

  （建标〔2014〕162号） ………………………………………………… 164
- 工程建设标准解释管理办法

  （建标〔2014〕65号） …………………………………………………… 166
- 住房城乡建设部关于进一步加强工程建设标准实施监督工作的指导意见

  （建标〔2014〕32号） …………………………………………………… 168
- 工程建设标准翻译出版工作管理办法

  （建标〔2008〕123号） ………………………………………………… 171
- 工程建设标准英文版翻译细则（试行）

  （建标标函〔2008〕79号） ……………………………………………… 176
- 工程建设标准英文版出版印刷规定

  （建标标函〔2008〕78号） ……………………………………………… 186
- 工程建设标准涉及专利管理办法

  （建办标〔2017〕3号） ………………………………………………… 190
- 住房城乡建设部办公厅关于培育和发展工程建设团体标准的意见

  （建办标〔2016〕57号） ………………………………………………… 192
- 关于贯彻落实《中共中央　国务院关于全面实施预算绩效管理的意见》的通知

  （财预〔2018〕167号） ………………………………………………… 195

- 交通运输科研项目经费管理暂行办法
  （财建〔2011〕322号）……………………………………………………………… 198
- 财政部　交通运输部关于推进交通运输领域政府购买服务的指导意见
  （财建〔2016〕34号）……………………………………………………………… 201
- 国家标准制修订经费管理办法
  （财行〔2019〕447号）……………………………………………………………… 206
- 关于进一步加强行业标准管理的指导意见
  （国标委发〔2020〕18号）………………………………………………………… 210
- 团体标准管理规定
  （国标委联〔2019〕1号）…………………………………………………………… 212
- 公路工程建设标准管理办法
  （交公路规〔2020〕8号）…………………………………………………………… 216
- 交通运输部关于推进交通运输领域全面实施预算绩效管理工作的通知
  （交财审发〔2019〕106号）………………………………………………………… 219
- 公路工程标准体系（JTG 1001—2017）………………………………………… 223
- 交通运输科研项目管理暂行办法
  （交办规划〔2017〕2号）…………………………………………………………… 230
- 交通运输部关于全面深化交通运输改革的意见
  （交政研发〔2014〕242号）………………………………………………………… 234
- 交通运输部关于加强和改进交通运输标准化工作的意见
  （交科技发〔2014〕169号）………………………………………………………… 242

中华人民共和国公路法

(中华人民共和国主席令第 25 号)

(1997 年 7 月 3 日第八届全国人民代表大会常务委员会第二十六次会议通过，根据 1999 年 10 月 31 日第九届全国人民代表大会常务委员会第十二次会议《关于修改〈中华人民共和国公路法〉的决定》第一次修正，根据 2004 年 8 月 28 日第十届全国人民代表大会常务委员会第十一次会议《关于修改〈中华人民共和国公路法〉的决定》第二次修正，根据 2009 年 8 月 27 日第十一届全国人民代表大会常务委员会第十次会议《关于修改部分法律的决定》第三次修正，根据 2016 年 11 月 7 日第十二届全国人民代表大会常务委员会第二十四次会议《关于修改〈中华人民共和国对外贸易法〉等十二部法律的决定》第四次修正，根据 2017 年 11 月 4 日第十二届全国人民代表大会常务委员会第三十次会议《关于修改〈中华人民共和国会计法〉等十一部法律的决定》第五次修正)

第一章 总 则

第一条 为了加强公路的建设和管理，促进公路事业的发展，适应社会主义现代化建设和人民生活的需要，制定本法。

第二条 在中华人民共和国境内从事公路的规划、建设、养护、经营、使用和管理，适用本法。

本法所称公路，包括公路桥梁、公路隧道和公路渡口。

第三条 公路的发展应当遵循全面规划、合理布局、确保质量、保障畅通、保护环境、建设改造与养护并重的原则。

第四条 各级人民政府应当采取有力措施，扶持、促进公路建设。公路建设应当纳入国民经济和社会发展计划。

国家鼓励、引导国内外经济组织依法投资建设、经营公路。

第五条 国家帮助和扶持少数民族地区、边远地区和贫困地区发展公路建设。

第六条 公路按其在公路路网中的地位分为国道、省道、县道和乡道，并按技术等级分为高速公路、一级公路、二级公路、三级公路和四级公路。具体划分标准由国务院交通主管部门规定。

新建公路应当符合技术等级的要求。原有不符合最低技术等级要求的等外公路，应当采取措施，逐步改造为符合技术等级要求的公路。

第七条 公路受国家保护，任何单位和个人不得破坏、损坏或者非法占用公路、公路用地及公路附属设施。

任何单位和个人都有爱护公路、公路用地及公路附属设施的义务，有权检举和控告破坏、损坏公路、公路用地、公路附属设施和影响公路安全的行为。

第八条 国务院交通主管部门主管全国公路工作。

县级以上地方人民政府交通主管部门主管本行政区域内的公路工作；但是，县级以上地方人民政府交通主管部门对国道、省道的管理、监督职责，由省、自治区、直辖市人民政府确定。

乡、民族乡、镇人民政府负责本行政区域内的乡道的建设和养护工作。

县级以上地方人民政府交通主管部门可以决定由公路管理机构依照本法规定行使公路行政管理职责。

第九条 禁止任何单位和个人在公路上非法设卡、收费、罚款和拦截车辆。

第十条 国家鼓励公路工作方面的科学技术研究，对在公路科学技术研究和应用方面作出显著成绩的单位和个人给予奖励。

第十一条 本法对专用公路有规定的，适用于专用公路。

专用公路是指由企业或者其他单位建设、养护、管理，专为或者主要为本企业或者本单位提供运输服务的道路。

第二章　公　路　规　划

第十二条 公路规划应当根据国民经济和社会发展以及国防建设的需要编制，与城市建设发展规划和其他方式的交通运输发展规划相协调。

第十三条 公路建设用地规划应当符合土地利用总体规划，当年建设用地应当纳入年度建设用地计划。

第十四条 国道规划由国务院交通主管部门会同国务院有关部门并商国道沿线省、自治区、直辖市人民政府编制，报国务院批准。

省道规划由省、自治区、直辖市人民政府交通主管部门会同同级有关部门并商省道沿线下一级人民政府编制，报省、自治区、直辖市人民政府批准，并报国务院交通主管部门备案。

县道规划由县级人民政府交通主管部门会同同级有关部门编制，经本级人民政府审定后，报上一级人民政府批准。

乡道规划由县级人民政府交通主管部门协助乡、民族乡、镇人民政府编制，报县级人民政府批准。

依照第三款、第四款规定批准的县道、乡道规划，应当报批准机关的上一级人民政府交通主管部门备案。

省道规划应当与国道规划相协调。县道规划应当与省道规划相协调。乡道规划应当与县道规划相协调。

第十五条　专用公路规划由专用公路的主管单位编制，经其上级主管部门审定后，报县级以上人民政府交通主管部门审核。

专用公路规划应当与公路规划相协调。县级以上人民政府交通主管部门发现专用公路规划与国道、省道、县道、乡道规划有不协调的地方，应当提出修改意见，专用公路主管部门和单位应当作出相应的修改。

第十六条　国道规划的局部调整由原编制机关决定。国道规划需要作重大修改的，由原编制机关提出修改方案，报国务院批准。

经批准的省道、县道、乡道公路规划需要修改的，由原编制机关提出修改方案，报原批准机关批准。

第十七条　国道的命名和编号，由国务院交通主管部门确定；省道、县道、乡道的命名和编号，由省、自治区、直辖市人民政府交通主管部门按照国务院交通主管部门的有关规定确定。

第十八条　规划和新建村镇、开发区，应当与公路保持规定的距离并避免在公路两侧对应进行，防止造成公路街道化，影响公路的运行安全与畅通。

第十九条　国家鼓励专用公路用于社会公共运输。专用公路主要用于社会公共运输时，由专用公路的主管单位申请，或者由有关方面申请，专用公路的主管单位同意，并经省、自治区、直辖市人民政府交通主管部门批准，可以改划为省道、县道或者乡道。

第三章　公　路　建　设

第二十条　县级以上人民政府交通主管部门应当依据职责维护公路建设秩序，加强对公路建设的监督管理。

第二十一条　筹集公路建设资金，除各级人民政府的财政拨款，包括依法征税筹集的公路建设专项资金转为的财政拨款外，可以依法向国内外金融机构或者外国政府贷款。

国家鼓励国内外经济组织对公路建设进行投资。开发、经营公路的公司可以依照法律、行政法规的规定发行股票、公司债券筹集资金。

依照本法规定出让公路收费权的收入必须用于公路建设。

向企业和个人集资建设公路，必须根据需要与可能，坚持自愿原则，不得强行摊派，并符合国务院的有关规定。

公路建设资金还可以采取符合法律或者国务院规定的其他方式筹集。

第二十二条　公路建设应当按照国家规定的基本建设程序和有关规定进行。

第二十三条　公路建设项目应当按照国家有关规定实行法人负责制度、招标投标制度和工程监理制度。

第二十四条　公路建设单位应当根据公路建设工程的特点和技术要求，选择具有相应资格的勘查设计单位、施工单位和工程监理单位，并依照有关法律、法规、规章的规定和公路工程技术标准的要求，分别签订合同，明确双方的权利义务。

承担公路建设项目的可行性研究单位、勘查设计单位、施工单位和工程监理单位，必须持有国家规定的资质证书。

第二十五条 公路建设项目的施工，须按国务院交通主管部门的规定报请县级以上地方人民政府交通主管部门批准。

第二十六条 公路建设必须符合公路工程技术标准。

承担公路建设项目的设计单位、施工单位和工程监理单位，应当按照国家有关规定建立健全质量保证体系，落实岗位责任制，并依照有关法律、法规、规章以及公路工程技术标准的要求和合同约定进行设计、施工和监理，保证公路工程质量。

第二十七条 公路建设使用土地依照有关法律、行政法规的规定办理。

公路建设应当贯彻切实保护耕地、节约用地的原则。

第二十八条 公路建设需要使用国有荒山、荒地或者需要在国有荒山、荒地、河滩、滩涂上挖砂、采石、取土的，依照有关法律、行政法规的规定办理后，任何单位和个人不得阻挠或者非法收取费用。

第二十九条 地方各级人民政府对公路建设依法使用土地和搬迁居民，应当给予支持和协助。

第三十条 公路建设项目的设计和施工，应当符合依法保护环境、保护文物古迹和防止水土流失的要求。

公路规划中贯彻国防要求的公路建设项目，应当严格按照规划进行建设，以保证国防交通的需要。

第三十一条 因建设公路影响铁路、水利、电力、邮电设施和其他设施正常使用时，公路建设单位应当事先征得有关部门的同意；因公路建设对有关设施造成损坏的，公路建设单位应当按照不低于该设施原有的技术标准予以修复，或者给予相应的经济补偿。

第三十二条 改建公路时，施工单位应当在施工路段两端设置明显的施工标志、安全标志。需要车辆绕行的，应当在绕行路口设置标志；不能绕行的，必须修建临时道路，保证车辆和行人通行。

第三十三条 公路建设项目和公路修复项目竣工后，应当按照国家有关规定进行验收；未经验收或者验收不合格的，不得交付使用。

建成的公路，应当按照国务院交通主管部门的规定设置明显的标志、标线。

第三十四条 县级以上地方人民政府应当确定公路两侧边沟（截水沟、坡脚护坡道，下同）外缘起不少于一米的公路用地。

第四章 公路养护

第三十五条 公路管理机构应当按照国务院交通主管部门规定的技术规范和操作规程对公路进行养护，保证公路经常处于良好的技术状态。

第三十六条 国家采用依法征税的办法筹集公路养护资金，具体实施办法和步骤由国务院规定。

依法征税筹集的公路养护资金，必须专项用于公路的养护和改建。

第三十七条　县、乡级人民政府对公路养护需要的挖砂、采石、取土以及取水，应当给予支持和协助。

第三十八条　县、乡级人民政府应当在农村义务工的范围内，按照国家有关规定组织公路两侧的农村居民履行为公路建设和养护提供劳务的义务。

第三十九条　为保障公路养护人员的人身安全，公路养护人员进行养护作业时，应当穿着统一的安全标志服；利用车辆进行养护作业时，应当在公路作业车辆上设置明显的作业标志。

公路养护车辆进行作业时，在不影响过往车辆通行的前提下，其行驶路线和方向不受公路标志、标线限制；过往车辆对公路养护车辆和人员应当注意避让。

公路养护工程施工影响车辆、行人通行时，施工单位应当依照本法第三十二条的规定办理。

第四十条　因严重自然灾害致使国道、省道交通中断，公路管理机构应当及时修复；公路管理机构难以及时修复时，县级以上地方人民政府应当及时组织当地机关、团体、企业事业单位、城乡居民进行抢修，并可以请求当地驻军支援，尽快恢复交通。

第四十一条　公路用地范围内的山坡、荒地，由公路管理机构负责水土保持。

第四十二条　公路绿化工作，由公路管理机构按照公路工程技术标准组织实施。

公路用地上的树木，不得任意砍伐；需要更新砍伐的，应当经县级以上地方人民政府交通主管部门同意后，依照《中华人民共和国森林法》的规定办理审批手续，并完成更新补种任务。

第五章　路　政　管　理

第四十三条　各级地方人民政府应当采取措施，加强对公路的保护。

县级以上地方人民政府交通主管部门应当认真履行职责，依法做好公路保护工作，并努力采用科学的管理方法和先进的技术手段，提高公路管理水平，逐步完善公路服务设施，保障公路的完好、安全和畅通。

第四十四条　任何单位和个人不得擅自占用、挖掘公路。

因修建铁路、机场、电站、通信设施、水利工程和进行其他建设工程需要占用、挖掘公路或者使公路改线的，建设单位应当事先征得有关交通主管部门的同意；影响交通安全的，还须征得有关公安机关的同意。占用、挖掘公路或者使公路改线的，建设单位应当按照不低于该段公路原有的技术标准予以修复、改建或者给予相应的经济补偿。

第四十五条　跨越、穿越公路修建桥梁、渡槽或者架设、埋设管线等设施的，以及在公路用地范围内架设、埋设管线、电缆等设施的，应当事先经有关交通主管部门同意，影响交通安全的，还须征得有关公安机关的同意；所修建、架设或者埋设的设施应当符合公路工程技术标准的要求。对公路造成损坏的，应当按照损坏程度给予补偿。

第四十六条　任何单位和个人不得在公路上及公路用地范围内摆摊设点、堆放物品、倾倒垃圾、设置障碍、挖沟引水、利用公路边沟排放污物或者进行其他损坏、污染公路和影响公路畅通的活动。

第四十七条　在大中型公路桥梁和渡口周围二百米、公路隧道上方和洞口外一百米范围内，以及在公路两侧一定距离内，不得挖砂、采石、取土、倾倒废弃物，不得进行爆破作业及其他危及公路、公路桥梁、公路隧道、公路渡口安全的活动。

在前款范围内因抢险、防汛需要修筑堤坝、压缩或者拓宽河床的，应当事先报经省、自治区、直辖市人民政府交通主管部门会同水行政主管部门批准，并采取有效的保护有关的公路、公路桥梁、公路隧道、公路渡口安全的措施。

第四十八条　铁轮车、履带车和其他可能损害公路路面的机具，不得在公路上行驶。

农业机械因当地田间作业需要在公路上短距离行驶或者军用车辆执行任务需要在公路上行驶的，可以不受前款限制，但是应当采取安全保护措施。对公路造成损坏的，应当按照损坏程度给予补偿。

第四十九条　在公路上行驶的车辆的轴载质量应当符合公路工程技术标准要求。

第五十条　超过公路、公路桥梁、公路隧道或者汽车渡船的限载、限高、限宽、限长标准的车辆，不得在有限定标准的公路、公路桥梁上或者公路隧道内行驶，不得使用汽车渡船。超过公路或者公路桥梁限载标准确需行驶的，必须经县级以上地方人民政府交通主管部门批准，并按要求采取有效的防护措施；运载不可解体的超限物品的，应当按照指定的时间、路线、时速行驶，并悬挂明显标志。

运输单位不能按照前款规定采取防护措施的，由交通主管部门帮助其采取防护措施，所需费用由运输单位承担。

第五十一条　机动车制造厂和其他单位不得将公路作为检验机动车制动性能的试车场地。

第五十二条　任何单位和个人不得损坏、擅自移动、涂改公路附属设施。

前款公路附属设施，是指为保护、养护公路和保障公路安全畅通所设置的公路防护、排水、养护、管理、服务、交通安全、渡运、监控、通信、收费等设施、设备以及专用建筑物、构筑物等。

第五十三条　造成公路损坏的，责任者应当及时报告公路管理机构，并接受公路管理机构的现场调查。

第五十四条　任何单位和个人未经县级以上地方人民政府交通主管部门批准，不得在公路用地范围内设置公路标志以外的其他标志。

第五十五条　在公路上增设平面交叉道口，必须按照国家有关规定经过批准，并按照国家规定的技术标准建设。

第五十六条　除公路防护、养护需要的以外，禁止在公路两侧的建筑控制区内修建建筑物和地面构筑物；需要在建筑控制区内埋设管线、电缆等设施的，应当事先经县级以上地方人民政府交通主管部门批准。

前款规定的建筑控制区的范围，由县级以上地方人民政府按照保障公路运行安全和节约用地的原则，依照国务院的规定划定。

建筑控制区范围经县级以上地方人民政府依照前款规定划定后，由县级以上地方人民政府交通主管部门设置标桩、界桩。任何单位和个人不得损坏、擅自挪动该标桩、界桩。

第五十七条 除本法第四十七条第二款的规定外，本章规定由交通主管部门行使的路政管理职责，可以依照本法第八条第四款的规定，由公路管理机构行使。

第六章 收费公路

第五十八条 国家允许依法设立收费公路，同时对收费公路的数量进行控制。

除本法第五十九条规定可以收取车辆通行费的公路外，禁止任何公路收取车辆通行费。

第五十九条 符合国务院交通主管部门规定的技术等级和规模的下列公路，可以依法收取车辆通行费：

（一）由县级以上地方人民政府交通主管部门利用贷款或者向企业、个人集资建成的公路；

（二）由国内外经济组织依法受让前项收费公路收费权的公路；

（三）由国内外经济组织依法投资建成的公路。

第六十条 县级以上地方人民政府交通主管部门利用贷款或者集资建成的收费公路的收费期限，按照收费偿还贷款、集资款的原则，由省、自治区、直辖市人民政府依照国务院交通主管部门的规定确定。

有偿转让公路收费权的公路，收费权转让后，由受让方收费经营。收费权的转让期限由出让、受让双方约定，最长不得超过国务院规定的年限。

国内外经济组织投资建设公路，必须按照国家有关规定办理审批手续；公路建成后，由投资者收费经营。收费经营期限按照收回投资并有合理回报的原则，由有关交通主管部门与投资者约定并按照国家有关规定办理审批手续，但最长不得超过国务院规定的年限。

第六十一条 本法第五十九条第一款第一项规定的公路中的国道收费权的转让，应当在转让协议签订之日起三十个工作日内报国务院交通主管部门备案；国道以外的其他公路收费权的转让，应当在转让协议签订之日起三十个工作日内报省、自治区、直辖市人民政府备案。

前款规定的公路收费权出让的最低成交价，以国有资产评估机构评估的价值为依据确定。

第六十二条 受让公路收费权和投资建设公路的国内外经济组织应当依法成立开发、经营公路的企业（以下简称公路经营企业）。

第六十三条 收费公路车辆通行费的收费标准，由公路收费单位提出方案，报省、自治区、直辖市人民政府交通主管部门会同同级物价行政主管部门审查批准。

第六十四条 收费公路设置车辆通行费的收费站,应当报经省、自治区、直辖市人民政府审查批准。跨省、自治区、直辖市的收费公路设置车辆通行费的收费站,由有关省、自治区、直辖市人民政府协商确定;协商不成的,由国务院交通主管部门决定。同一收费公路由不同的交通主管部门组织建设或者由不同的公路经营企业经营的,应当按照"统一收费、按比例分成"的原则,统筹规划,合理设置收费站。

两个收费站之间的距离,不得小于国务院交通主管部门规定的标准。

第六十五条 有偿转让公路收费权的公路,转让收费权合同约定的期限届满,收费权由出让方收回。

由国内外经济组织依照本法规定投资建成并经营的收费公路,约定的经营期限届满,该公路由国家无偿收回,由有关交通主管部门管理。

第六十六条 依照本法第五十九条规定受让收费权或者由国内外经济组织投资建成经营的公路的养护工作,由各该公路经营企业负责。各该公路经营企业在经营期间应当按照国务院交通主管部门规定的技术规范和操作规程做好对公路的养护工作。在受让收费权的期限届满,或者经营期限届满时,公路应当处于良好的技术状态。

前款规定的公路的绿化和公路用地范围内的水土保持工作,由各该公路经营企业负责。

第一款规定的公路的路政管理,适用本法第五章的规定。该公路路政管理的职责由县级以上地方人民政府交通主管部门或者公路管理机构的派出机构、人员行使。

第六十七条 在收费公路上从事本法第四十四条第二款、第四十五条、第四十八条、第五十条所列活动的,除依照各该条的规定办理外,给公路经营企业造成损失的,应当给予相应的补偿。

第六十八条 收费公路的具体管理办法,由国务院依照本法制定。

第七章 监督检查

第六十九条 交通主管部门、公路管理机构依法对有关公路的法律、法规执行情况进行监督检查。

第七十条 交通主管部门、公路管理机构负有管理和保护公路的责任,有权检查、制止各种侵占、损坏公路、公路用地、公路附属设施及其他违反本法规定的行为。

第七十一条 公路监督检查人员依法在公路、建筑控制区、车辆停放场所、车辆所属单位等进行监督检查时,任何单位和个人不得阻挠。

公路经营者、使用者和其他有关单位、个人,应当接受公路监督检查人员依法实施的监督检查,并为其提供方便。

公路监督检查人员执行公务,应当佩戴标志,持证上岗。

第七十二条 交通主管部门、公路管理机构应当加强对所属公路监督检查人员的管理和教育,要求公路监督检查人员熟悉国家有关法律和规定,公正廉洁,热情服务,秉公执法,对公路监督检查人员的执法行为应当加强监督检查,对其违法行为应当及时纠正,依法处理。

第七十三条 用于公路监督检查的专用车辆，应当设置统一的标志和示警灯。

第八章 法 律 责 任

第七十四条 违反法律或者国务院有关规定，擅自在公路上设卡、收费的，由交通主管部门责令停止违法行为，没收违法所得，可以处违法所得三倍以下的罚款，没有违法所得的，可以处二万元以下的罚款；对负有直接责任的主管人员和其他直接责任人员，依法给予行政处分。

第七十五条 违反本法第二十五条规定，未经有关交通主管部门批准擅自施工的，交通主管部门可以责令停止施工，并可以处五万元以下的罚款。

第七十六条 有下列违法行为之一的，由交通主管部门责令停止违法行为，可以处三万元以下的罚款：

（一）违反本法第四十四条第一款规定，擅自占用、挖掘公路的；

（二）违反本法第四十五条规定，未经同意或者未按照公路工程技术标准的要求修建桥梁、渡槽或者架设、埋设管线、电缆等设施的；

（三）违反本法第四十七条规定，从事危及公路安全的作业的；

（四）违反本法第四十八条规定，铁轮车、履带车和其他可能损害路面的机具擅自在公路上行驶的；

（五）违反本法第五十条规定，车辆超限使用汽车渡船或者在公路上擅自超限行驶的；

（六）违反本法第五十二条、第五十六条规定，损坏、移动、涂改公路附属设施或者损坏、挪动建筑控制区的标桩、界桩，可能危及公路安全的。

第七十七条 违反本法第四十六条的规定，造成公路路面损坏、污染或者影响公路畅通的，或者违反本法第五十一条规定，将公路作为试车场地的，由交通主管部门责令停止违法行为，可以处五千元以下的罚款。

第七十八条 违反本法第五十三条规定，造成公路损坏，未报告的，由交通主管部门处一千元以下的罚款。

第七十九条 违反本法第五十四条规定，在公路用地范围内设置公路标志以外的其他标志的，由交通主管部门责令限期拆除，可以处二万元以下的罚款；逾期不拆除的，由交通主管部门拆除，有关费用由设置者负担。

第八十条 违反本法第五十五条规定，未经批准在公路上增设平面交叉道口的，由交通主管部门责令恢复原状，处五万元以下的罚款。

第八十一条 违反本法第五十六条规定，在公路建筑控制区内修建建筑物、地面构筑物或者擅自埋设管线、电缆等设施的，由交通主管部门责令限期拆除，并可以处五万元以下的罚款。逾期不拆除的，由交通主管部门拆除，有关费用由建筑者、构筑者承担。

第八十二条 除本法第七十四条、第七十五条的规定外，本章规定由交通主管部门行使的行政处罚权和行政措施,可以依照本法第八条第四款的规定由公路管理机构行使。

第八十三条 阻碍公路建设或者公路抢修,致使公路建设或者抢修不能正常进行,尚未造成严重损失的,依照《中华人民共和国治安管理处罚法》的规定处罚。

损毁公路或者擅自移动公路标志,可能影响交通安全,尚不够刑事处罚的,适用《中华人民共和国道路交通安全法》第九十九条的处罚规定。

拒绝、阻碍公路监督检查人员依法执行职务未使用暴力、威胁方法的,依照《中华人民共和国治安管理处罚法》的规定处罚。

第八十四条 违反本法有关规定,构成犯罪的,依法追究刑事责任。

第八十五条 违反本法有关规定,对公路造成损害的,应当依法承担民事责任。

对公路造成较大损害的车辆,必须立即停车,保护现场,报告公路管理机构,接受公路管理机构的调查、处理后方得驶离。

第八十六条 交通主管部门、公路管理机构的工作人员玩忽职守、徇私舞弊、滥用职权,构成犯罪的,依法追究刑事责任;尚不构成犯罪的,依法给予行政处分。

第九章 附 则

第八十七条 本法自1998年1月1日起施行。

中华人民共和国标准化法

(中华人民共和国主席令第 78 号)

(1988 年 12 月 29 日第七届全国人民代表大会常务委员会第五次会议通过,2017 年 11 月 4 日第十二届全国人民代表大会常务委员会第三十次会议修订)

第一章 总 则

第一条 为了加强标准化工作,提升产品和服务质量,促进科学技术进步,保障人身健康和生命财产安全,维护国家安全、生态环境安全,提高经济社会发展水平,制定本法。

第二条 本法所称标准(含标准样品),是指农业、工业、服务业以及社会事业等领域需要统一的技术要求。

标准包括国家标准、行业标准、地方标准和团体标准、企业标准。国家标准分为强制性标准、推荐性标准,行业标准、地方标准是推荐性标准。

强制性标准必须执行。国家鼓励采用推荐性标准。

第三条 标准化工作的任务是制定标准、组织实施标准以及对标准的制定、实施进行监督。

县级以上人民政府应当将标准化工作纳入本级国民经济和社会发展规划,将标准化工作经费纳入本级预算。

第四条 制定标准应当在科学技术研究成果和社会实践经验的基础上,深入调查论证,广泛征求意见,保证标准的科学性、规范性、时效性,提高标准质量。

第五条 国务院标准化行政主管部门统一管理全国标准化工作。国务院有关行政主管部门分工管理本部门、本行业的标准化工作。

县级以上地方人民政府标准化行政主管部门统一管理本行政区域内的标准化工作。县级以上地方人民政府有关行政主管部门分工管理本行政区域内本部门、本行业的标准化工作。

第六条 国务院建立标准化协调机制,统筹推进标准化重大改革,研究标准化重大政策,对跨部门跨领域、存在重大争议标准的制定和实施进行协调。

设区的市级以上地方人民政府可以根据工作需要建立标准化协调机制,统筹协调本行政区域内标准化工作重大事项。

第七条 国家鼓励企业、社会团体和教育、科研机构等开展或者参与标准化工作。

第八条 国家积极推动参与国际标准化活动,开展标准化对外合作与交流,参与制定国际标准，结合国情采用国际标准，推进中国标准与国外标准之间的转化运用。

国家鼓励企业、社会团体和教育、科研机构等参与国际标准化活动。

第九条 对在标准化工作中做出显著成绩的单位和个人，按照国家有关规定给予表彰和奖励。

第二章 标准的制定

第十条 对保障人身健康和生命财产安全、国家安全、生态环境安全以及满足经济社会管理基本需要的技术要求，应当制定强制性国家标准。

国务院有关行政主管部门依据职责负责强制性国家标准的项目提出、组织起草、征求意见和技术审查。国务院标准化行政主管部门负责强制性国家标准的立项、编号和对外通报。国务院标准化行政主管部门应当对拟制定的强制性国家标准是否符合前款规定进行立项审查，对符合前款规定的予以立项。

省、自治区、直辖市人民政府标准化行政主管部门可以向国务院标准化行政主管部门提出强制性国家标准的立项建议，由国务院标准化行政主管部门会同国务院有关行政主管部门决定。社会团体、企业事业组织以及公民可以向国务院标准化行政主管部门提出强制性国家标准的立项建议，国务院标准化行政主管部门认为需要立项的，会同国务院有关行政主管部门决定。

强制性国家标准由国务院批准发布或者授权批准发布。

法律、行政法规和国务院决定对强制性标准的制定另有规定的，从其规定。

第十一条 对满足基础通用、与强制性国家标准配套、对各有关行业起引领作用等需要的技术要求，可以制定推荐性国家标准。

推荐性国家标准由国务院标准化行政主管部门制定。

第十二条 对没有推荐性国家标准、需要在全国某个行业范围内统一的技术要求，可以制定行业标准。

行业标准由国务院有关行政主管部门制定，报国务院标准化行政主管部门备案。

第十三条 为满足地方自然条件、风俗习惯等特殊技术要求，可以制定地方标准。

地方标准由省、自治区、直辖市人民政府标准化行政主管部门制定；设区的市级人民政府标准化行政主管部门根据本行政区域的特殊需要，经所在地省、自治区、直辖市人民政府标准化行政主管部门批准，可以制定本行政区域的地方标准。地方标准由省、自治区、直辖市人民政府标准化行政主管部门报国务院标准化行政主管部门备案，由国务院标准化行政主管部门通报国务院有关行政主管部门。

第十四条 对保障人身健康和生命财产安全、国家安全、生态环境安全以及经济社会发展所急需的标准项目，制定标准的行政主管部门应当优先立项并及时完成。

第十五条 制定强制性标准、推荐性标准，应当在立项时对有关行政主管部门、企业、社会团体、消费者和教育、科研机构等方面的实际需求进行调查，对制定标准的必要性、可行性进行论证评估；在制定过程中，应当按照便捷有效的原则采取多种方式征求意见，组织对标准相关事项进行调查分析、实验、论证，并做到有关标准之间的协调配套。

第十六条 制定推荐性标准，应当组织由相关方组成的标准化技术委员会，承担标准的起草、技术审查工作。制定强制性标准，可以委托相关标准化技术委员会承担标准的起草、技术审查工作。未组成标准化技术委员会的，应当成立专家组承担相关标准的起草、技术审查工作。标准化技术委员会和专家组的组成应当具有广泛代表性。

第十七条 强制性标准文本应当免费向社会公开。国家推动免费向社会公开推荐性标准文本。

第十八条 国家鼓励学会、协会、商会、联合会、产业技术联盟等社会团体协调相关市场主体共同制定满足市场和创新需要的团体标准，由本团体成员约定采用或者按照本团体的规定供社会自愿采用。

制定团体标准，应当遵循开放、透明、公平的原则，保证各参与主体获取相关信息，反映各参与主体的共同需求，并应当组织对标准相关事项进行调查分析、实验、论证。

国务院标准化行政主管部门会同国务院有关行政主管部门对团体标准的制定进行规范、引导和监督。

第十九条 企业可以根据需要自行制定企业标准，或者与其他企业联合制定企业标准。

第二十条 国家支持在重要行业、战略性新兴产业、关键共性技术等领域利用自主创新技术制定团体标准、企业标准。

第二十一条 推荐性国家标准、行业标准、地方标准、团体标准、企业标准的技术要求不得低于强制性国家标准的相关技术要求。

国家鼓励社会团体、企业制定高于推荐性标准相关技术要求的团体标准、企业标准。

第二十二条 制定标准应当有利于科学合理利用资源，推广科学技术成果，增强产品的安全性、通用性、可替换性，提高经济效益、社会效益、生态效益，做到技术上先进、经济上合理。

禁止利用标准实施妨碍商品、服务自由流通等排除、限制市场竞争的行为。

第二十三条 国家推进标准化军民融合和资源共享，提升军民标准通用化水平，积极推动在国防和军队建设中采用先进适用的民用标准，并将先进适用的军用标准转化为民用标准。

第二十四条 标准应当按照编号规则进行编号。标准的编号规则由国务院标准化行政主管部门制定并公布。

第三章　标准的实施

第二十五条 不符合强制性标准的产品、服务，不得生产、销售、进口或者提供。

第二十六条 出口产品、服务的技术要求，按照合同的约定执行。

第二十七条 国家实行团体标准、企业标准自我声明公开和监督制度。企业应当公开其执行的强制性标准、推荐性标准、团体标准或者企业标准的编号和名称；企业执行自行制定的企业标准的，还应当公开产品、服务的功能指标和产品的性能指标。国家鼓励团体标准、企业标准通过标准信息公共服务平台向社会公开。

企业应当按照标准组织生产经营活动，其生产的产品、提供的服务应当符合企业公开标准的技术要求。

第二十八条　企业研制新产品、改进产品，进行技术改造，应当符合本法规定的标准化要求。

第二十九条　国家建立强制性标准实施情况统计分析报告制度。

国务院标准化行政主管部门和国务院有关行政主管部门、设区的市级以上地方人民政府标准化行政主管部门应当建立标准实施信息反馈和评估机制，根据反馈和评估情况对其制定的标准进行复审。标准的复审周期一般不超过五年。经过复审，对不适应经济社会发展需要和技术进步的应当及时修订或者废止。

第三十条　国务院标准化行政主管部门根据标准实施信息反馈、评估、复审情况，对有关标准之间重复交叉或者不衔接配套的，应当会同国务院有关行政主管部门作出处理或者通过国务院标准化协调机制处理。

第三十一条　县级以上人民政府应当支持开展标准化试点示范和宣传工作，传播标准化理念，推广标准化经验，推动全社会运用标准化方式组织生产、经营、管理和服务，发挥标准对促进转型升级、引领创新驱动的支撑作用。

第四章　监　督　管　理

第三十二条　县级以上人民政府标准化行政主管部门、有关行政主管部门依据法定职责，对标准的制定进行指导和监督，对标准的实施进行监督检查。

第三十三条　国务院有关行政主管部门在标准制定、实施过程中出现争议的，由国务院标准化行政主管部门组织协商；协商不成的，由国务院标准化协调机制解决。

第三十四条　国务院有关行政主管部门、设区的市级以上地方人民政府标准化行政主管部门未依照本法规定对标准进行编号、复审或者备案的，国务院标准化行政主管部门应当要求其说明情况，并限期改正。

第三十五条　任何单位或者个人有权向标准化行政主管部门、有关行政主管部门举报、投诉违反本法规定的行为。

标准化行政主管部门、有关行政主管部门应当向社会公开受理举报、投诉的电话、信箱或者电子邮件地址，并安排人员受理举报、投诉。对实名举报人或者投诉人，受理举报、投诉的行政主管部门应当告知处理结果，为举报人保密，并按照国家有关规定对举报人给予奖励。

第五章　法律责任

第三十六条　生产、销售、进口产品或者提供服务不符合强制性标准，或者企业生产的产品、提供的服务不符合其公开标准的技术要求的，依法承担民事责任。

第三十七条　生产、销售、进口产品或者提供服务不符合强制性标准的，依照《中华人民共和国产品质量法》《中华人民共和国进出口商品检验法》《中华人民共和国消费者权益保护法》等法律、行政法规的规定查处，记入信用记录，并依照有关法律、行政法规的规定予以公示；构成犯罪的，依法追究刑事责任。

第三十八条　企业未依照本法规定公开其执行的标准的，由标准化行政主管部门责令限期改正；逾期不改正的，在标准信息公共服务平台上公示。

第三十九条　国务院有关行政主管部门、设区的市级以上地方人民政府标准化行政主管部门制定的标准不符合本法第二十一条第一款、第二十二条第一款规定的，应当及时改正；拒不改正的，由国务院标准化行政主管部门公告废止相关标准；对负有责任的领导人员和直接责任人员依法给予处分。

社会团体、企业制定的标准不符合本法第二十一条第一款、第二十二条第一款规定的，由标准化行政主管部门责令限期改正；逾期不改正的，由省级以上人民政府标准化行政主管部门废止相关标准，并在标准信息公共服务平台上公示。

违反本法第二十二条第二款规定，利用标准实施排除、限制市场竞争行为的，依照《中华人民共和国反垄断法》等法律、行政法规的规定处理。

第四十条　国务院有关行政主管部门、设区的市级以上地方人民政府标准化行政主管部门未依照本法规定对标准进行编号或者备案，又未依照本法第三十四条的规定改正的，由国务院标准化行政主管部门撤销相关标准编号或者公告废止未备案标准；对负有责任的领导人员和直接责任人员依法给予处分。

国务院有关行政主管部门、设区的市级以上地方人民政府标准化行政主管部门未依照本法规定对其制定的标准进行复审，又未依照本法第三十四条的规定改正的，对负有责任的领导人员和直接责任人员依法给予处分。

第四十一条　国务院标准化行政主管部门未依照本法第十条第二款规定对制定强制性国家标准的项目予以立项，制定的标准不符合本法第二十一条第一款、第二十二条第一款规定，或者未依照本法规定对标准进行编号、复审或者予以备案的，应当及时改正；对负有责任的领导人员和直接责任人员可以依法给予处分。

第四十二条　社会团体、企业未依照本法规定对团体标准或者企业标准进行编号的，由标准化行政主管部门责令限期改正；逾期不改正的，由省级以上人民政府标准化行政主管部门撤销相关标准编号，并在标准信息公共服务平台上公示。

第四十三条　标准化工作的监督、管理人员滥用职权、玩忽职守、徇私舞弊的，依法给予处分；构成犯罪的，依法追究刑事责任。

第六章 附　　则

第四十四条 军用标准的制定、实施和监督办法，由国务院、中央军事委员会另行制定。

第四十五条 本法自2018年1月1日起施行。

中华人民共和国预算法

(中华人民共和国主席令第22号)

(1994年3月22日第八届全国人民代表大会第二次会议通过,根据2014年8月31日第十二届全国人民代表大会常务委员会第十次会议《关于修改〈中华人民共和国预算法〉的决定》第一次修正,根据2018年12月29日第十三届全国人民代表大会常务委员会第七次会议《关于修改〈中华人民共和国产品质量法〉等五部法律的决定》第二次修正)

第一章 总 则

第一条 为了规范政府收支行为,强化预算约束,加强对预算的管理和监督,建立健全全面规范、公开透明的预算制度,保障经济社会的健康发展,根据宪法,制定本法。

第二条 预算、决算的编制、审查、批准、监督,以及预算的执行和调整,依照本法规定执行。

第三条 国家实行一级政府一级预算,设立中央,省、自治区、直辖市,设区的市、自治州,县、自治县、不设区的市、市辖区,乡、民族乡、镇五级预算。

全国预算由中央预算和地方预算组成。地方预算由各省、自治区、直辖市总预算组成。

地方各级总预算由本级预算和汇总的下一级总预算组成;下一级只有本级预算的,下一级总预算即指下一级的本级预算。没有下一级预算的,总预算即指本级预算。

第四条 预算由预算收入和预算支出组成。

政府的全部收入和支出都应当纳入预算。

第五条 预算包括一般公共预算、政府性基金预算、国有资本经营预算、社会保险基金预算。

一般公共预算、政府性基金预算、国有资本经营预算、社会保险基金预算应当保持完整、独立。政府性基金预算、国有资本经营预算、社会保险基金预算应当与一般公共预算相衔接。

第六条 一般公共预算是对以税收为主体的财政收入,安排用于保障和改善民生、推动经济社会发展、维护国家安全、维持国家机构正常运转等方面的收支预算。

中央一般公共预算包括中央各部门(含直属单位,下同)的预算和中央对地方的税收返还、转移支付预算。

中央一般公共预算收入包括中央本级收入和地方向中央的上解收入。中央一般公共预算支出包括中央本级支出、中央对地方的税收返还和转移支付。

第七条 地方各级一般公共预算包括本级各部门（含直属单位，下同）的预算和税收返还、转移支付预算。

地方各级一般公共预算收入包括地方本级收入、上级政府对本级政府的税收返还和转移支付、下级政府的上解收入。地方各级一般公共预算支出包括地方本级支出、对上级政府的上解支出、对下级政府的税收返还和转移支付。

第八条 各部门预算由本部门及其所属各单位预算组成。

第九条 政府性基金预算是对依照法律、行政法规的规定在一定期限内向特定对象征收、收取或者以其他方式筹集的资金，专项用于特定公共事业发展的收支预算。

政府性基金预算应当根据基金项目收入情况和实际支出需要，按基金项目编制，做到以收定支。

第十条 国有资本经营预算是对国有资本收益作出支出安排的收支预算。

国有资本经营预算应当按照收支平衡的原则编制，不列赤字，并安排资金调入一般公共预算。

第十一条 社会保险基金预算是对社会保险缴款、一般公共预算安排和其他方式筹集的资金，专项用于社会保险的收支预算。

社会保险基金预算应当按照统筹层次和社会保险项目分别编制，做到收支平衡。

第十二条 各级预算应当遵循统筹兼顾、勤俭节约、量力而行、讲求绩效和收支平衡的原则。

各级政府应当建立跨年度预算平衡机制。

第十三条 经人民代表大会批准的预算，非经法定程序，不得调整。各级政府、各部门、各单位的支出必须以经批准的预算为依据，未列入预算的不得支出。

第十四条 经本级人民代表大会或者本级人民代表大会常务委员会批准的预算、预算调整、决算、预算执行情况的报告及报表，应当在批准后二十日内由本级政府财政部门向社会公开，并对本级政府财政转移支付安排、执行的情况以及举借债务的情况等重要事项作出说明。

经本级政府财政部门批复的部门预算、决算及报表，应当在批复后二十日内由各部门向社会公开，并对部门预算、决算中机关运行经费的安排、使用情况等重要事项作出说明。

各级政府、各部门、各单位应当将政府采购的情况及时向社会公开。

本条前三款规定的公开事项，涉及国家秘密的除外。

第十五条 国家实行中央和地方分税制。

第十六条 国家实行财政转移支付制度。财政转移支付应当规范、公平、公开，以推进地区间基本公共服务均等化为主要目标。

财政转移支付包括中央对地方的转移支付和地方上级政府对下级政府的转移支付，以为均衡地区间基本财力、由下级政府统筹安排使用的一般性转移支付为主体。

按照法律、行政法规和国务院的规定可以设立专项转移支付，用于办理特定事项。建立健全专项转移支付定期评估和退出机制。市场竞争机制能够有效调节的事项不得设立专项转移支付。

上级政府在安排专项转移支付时，不得要求下级政府承担配套资金。但是，按照国务院的规定应当由上下级政府共同承担的事项除外。

第十七条　各级预算的编制、执行应当建立健全相互制约、相互协调的机制。

第十八条　预算年度自公历1月1日起，至12月31日止。

第十九条　预算收入和预算支出以人民币元为计算单位。

第二章　预算管理职权

第二十条　全国人民代表大会审查中央和地方预算草案及中央和地方预算执行情况的报告；批准中央预算和中央预算执行情况的报告；改变或者撤销全国人民代表大会常务委员会关于预算、决算的不适当的决议。

全国人民代表大会常务委员会监督中央和地方预算的执行；审查和批准中央预算的调整方案；审查和批准中央决算；撤销国务院制定的同宪法、法律相抵触的关于预算、决算的行政法规、决定和命令；撤销省、自治区、直辖市人民代表大会及其常务委员会制定的同宪法、法律和行政法规相抵触的关于预算、决算的地方性法规和决议。

第二十一条　县级以上地方各级人民代表大会审查本级总预算草案及本级总预算执行情况的报告；批准本级预算和本级预算执行情况的报告；改变或者撤销本级人民代表大会常务委员会关于预算、决算的不适当的决议；撤销本级政府关于预算、决算的不适当的决定和命令。

县级以上地方各级人民代表大会常务委员会监督本级总预算的执行；审查和批准本级预算的调整方案；审查和批准本级决算；撤销本级政府和下一级人民代表大会及其常务委员会关于预算、决算的不适当的决定、命令和决议。

乡、民族乡、镇的人民代表大会审查和批准本级预算和本级预算执行情况的报告；监督本级预算的执行；审查和批准本级预算的调整方案；审查和批准本级决算；撤销本级政府关于预算、决算的不适当的决定和命令。

第二十二条　全国人民代表大会财政经济委员会对中央预算草案初步方案及上一年预算执行情况、中央预算调整初步方案和中央决算草案进行初步审查，提出初步审查意见。

省、自治区、直辖市人民代表大会有关专门委员会对本级预算草案初步方案及上一年预算执行情况、本级预算调整初步方案和本级决算草案进行初步审查，提出初步审查意见。

设区的市、自治州人民代表大会有关专门委员会对本级预算草案初步方案及上一年预算执行情况、本级预算调整初步方案和本级决算草案进行初步审查，提出初步审查意见，未设立专门委员会的，由本级人民代表大会常务委员会有关工作机构研究提出意见。

县、自治县、不设区的市、市辖区人民代表大会常务委员会对本级预算草案初步方案及上一年预算执行情况进行初步审查，提出初步审查意见。县、自治县、不设区的市、市辖区人民代表大会常务委员会有关工作机构对本级预算调整初步方案和本级决算草案研究提出意见。

设区的市、自治州以上各级人民代表大会有关专门委员会进行初步审查、常务委员会有关工作机构研究提出意见时，应当邀请本级人民代表大会代表参加。

对依照本条第一款至第四款规定提出的意见，本级政府财政部门应当将处理情况及时反馈。

依照本条第一款至第四款规定提出的意见以及本级政府财政部门反馈的处理情况报告，应当印发本级人民代表大会代表。

全国人民代表大会常务委员会和省、自治区、直辖市、设区的市、自治州人民代表大会常务委员会有关工作机构，依照本级人民代表大会常务委员会的决定，协助本级人民代表大会财政经济委员会或者有关专门委员会承担审查预算草案、预算调整方案、决算草案和监督预算执行等方面的具体工作。

第二十三条 国务院编制中央预算、决算草案；向全国人民代表大会作关于中央和地方预算草案的报告；将省、自治区、直辖市政府报送备案的预算汇总后报全国人民代表大会常务委员会备案；组织中央和地方预算的执行；决定中央预算预备费的动用；编制中央预算调整方案；监督中央各部门和地方政府的预算执行；改变或者撤销中央各部门和地方政府关于预算、决算的不适当的决定、命令；向全国人民代表大会、全国人民代表大会常务委员会报告中央和地方预算的执行情况。

第二十四条 县级以上地方各级政府编制本级预算、决算草案；向本级人民代表大会作关于本级总预算草案的报告；将下一级政府报送备案的预算汇总后报本级人民代表大会常务委员会备案；组织本级总预算的执行；决定本级预算预备费的动用；编制本级预算的调整方案；监督本级各部门和下级政府的预算执行；改变或者撤销本级各部门和下级政府关于预算、决算的不适当的决定、命令；向本级人民代表大会、本级人民代表大会常务委员会报告本级总预算的执行情况。

乡、民族乡、镇政府编制本级预算、决算草案；向本级人民代表大会作关于本级预算草案的报告；组织本级预算的执行；决定本级预算预备费的动用；编制本级预算的调整方案；向本级人民代表大会报告本级预算的执行情况。

经省、自治区、直辖市政府批准，乡、民族乡、镇本级预算草案、预算调整方案、决算草案，可以由上一级政府代编，并依照本法第二十一条的规定报乡、民族乡、镇的人民代表大会审查和批准。

第二十五条 国务院财政部门具体编制中央预算、决算草案；具体组织中央和地方预算的执行；提出中央预算预备费动用方案；具体编制中央预算的调整方案；定期向国务院报告中央和地方预算的执行情况。

地方各级政府财政部门具体编制本级预算、决算草案；具体组织本级总预算的执行；提出本级预算预备费动用方案；具体编制本级预算的调整方案；定期向本级政府和上一级政府财政部门报告本级总预算的执行情况。

第二十六条 各部门编制本部门预算、决算草案；组织和监督本部门预算的执行；定期向本级政府财政部门报告预算的执行情况。

各单位编制本单位预算、决算草案；按照国家规定上缴预算收入，安排预算支出，并接受国家有关部门的监督。

第三章 预算收支范围

第二十七条 一般公共预算收入包括各项税收收入、行政事业性收费收入、国有资源（资产）有偿使用收入、转移性收入和其他收入。

一般公共预算支出按照其功能分类，包括一般公共服务支出，外交、公共安全、国防支出，农业、环境保护支出，教育、科技、文化、卫生、体育支出，社会保障及就业支出和其他支出。

一般公共预算支出按照其经济性质分类，包括工资福利支出、商品和服务支出、资本性支出和其他支出。

第二十八条 政府性基金预算、国有资本经营预算和社会保险基金预算的收支范围，按照法律、行政法规和国务院的规定执行。

第二十九条 中央预算与地方预算有关收入和支出项目的划分、地方向中央上解收入、中央对地方税收返还或者转移支付的具体办法，由国务院规定，报全国人民代表大会常务委员会备案。

第三十条 上级政府不得在预算之外调用下级政府预算的资金。下级政府不得挤占或者截留属于上级政府预算的资金。

第四章 预算编制

第三十一条 国务院应当及时下达关于编制下一年预算草案的通知。编制预算草案的具体事项由国务院财政部门部署。

各级政府、各部门、各单位应当按照国务院规定的时间编制预算草案。

第三十二条 各级预算应当根据年度经济社会发展目标、国家宏观调控总体要求和跨年度预算平衡的需要，参考上一年预算执行情况、有关支出绩效评价结果和本年度收支预测，按照规定程序征求各方面意见后，进行编制。

各级政府依据法定权限作出决定或者制定行政措施，凡涉及增加或者减少财政收入或者支出的，应当在预算批准前提出并在预算草案中作出相应安排。

各部门、各单位应当按照国务院财政部门制定的政府收支分类科目、预算支出标准和要求，以及绩效目标管理等预算编制规定，根据其依法履行职能和事业发展的需要以及存量资产情况，编制本部门、本单位预算草案。

前款所称政府收支分类科目，收入分为类、款、项、目；支出按其功能分类分为类、款、项，按其经济性质分类分为类、款。

第三十三条　省、自治区、直辖市政府应当按照国务院规定的时间，将本级总预算草案报国务院审核汇总。

第三十四条　中央一般公共预算中必需的部分资金，可以通过举借国内和国外债务等方式筹措，举借债务应当控制适当的规模，保持合理的结构。

对中央一般公共预算中举借的债务实行余额管理，余额的规模不得超过全国人民代表大会批准的限额。

国务院财政部门具体负责对中央政府债务的统一管理。

第三十五条　地方各级预算按照量入为出、收支平衡的原则编制，除本法另有规定外，不列赤字。

经国务院批准的省、自治区、直辖市的预算中必需的建设投资的部分资金，可以在国务院确定的限额内，通过发行地方政府债券举借债务的方式筹措。举借债务的规模，由国务院报全国人民代表大会或者全国人民代表大会常务委员会批准。省、自治区、直辖市依照国务院下达的限额举借的债务，列入本级预算调整方案，报本级人民代表大会常务委员会批准。举借的债务应当有偿还计划和稳定的偿还资金来源，只能用于公益性资本支出，不得用于经常性支出。除前款规定外，地方政府及其所属部门不得以任何方式举借债务。

除法律另有规定外，地方政府及其所属部门不得为任何单位和个人的债务以任何方式提供担保。

国务院建立地方政府债务风险评估和预警机制、应急处置机制以及责任追究制度。国务院财政部门对地方政府债务实施监督。

第三十六条　各级预算收入的编制，应当与经济社会发展水平相适应，与财政政策相衔接。

各级政府、各部门、各单位应当依照本法规定，将所有政府收入全部列入预算，不得隐瞒、少列。

第三十七条　各级预算支出应当依照本法规定，按其功能和经济性质分类编制。

各级预算支出的编制，应当贯彻勤俭节约的原则，严格控制各部门、各单位的机关运行经费和楼堂馆所等基本建设支出。

各级一般公共预算支出的编制，应当统筹兼顾，在保证基本公共服务合理需要的前提下，优先安排国家确定的重点支出。

第三十八条　一般性转移支付应当按照国务院规定的基本标准和计算方法编制。专项转移支付应当分地区、分项目编制。

县级以上各级政府应当将对下级政府的转移支付预计数提前下达下级政府。

地方各级政府应当将上级政府提前下达的转移支付预计数编入本级预算。

第三十九条　中央预算和有关地方预算中应当安排必要的资金，用于扶助革命老区、民族地区、边疆地区、贫困地区发展经济社会建设事业。

第四十条　各级一般公共预算应当按照本级一般公共预算支出额的百分之一至百分之三设置预备费，用于当年预算执行中的自然灾害等突发事件处理增加的支出及其他难以预见的开支。

第四十一条 各级一般公共预算按照国务院的规定可以设置预算周转金，用于本级政府调剂预算年度内季节性收支差额。

各级一般公共预算按照国务院的规定可以设置预算稳定调节基金，用于弥补以后年度预算资金的不足。

第四十二条 各级政府上一年预算的结转资金，应当在下一年用于结转项目的支出；连续两年未用完的结转资金，应当作为结余资金管理。

各部门、各单位上一年预算的结转、结余资金按照国务院财政部门的规定办理。

第四十三条 中央预算由全国人民代表大会审查和批准。

地方各级预算由本级人民代表大会审查和批准。

第四十四条 国务院财政部门应当在每年全国人民代表大会会议举行的四十五日前，将中央预算草案的初步方案提交全国人民代表大会财政经济委员会进行初步审查。

省、自治区、直辖市政府财政部门应当在本级人民代表大会会议举行的三十日前，将本级预算草案的初步方案提交本级人民代表大会有关专门委员会进行初步审查。

设区的市、自治州政府财政部门应当在本级人民代表大会会议举行的三十日前，将本级预算草案的初步方案提交本级人民代表大会有关专门委员会进行初步审查，或者送交本级人民代表大会常务委员会有关工作机构征求意见。

县、自治县、不设区的市、市辖区政府应当在本级人民代表大会会议举行的三十日前，将本级预算草案的初步方案提交本级人民代表大会常务委员会进行初步审查。

第四十五条 县、自治县、不设区的市、市辖区、乡、民族乡、镇的人民代表大会举行会议审查预算草案前，应当采用多种形式，组织本级人民代表大会代表，听取选民和社会各界的意见。

第四十六条 报送各级人民代表大会审查和批准的预算草案应当细化。本级一般公共预算支出，按其功能分类应当编列到项；按其经济性质分类，基本支出应当编列到款。本级政府性基金预算、国有资本经营预算、社会保险基金预算支出，按其功能分类应当编列到项。

第五章 预算审查和批准

第四十七条 国务院在全国人民代表大会举行会议时，向大会作关于中央和地方预算草案以及中央和地方预算执行情况的报告。

地方各级政府在本级人民代表大会举行会议时，向大会作关于总预算草案和总预算执行情况的报告。

第四十八条 全国人民代表大会和地方各级人民代表大会对预算草案及其报告、预算执行情况的报告重点审查下列内容：

（一）上一年预算执行情况是否符合本级人民代表大会预算决议的要求；

（二）预算安排是否符合本法的规定；

（三）预算安排是否贯彻国民经济和社会发展的方针政策，收支政策是否切实可行；

（四）重点支出和重大投资项目的预算安排是否适当；

（五）预算的编制是否完整，是否符合本法第四十六条的规定；

（六）对下级政府的转移性支出预算是否规范、适当；

（七）预算安排举借的债务是否合法、合理，是否有偿还计划和稳定的偿还资金来源；

（八）与预算有关重要事项的说明是否清晰。

第四十九条　全国人民代表大会财政经济委员会向全国人民代表大会主席团提出关于中央和地方预算草案及中央和地方预算执行情况的审查结果报告。

省、自治区、直辖市、设区的市、自治州人民代表大会有关专门委员会，县、自治县、不设区的市、市辖区人民代表大会常务委员会，向本级人民代表大会主席团提出关于总预算草案及上一年总预算执行情况的审查结果报告。

审查结果报告应当包括下列内容：

（一）对上一年预算执行和落实本级人民代表大会预算决议的情况作出评价；

（二）对本年度预算草案是否符合本法的规定，是否可行作出评价；

（三）对本级人民代表大会批准预算草案和预算报告提出建议；

（四）对执行年度预算、改进预算管理、提高预算绩效、加强预算监督等提出意见和建议。

第五十条　乡、民族乡、镇政府应当及时将经本级人民代表大会批准的本级预算报上一级政府备案。县级以上地方各级政府应当及时将经本级人民代表大会批准的本级预算及下一级政府报送备案的预算汇总，报上一级政府备案。

县级以上地方各级政府将下一级政府依照前款规定报送备案的预算汇总后，报本级人民代表大会常务委员会备案。国务院将省、自治区、直辖市政府依照前款规定报送备案的预算汇总后，报全国人民代表大会常务委员会备案。

第五十一条　国务院和县级以上地方各级政府对下一级政府依照本法第四十条规定报送备案的预算，认为有同法律、行政法规相抵触或者有其他不适当之处，需要撤销批准预算的决议的，应当提请本级人民代表大会常务委员会审议决定。

第五十二条　各级预算经本级人民代表大会批准后，本级政府财政部门应当在二十日内向本级各部门批复预算。各部门应当在接到本级政府财政部门批复的本部门预算后十五日内向所属各单位批复预算。

中央对地方的一般性转移支付应当在全国人民代表大会批准预算后三十日内正式下达。中央对地方的专项转移支付应当在全国人民代表大会批准预算后九十日内正式下达。

省、自治区、直辖市政府接到中央一般性转移支付和专项转移支付后，应当在三十日内正式下达到本行政区域县级以上各级政府。

县级以上地方各级预算安排对下级政府的一般性转移支付和专项转移支付，应当分别在本级人民代表大会批准预算后的三十日和六十日内正式下达。

对自然灾害等突发事件处理的转移支付，应当及时下达预算；对据实结算等特殊项目的转移支付，可以分期下达预算，或者先预付后结算。

县级以上各级政府财政部门应当将批复本级各部门的预算和批复下级政府的转移支付预算，抄送本级人民代表大会财政经济委员会、有关专门委员会和常务委员会有关工作机构。

第六章 预算执行

第五十三条 各级预算由本级政府组织执行，具体工作由本级政府财政部门负责。

各部门、各单位是本部门、本单位的预算执行主体，负责本部门、本单位的预算执行，并对执行结果负责。

第五十四条 预算年度开始后，各级预算草案在本级人民代表大会批准前，可以安排下列支出：

（一）上一年度结转的支出；

（二）参照上一年同期的预算支出数额安排必须支付的本年度部门基本支出、项目支出，以及对下级政府的转移性支出；

（三）法律规定必须履行支付义务的支出，以及用于自然灾害等突发事件处理的支出。

根据前款规定安排支出的情况，应当在预算草案的报告中作出说明。

预算经本级人民代表大会批准后，按照批准的预算执行。

第五十五条 预算收入征收部门和单位，必须依照法律、行政法规的规定，及时、足额征收应征的预算收入。不得违反法律、行政法规规定，多征、提前征收或者减征、免征、缓征应征的预算收入，不得截留、占用或者挪用预算收入。

各级政府不得向预算收入征收部门和单位下达收入指标。

第五十六条 政府的全部收入应当上缴国家金库（以下简称国库），任何部门、单位和个人不得截留、占用、挪用或者拖欠。

对于法律有明确规定或者经国务院批准的特定专用资金，可以依照国务院的规定设立财政专户。

第五十七条 各级政府财政部门必须依照法律、行政法规和国务院财政部门的规定，及时、足额地拨付预算支出资金，加强对预算支出的管理和监督。

各级政府、各部门、各单位的支出必须按照预算执行，不得虚假列支。

各级政府、各部门、各单位应当对预算支出情况开展绩效评价。

第五十八条 各级预算的收入和支出实行收付实现制。

特定事项按照国务院的规定实行权责发生制的有关情况，应当向本级人民代表大会常务委员会报告。

第五十九条 县级以上各级预算必须设立国库；具备条件的乡、民族乡、镇也应当设立国库。

中央国库业务由中国人民银行经理，地方国库业务依照国务院的有关规定办理。

各级国库应当按照国家有关规定，及时准确地办理预算收入的收纳、划分、留解、退付和预算支出的拨付。

各级国库库款的支配权属于本级政府财政部门。除法律、行政法规另有规定外,未经本级政府财政部门同意,任何部门、单位和个人都无权冻结、动用国库库款或者以其他方式支配已入国库的库款。

各级政府应当加强对本级国库的管理和监督,按照国务院的规定完善国库现金管理,合理调节国库资金余额。

各级政府应当加强对本级国库的管理和监督。

第六十条 已经缴入国库的资金,依照法律、行政法规的规定或者国务院的决定需要退付的,各级政府财政部门或者其授权的机构应当及时办理退付。按照规定应当由财政支出安排的事项,不得用退库处理。

第六十一条 国家实行国库集中收缴和集中支付制度,对政府全部收入和支出实行国库集中收付管理。

第六十二条 各级政府应当加强对预算执行的领导,支持政府财政、税务、海关等预算收入的征收部门依法组织预算收入,支持政府财政部门严格管理预算支出。

财政、税务、海关等部门在预算执行中,应当加强对预算执行的分析;发现问题时应当及时建议本级政府采取措施予以解决。

第六十三条 各部门、各单位应当加强对预算收入和支出的管理,不得截留或者动用应当上缴的预算收入,不得擅自改变预算支出的用途。

第六十四条 各级预算预备费的动用方案,由本级政府财政部门提出,报本级政府决定。

第六十五条 各级预算周转金由本级政府财政部门管理,不得挪作他用。

第六十六条 各级一般公共预算年度执行中有超收收入的,只能用于冲减赤字或者补充预算稳定调节基金。

各级一般公共预算的结余资金,应当补充预算稳定调节基金。

省、自治区、直辖市一般公共预算年度执行中出现短收,通过调入预算稳定调节基金、减少支出等方式仍不能实现收支平衡的,省、自治区、直辖市政府报本级人民代表大会或者其常务委员会批准,可以增列赤字,报国务院财政部门备案,并应当在下一年度预算中予以弥补。

第七章 预算调整

第六十七条 经全国人民代表大会批准的中央预算和经地方各级人民代表大会批准的地方各级预算,在执行中出现下列情况之一的,应当进行预算调整:

(一)需要增加或者减少预算总支出的;

(二)需要调入预算稳定调节基金的;

(三)需要调减预算安排的重点支出数额的;

（四）需要增加举借债务数额的。

第六十八条　在预算执行中，各级政府一般不制定新的增加财政收入或者支出的政策和措施，也不制定减少财政收入的政策和措施；必须作出并需要进行预算调整的，应当在预算调整方案中作出安排。

第六十九条　在预算执行中，各级政府对于必须进行的预算调整，应当编制预算调整方案。预算调整方案应当说明预算调整的理由、项目和数额。

在预算执行中，由于发生自然灾害等突发事件，必须及时增加预算支出的，应当先动支预备费；预备费不足支出的，各级政府可以先安排支出，属于预算调整的，列入预算调整方案。

国务院财政部门应当在全国人民代表大会常务委员会举行会议审查和批准预算调整方案的三十日前，将预算调整初步方案送交全国人民代表大会财政经济委员会进行初步审查。

省、自治区、直辖市政府财政部门应当在本级人民代表大会常务委员会举行会议审查和批准预算调整方案的三十日前，将预算调整初步方案送交本级人民代表大会有关专门委员会进行初步审查。

设区的市、自治州政府财政部门应当在本级人民代表大会常务委员会举行会议审查和批准预算调整方案的三十日前，将预算调整初步方案送交本级人民代表大会有关专门委员会进行初步审查，或者送交本级人民代表大会常务委员会有关工作机构征求意见。

县、自治县、不设区的市、市辖区政府财政部门应当在本级人民代表大会常务委员会举行会议审查和批准预算调整方案的三十日前，将预算调整初步方案送交本级人民代表大会常务委员会有关工作机构征求意见。

中央预算的调整方案应当提请全国人民代表大会常务委员会审查和批准。县级以上地方各级预算的调整方案应当提请本级人民代表大会常务委员会审查和批准；乡、民族乡、镇预算的调整方案应当提请本级人民代表大会审查和批准。未经批准，不得调整预算。

第七十条　经批准的预算调整方案，各级政府应当严格执行。未经本法第六十九条规定的程序，各级政府不得作出预算调整的决定。

对违反前款规定作出的决定，本级人民代表大会、本级人民代表大会常务委员会或者上级政府应当责令其改变或者撤销。

第七十一条　在预算执行中，地方各级政府因上级政府增加不需要本级政府提供配套资金的专项转移支付而引起的预算支出变化，不属于预算调整。

接受增加专项转移支付的县级以上地方各级政府应当向本级人民代表大会常务委员会报告有关情况；接受增加专项转移支付的乡、民族乡、镇政府应当向本级人民代表大会报告有关情况。

第七十二条　各部门、各单位的预算支出应当按照预算科目执行。严格控制不同预算科目、预算级次或者项目间的预算资金的调剂，确需调剂使用的，按照国务院财政部门的规定办理。

第七十三条　地方各级预算的调整方案经批准后，由本级政府报上一级政府备案。

第八章 决 算

第七十四条 决算草案由各级政府、各部门、各单位，在每一预算年度终了后按照国务院规定的时间编制。

编制决算草案的具体事项，由国务院财政部门部署。

第七十五条 编制决算草案，必须符合法律、行政法规，做到收支真实、数额准确、内容完整、报送及时。

决算草案应当与预算相对应，按预算数、调整预算数、决算数分别列出。一般公共预算支出应当按其功能分类编列到项，按其经济性质分类编列到款。

第七十六条 各部门对所属各单位的决算草案，应当审核并汇总编制本部门的决算草案，在规定的期限内报本级政府财政部门审核。

各级政府财政部门对本级各部门决算草案审核后发现有不符合法律、行政法规规定的，有权予以纠正。

第七十七条 国务院财政部门编制中央决算草案，经国务院审计部门审计后，报国务院审定，由国务院提请全国人民代表大会常务委员会审查和批准。

县级以上地方各级政府财政部门编制本级决算草案，经本级政府审计部门审计后，报本级政府审定，由本级政府提请本级人民代表大会常务委员会审查和批准。

乡、民族乡、镇政府编制本级决算草案，提请本级人民代表大会审查和批准。

第七十八条 国务院财政部门应当在全国人民代表大会常务委员会举行会议审查和批准中央决算草案的三十日前，将上一年度中央决算草案提交全国人民代表大会财政经济委员会进行初步审查。

省、自治区、直辖市政府财政部门应当在本级人民代表大会常务委员会举行会议审查和批准本级决算草案的三十日前，将上一年度本级决算草案提交本级人民代表大会有关专门委员会进行初步审查。

设区的市、自治州政府财政部门应当在本级人民代表大会常务委员会举行会议审查和批准本级决算草案的三十日前，将上一年度本级决算草案提交本级人民代表大会有关专门委员会进行初步审查，或者送交本级人民代表大会常务委员会有关工作机构征求意见。

县、自治县、不设区的市、市辖区政府财政部门应当在本级人民代表大会常务委员会举行会议审查和批准本级决算草案的三十日前，将上一年度本级决算草案送交本级人民代表大会常务委员会有关工作机构征求意见。

全国人民代表大会财政经济委员会和省、自治区、直辖市、设区的市、自治州人民代表大会有关专门委员会，向本级人民代表大会常务委员会提出关于本级决算草案的审查结果报告。

第七十九条 县级以上各级人民代表大会常务委员会和乡、民族乡、镇人民代表大会对本级决算草案，重点审查下列内容：

（一）预算收入情况；

（二）支出政策实施情况和重点支出、重大投资项目资金的使用及绩效情况；

（三）结转资金的使用情况；

（四）资金结余情况；

（五）本级预算调整及执行情况；

（六）财政转移支付安排执行情况；

（七）经批准举借债务的规模、结构、使用、偿还等情况；

（八）本级预算周转金规模和使用情况；

（九）本级预备费使用情况；

（十）超收收入安排情况，预算稳定调节基金的规模和使用情况；

（十一）本级人民代表大会批准的预算决议落实情况；

（十二）其他与决算有关的重要情况。

县级以上各级人民代表大会常务委员会应当结合本级政府提出的上一年度预算执行和其他财政收支的审计工作报告，对本级决算草案进行审查。

第八十条　各级决算经批准后，财政部门应当在二十日内向本级各部门批复决算。各部门应当在接到本级政府财政部门批复的本部门决算后十五日内向所属单位批复决算。

第八十一条　地方各级政府应当将经批准的决算及下一级政府上报备案的决算汇总，报上一级政府备案。

县级以上各级政府应当将下一级政府报送备案的决算汇总后，报本级人民代表大会常务委员会备案。

第八十二条　国务院和县级以上地方各级政府对下一级政府依照本法第六十四条规定报送备案的决算，认为有同法律、行政法规相抵触或者有其他不适当之处，需要撤销批准该项决算的决议的，应当提请本级人民代表大会常务委员会审议决定；经审议决定撤销的，该下级人民代表大会常务委员会应当责成本级政府依照本法规定重新编制决算草案，提请本级人民代表大会常务委员会审查和批准。

第九章　监　督

第八十三条　全国人民代表大会及其常务委员会对中央和地方预算、决算进行监督。

县级以上地方各级人民代表大会及其常务委员会对本级和下级预算、决算进行监督。

乡、民族乡、镇人民代表大会对本级预算、决算进行监督。

第八十四条　各级人民代表大会和县级以上各级人民代表大会常务委员会有权就预算、决算中的重大事项或者特定问题组织调查，有关的政府、部门、单位和个人应当如实反映情况和提供必要的材料。

第八十五条　各级人民代表大会和县级以上各级人民代表大会常务委员会举行会议时，人民代表大会代表或者常务委员会组成人员，依照法律规定程序就预算、决算中的有关问题提出询问或者质询，受询问或者受质询的有关的政府或者财政部门必须及时给予答复。

第八十六条 国务院和县级以上地方各级政府应当在每年六月至九月期间向本级人民代表大会常务委员会报告预算执行情况。

第八十七条 各级政府监督下级政府的预算执行；下级政府应当定期向上一级政府报告预算执行情况。

第八十八条 各级政府财政部门负责监督检查本级各部门及其所属各单位预算的编制、执行，并向本级政府和上一级政府财政部门报告预算执行情况。

第八十九条 县级以上政府审计部门依法对预算执行、决算实行审计监督。

对预算执行和其他财政收支的审计工作报告应当向社会公开。

第九十条 政府各部门负责监督检查所属各单位的预算执行，及时向本级政府财政部门反映本部门预算执行情况，依法纠正违反预算的行为。

第九十一条 公民、法人或者其他组织发现有违反本法的行为，可以依法向有关国家机关进行检举、控告。

接受检举、控告的国家机关应当依法进行处理，并为检举人、控告人保密。任何单位或者个人不得压制和打击报复检举人、控告人。

第十章 法律责任

第九十二条 各级政府及有关部门有下列行为之一的，责令改正，对负有直接责任的主管人员和其他直接责任人员追究行政责任：

（一）未依照本法规定，编制、报送预算草案、预算调整方案、决算草案和部门预算、决算以及批复预算、决算的；

（二）违反本法规定，进行预算调整的；

（三）未依照本法规定对有关预算事项进行公开和说明的；

（四）违反规定设立政府性基金项目和其他财政收入项目的；

（五）违反法律、法规规定使用预算预备费、预算周转金、预算稳定调节基金、超收收入的；

（六）违反本法规定开设财政专户的。

第九十三条 各级政府及有关部门、单位有下列行为之一的，责令改正，对负有直接责任的主管人员和其他直接责任人员依法给予降级、撤职、开除的处分：

（一）未将所有政府收入和支出列入预算或者虚列收入和支出的；

（二）违反法律、行政法规的规定，多征、提前征收或者减征、免征、缓征应征预算收入的；

（三）截留、占用、挪用或者拖欠应当上缴国库的预算收入的；

（四）违反本法规定，改变预算支出用途的；

（五）擅自改变上级政府专项转移支付资金用途的；

（六）违反本法规定拨付预算支出资金，办理预算收入收纳、划分、留解、退付，或者违反本法规定冻结、动用国库库款或者以其他方式支配已入国库库款的。

第九十四条 各级政府、各部门、各单位违反本法规定举借债务或者为他人债务提供担保，或者挪用重点支出资金，或者在预算之外及超预算标准建设楼堂馆所的，责令改正，对负有直接责任的主管人员和其他直接责任人员给予撤职、开除的处分。

第九十五条 各级政府有关部门、单位及其工作人员有下列行为之一的，责令改正，追回骗取、使用的资金，有违法所得的没收违法所得，对单位给予警告或者通报批评；对负有直接责任的主管人员和其他直接责任人员依法给予处分：

（一）违反法律、法规的规定，改变预算收入上缴方式的；

（二）以虚报、冒领等手段骗取预算资金的；

（三）违反规定扩大开支范围、提高开支标准的；

（四）其他违反财政管理规定的行为。

第九十六条 本法第九十二条、第九十三条、第九十四条、第九十五条所列违法行为，其他法律对其处理、处罚另有规定的，依照其规定。

违反本法规定，构成犯罪的，依法追究刑事责任。

第十一章 附 则

第九十七条 各级政府财政部门应当按年度编制以权责发生制为基础的政府综合财务报告，报告政府整体财务状况、运行情况和财政中长期可持续性，报本级人民代表大会常务委员会备案。

第九十八条 国务院根据本法制定实施条例。

第九十九条 民族自治地方的预算管理，依照民族区域自治法的有关规定执行；民族区域自治法没有规定的，依照本法和国务院的有关规定执行。

第一百条 省、自治区、直辖市人民代表大会或者其常务委员会根据本法，可以制定有关预算审查监督的决定或者地方性法规。

第一百零一条 本法自1995年1月1日施行。1991年10月21日国务院发布的《国家预算管理条例》同时废止。

中华人民共和国政府采购法

(中华人民共和国主席令第68号)

(2002年6月29日第九届全国人民代表大会常务委员会第二十八次会议通过，根据2014年8月31日第十二届全国人民代表大会常务委员会第十次会议《关于修改〈中华人民共和国保险法〉等五部法律的决定》修正)

第一章 总 则

第一条 为了规范政府采购行为，提高政府采购资金的使用效益，维护国家利益和社会公共利益，保护政府采购当事人的合法权益，促进廉政建设，制定本法。

第二条 在中华人民共和国境内进行的政府采购适用本法。

本法所称政府采购，是指各级国家机关、事业单位和团体组织，使用财政性资金采购依法制定的集中采购目录以内的或者采购限额标准以上的货物、工程和服务的行为。

政府集中采购目录和采购限额标准依照本法规定的权限制定。

本法所称采购，是指以合同方式有偿取得货物、工程和服务的行为，包括购买、租赁、委托、雇用等。

本法所称货物，是指各种形态和种类的物品，包括原材料、燃料、设备、产品等。

本法所称工程，是指建设工程，包括建筑物和构筑物的新建、改建、扩建、装修、拆除、修缮等。

本法所称服务，是指除货物和工程以外的其他政府采购对象。

第三条 政府采购应当遵循公开透明原则、公平竞争原则、公正原则和诚实信用原则。

第四条 政府采购工程进行招标投标的，适用招标投标法。

第五条 任何单位和个人不得采用任何方式，阻挠和限制供应商自由进入本地区和本行业的政府采购市场。

第六条 政府采购应当严格按照批准的预算执行。

第七条 政府采购实行集中采购和分散采购相结合。集中采购的范围由省级以上人民政府公布的集中采购目录确定。

属于中央预算的政府采购项目，其集中采购目录由国务院确定并公布；属于地方预算的政府采购项目，其集中采购目录由省、自治区、直辖市人民政府或者其授权的机构确定并公布。

纳入集中采购目录的政府采购项目，应当实行集中采购。

第八条 政府采购限额标准，属于中央预算的政府采购项目，由国务院确定并公布；属于地方预算的政府采购项目，由省、自治区、直辖市人民政府或者其授权的机构确定并公布。

第九条 政府采购应当有助于实现国家的经济和社会发展政策目标，包括保护环境，扶持不发达地区和少数民族地区，促进中小企业发展等。

第十条 政府采购应当采购本国货物、工程和服务。但有下列情形之一的除外：

（一）需要采购的货物、工程或者服务在中国境内无法获取或者无法以合理的商业条件获取的；

（二）为在中国境外使用而进行采购的；

（三）其他法律、行政法规另有规定的。

前款所称本国货物、工程和服务的界定，依照国务院有关规定执行。

第十一条 政府采购的信息应当在政府采购监督管理部门指定的媒体上及时向社会公开发布，但涉及商业秘密的除外。

第十二条 在政府采购活动中，采购人员及相关人员与供应商有利害关系的，必须回避。供应商认为采购人员及相关人员与其他供应商有利害关系的，可以申请其回避。

前款所称相关人员，包括招标采购中评标委员会的组成人员，竞争性谈判采购中谈判小组的组成人员，询价采购中询价小组的组成人员等。

第十三条 各级人民政府财政部门是负责政府采购监督管理的部门，依法履行对政府采购活动的监督管理职责。

各级人民政府其他有关部门依法履行与政府采购活动有关的监督管理职责。

第二章　政府采购当事人

第十四条 政府采购当事人是指在政府采购活动中享有权利和承担义务的各类主体，包括采购人、供应商和采购代理机构等。

第十五条 采购人是指依法进行政府采购的国家机关、事业单位、团体组织。

第十六条 集中采购机构为采购代理机构。设区的市、自治州以上人民政府根据本级政府采购项目组织集中采购的需要设立集中采购机构。

集中采购机构是非营利事业法人，根据采购人的委托办理采购事宜。

第十七条 集中采购机构进行政府采购活动，应当符合采购价格低于市场平均价格、采购效率更高、采购质量优良和服务良好的要求。

第十八条 采购人采购纳入集中采购目录的政府采购项目，必须委托集中采购机构代理采购；采购未纳入集中采购目录的政府采购项目，可以自行采购，也可以委托集中采购机构在委托的范围内代理采购。

纳入集中采购目录属于通用的政府采购项目的，应当委托集中采购机构代理采购；属于本部门、本系统有特殊要求的项目，应当实行部门集中采购；属于本单位有特殊要求的项目，经省级以上人民政府批准，可以自行采购。

第十九条　采购人可以委托集中采购机构以外的采购代理机构，在委托的范围内办理政府采购事宜。

采购人有权自行选择采购代理机构，任何单位和个人不得以任何方式为采购人指定采购代理机构。

第二十条　采购人依法委托采购代理机构办理采购事宜的，应当由采购人与采购代理机构签订委托代理协议，依法确定委托代理的事项，约定双方的权利义务。

第二十一条　供应商是指向采购人提供货物、工程或者服务的法人、其他组织或者自然人。

第二十二条　供应商参加政府采购活动应当具备下列条件：

（一）具有独立承担民事责任的能力；

（二）具有良好的商业信誉和健全的财务会计制度；

（三）具有履行合同所必需的设备和专业技术能力；

（四）有依法缴纳税收和社会保障资金的良好记录；

（五）参加政府采购活动前三年内，在经营活动中没有重大违法记录；

（六）法律、行政法规规定的其他条件。

采购人可以根据采购项目的特殊要求，规定供应商的特定条件，但不得以不合理的条件对供应商实行差别待遇或者歧视待遇。

第二十三条　采购人可以要求参加政府采购的供应商提供有关资质证明文件和业绩情况，并根据本法规定的供应商条件和采购项目对供应商的特定要求，对供应商的资格进行审查。

第二十四条　两个以上的自然人、法人或者其他组织可以组成一个联合体，以一个供应商的身份共同参加政府采购。

以联合体形式进行政府采购的，参加联合体的供应商均应当具备本法第二十二条规定的条件，并应当向采购人提交联合协议，载明联合体各方承担的工作和义务。联合体各方应当共同与采购人签订采购合同，就采购合同约定的事项对采购人承担连带责任。

第二十五条　政府采购当事人不得相互串通损害国家利益、社会公共利益和其他当事人的合法权益；不得以任何手段排斥其他供应商参与竞争。

供应商不得以向采购人、采购代理机构、评标委员会的组成人员、竞争性谈判小组的组成人员、询价小组的组成人员行贿或者采取其他不正当手段谋取中标或者成交。

采购代理机构不得以向采购人行贿或者采取其他不正当手段谋取非法利益。

第三章　政府采购方式

第二十六条　政府采购采用以下方式：

（一）公开招标；

（二）邀请招标；

（三）竞争性谈判；

（四）单一来源采购；

（五）询价；

（六）国务院政府采购监督管理部门认定的其他采购方式。

公开招标应作为政府采购的主要采购方式。

第二十七条　采购人采购货物或者服务应当采用公开招标方式的，其具体数额标准，属于中央预算的政府采购项目，由国务院规定；属于地方预算的政府采购项目，由省、自治区、直辖市人民政府规定；因特殊情况需要采用公开招标以外的采购方式的，应当在采购活动开始前获得设区的市、自治州以上人民政府采购监督管理部门的批准。

第二十八条　采购人不得将应当以公开招标方式采购的货物或者服务化整为零或者以其他任何方式规避公开招标采购。

第二十九条　符合下列情形之一的货物或者服务，可以依照本法采用邀请招标方式采购：

（一）具有特殊性，只能从有限范围的供应商处采购的；

（二）采用公开招标方式的费用占政府采购项目总价值的比例过大的。

第三十条　符合下列情形之一的货物或者服务，可以依照本法采用竞争性谈判方式采购：

（一）招标后没有供应商投标或者没有合格标的或者重新招标未能成立的；

（二）技术复杂或者性质特殊，不能确定详细规格或者具体要求的；

（三）采用招标所需时间不能满足用户紧急需要的；

（四）不能事先计算出价格总额的。

第三十一条　符合下列情形之一的货物或者服务，可以依照本法采用单一来源方式采购：

（一）只能从唯一供应商处采购的；

（二）发生了不可预见的紧急情况不能从其他供应商处采购的；

（三）必须保证原有采购项目一致性或者服务配套的要求，需要继续从原供应商处添购，且添购资金总额不超过原合同采购金额百分之十的。

第三十二条　采购的货物规格、标准统一、现货货源充足且价格变化幅度小的政府采购项目，可以依照本法采用询价方式采购。

第四章　政府采购程序

第三十三条　负有编制部门预算职责的部门在编制下一财政年度部门预算时，应当将该财政年度政府采购的项目及资金预算列出，报本级财政部门汇总。部门预算的审批，按预算管理权限和程序进行。

第三十四条 货物或者服务项目采取邀请招标方式采购的，采购人应当从符合相应资格条件的供应商中，通过随机方式选择三家以上的供应商，并向其发出投标邀请书。

第三十五条 货物和服务项目实行招标方式采购的，自招标文件开始发出之日起至投标人提交投标文件截止之日止，不得少于二十日。

第三十六条 在招标采购中，出现下列情形之一的，应予废标：

（一）符合专业条件的供应商或者对招标文件作实质响应的供应商不足三家的；

（二）出现影响采购公正的违法、违规行为的；

（三）投标人的报价均超过了采购预算，采购人不能支付的；

（四）因重大变故，采购任务取消的。

废标后，采购人应当将废标理由通知所有投标人。

第三十七条 废标后，除采购任务取消情形外，应当重新组织招标；需要采取其他方式采购的，应当在采购活动开始前获得设区的市、自治州以上人民政府采购监督管理部门或者政府有关部门批准。

第三十八条 采用竞争性谈判方式采购的，应当遵循下列程序：

（一）成立谈判小组。谈判小组由采购人的代表和有关专家共三人以上的单数组成，其中专家的人数不得少于成员总数的三分之二。

（二）制定谈判文件。谈判文件应当明确谈判程序、谈判内容、合同草案的条款以及评定成交的标准等事项。

（三）确定邀请参加谈判的供应商名单。谈判小组从符合相应资格条件的供应商名单中确定不少于三家的供应商参加谈判，并向其提供谈判文件。

（四）谈判。谈判小组所有成员集中与单一供应商分别进行谈判。在谈判中，谈判的任何一方不得透露与谈判有关的其他供应商的技术资料、价格和其他信息。谈判文件有实质性变动的，谈判小组应当以书面形式通知所有参加谈判的供应商。

（五）确定成交供应商。谈判结束后，谈判小组应当要求所有参加谈判的供应商在规定时间内进行最后报价，采购人从谈判小组提出的成交候选人中根据符合采购需求、质量和服务相等且报价最低的原则确定成交供应商，并将结果通知所有参加谈判的未成交的供应商。

第三十九条 采取单一来源方式采购的，采购人与供应商应当遵循本法规定的原则，在保证采购项目质量和双方商定合理价格的基础上进行采购。

第四十条 采取询价方式采购的，应当遵循下列程序：

（一）成立询价小组。询价小组由采购人的代表和有关专家共三人以上的单数组成，其中专家的人数不得少于成员总数的三分之二。询价小组应当对采购项目的价格构成和评定成交的标准等事项作出规定。

（二）确定被询价的供应商名单。询价小组根据采购需求，从符合相应资格条件的供应商名单中确定不少于三家的供应商，并向其发出询价通知书让其报价。

（三）询价。询价小组要求被询价的供应商一次报出不得更改的价格。

（四）确定成交供应商。采购人根据符合采购需求、质量和服务相等且报价最低的原则确定成交供应商，并将结果通知所有被询价的未成交的供应商。

第四十一条 采购人或者其委托的采购代理机构应当组织对供应商履约的验收。大型或者复杂的政府采购项目，应当邀请国家认可的质量检测机构参加验收工作。验收方成员应当在验收书上签字，并承担相应的法律责任。

第四十二条 采购人、采购代理机构对政府采购项目每项采购活动的采购文件应当妥善保存，不得伪造、变造、隐匿或者销毁。采购文件的保存期限为从采购结束之日起至少保存十五年。

采购文件包括采购活动记录、采购预算、招标文件、投标文件、评标标准、评估报告、定标文件、合同文本、验收证明、质疑答复、投诉处理决定及其他有关文件、资料。

采购活动记录至少应当包括下列内容：

（一）采购项目类别、名称；
（二）采购项目预算、资金构成和合同价格；
（三）采购方式，采用公开招标以外的采购方式的，应当载明原因；
（四）邀请和选择供应商的条件及原因；
（五）评标标准及确定中标人的原因；
（六）废标的原因；
（七）采用招标以外采购方式的相应记载。

第五章 政府采购合同

第四十三条 政府采购合同适用合同法。采购人和供应商之间的权利和义务，应当按照平等、自愿的原则以合同方式约定。

采购人可以委托采购代理机构代表其与供应商签订政府采购合同。由采购代理机构以采购人名义签订合同的，应当提交采购人的授权委托书，作为合同附件。

第四十四条 政府采购合同应当采用书面形式。

第四十五条 国务院政府采购监督管理部门应当会同国务院有关部门，规定政府采购合同必须具备的条款。

第四十六条 采购人与中标、成交供应商应当在中标、成交通知书发出之日起三十日内，按照采购文件确定的事项签订政府采购合同。

中标、成交通知书对采购人和中标、成交供应商均具有法律效力。中标、成交通知书发出后，采购人改变中标、成交结果的，或者中标、成交供应商放弃中标、成交项目的，应当依法承担法律责任。

第四十七条 政府采购项目的采购合同自签订之日起七个工作日内，采购人应当将合同副本报同级政府采购监督管理部门和有关部门备案。

第四十八条 经采购人同意，中标、成交供应商可以依法采取分包方式履行合同。

政府采购合同分包履行的，中标、成交供应商就采购项目和分包项目向采购人负责，分包供应商就分包项目承担责任。

第四十九条 政府采购合同履行中,采购人需追加与合同标的相同的货物、工程或者服务的,在不改变合同其他条款的前提下,可以与供应商协商签订补充合同,但所有补充合同的采购金额不得超过原合同采购金额的百分之十。

第五十条 政府采购合同的双方当事人不得擅自变更、中止或者终止合同。

政府采购合同继续履行将损害国家利益和社会公共利益的,双方当事人应当变更、中止或者终止合同。有过错的一方应当承担赔偿责任,双方都有过错的,各自承担相应的责任。

第六章 质疑与投诉

第五十一条 供应商对政府采购活动事项有疑问的,可以向采购人提出询问,采购人应当及时作出答复,但答复的内容不得涉及商业秘密。

第五十二条 供应商认为采购文件、采购过程和中标、成交结果使自己的权益受到损害的,可以在知道或者应知其权益受到损害之日起七个工作日内,以书面形式向采购人提出质疑。

第五十三条 采购人应当在收到供应商的书面质疑后七个工作日内作出答复,并以书面形式通知质疑供应商和其他有关供应商,但答复的内容不得涉及商业秘密。

第五十四条 采购人委托采购代理机构采购的,供应商可以向采购代理机构提出询问或者质疑,采购代理机构应当依照本法第五十一条、第五十三条的规定就采购人委托授权范围内的事项作出答复。

第五十五条 质疑供应商对采购人、采购代理机构的答复不满意或者采购人、采购代理机构未在规定的时间内作出答复的,可以在答复期满后十五个工作日内向同级政府采购监督管理部门投诉。

第五十六条 政府采购监督管理部门应当在收到投诉后三十个工作日内,对投诉事项作出处理决定,并以书面形式通知投诉人和与投诉事项有关的当事人。

第五十七条 政府采购监督管理部门在处理投诉事项期间,可以视具体情况书面通知采购人暂停采购活动,但暂停时间最长不得超过三十日。

第五十八条 投诉人对政府采购监督管理部门的投诉处理决定不服或者政府采购监督管理部门逾期未作处理的,可以依法申请行政复议或者向人民法院提起行政诉讼。

第七章 监督检查

第五十九条 政府采购监督管理部门应当加强对政府采购活动及集中采购机构的监督检查。

监督检查的主要内容是:

(一)有关政府采购的法律、行政法规和规章的执行情况;

（二）采购范围、采购方式和采购程序的执行情况；

（三）政府采购人员的职业素质和专业技能。

第六十条 政府采购监督管理部门不得设置集中采购机构，不得参与政府采购项目的采购活动。

采购代理机构与行政机关不得存在隶属关系或者其他利益关系。

第六十一条 集中采购机构应当建立健全内部监督管理制度。采购活动的决策和执行程序应当明确，并相互监督、相互制约。经办采购的人员与负责采购合同审核、验收人员的职责权限应当明确，并相互分离。

第六十二条 集中采购机构的采购人员应当具有相关职业素质和专业技能，符合政府采购监督管理部门规定的专业岗位任职要求。

集中采购机构对其工作人员应当加强教育和培训；对采购人员的专业水平、工作实绩和职业道德状况定期进行考核。采购人员经考核不合格的，不得继续任职。

第六十三条 政府采购项目的采购标准应当公开。

采用本法规定的采购方式的，采购人在采购活动完成后，应当将采购结果予以公布。

第六十四条 采购人必须按照本法规定的采购方式和采购程序进行采购。

任何单位和个人不得违反本法规定，要求采购人或者采购工作人员向其指定的供应商进行采购。

第六十五条 政府采购监督管理部门应当对政府采购项目的采购活动进行检查，政府采购当事人应当如实反映情况，提供有关材料。

第六十六条 政府采购监督管理部门应当对集中采购机构的采购价格、节约资金效果、服务质量、信誉状况、有无违法行为等事项进行考核，并定期如实公布考核结果。

第六十七条 依照法律、行政法规的规定对政府采购负有行政监督职责的政府有关部门，应当按照其职责分工，加强对政府采购活动的监督。

第六十八条 审计机关应当对政府采购进行审计监督。政府采购监督管理部门、政府采购各当事人有关政府采购活动，应当接受审计机关的审计监督。

第六十九条 监察机关应当加强对参与政府采购活动的国家机关、国家公务员和国家行政机关任命的其他人员实施监察。

第七十条 任何单位和个人对政府采购活动中的违法行为，有权控告和检举，有关部门、机关应当依照各自职责及时处理。

第八章 法 律 责 任

第七十一条 采购人、采购代理机构有下列情形之一的，责令限期改正，给予警告，可以并处罚款，对直接负责的主管人员和其他直接责任人员，由其行政主管部门或者有关机关给予处分，并予通报：

（一）应当采用公开招标方式而擅自采用其他方式采购的；

(二）擅自提高采购标准的；

(三）以不合理的条件对供应商实行差别待遇或者歧视待遇的；

(四）在招标采购过程中与投标人进行协商谈判的；

(五）中标、成交通知书发出后不与中标、成交供应商签订采购合同的；

(六）拒绝有关部门依法实施监督检查的。

第七十二条　采购人、采购代理机构及其工作人员有下列情形之一，构成犯罪的，依法追究刑事责任；尚不构成犯罪的，处以罚款，有违法所得的，并处没收违法所得，属于国家机关工作人员的，依法给予行政处分：

(一）与供应商或者采购代理机构恶意串通的；

(二）在采购过程中接受贿赂或者获取其他不正当利益的；

(三）在有关部门依法实施的监督检查中提供虚假情况的；

(四）开标前泄露标底的。

第七十三条　有前两条违法行为之一影响中标、成交结果或者可能影响中标、成交结果的，按下列情况分别处理：

(一）未确定中标、成交供应商的，终止采购活动；

(二）中标、成交供应商已经确定但采购合同尚未履行的，撤销合同，从合格的中标、成交候选人中另行确定中标、成交供应商；

(三）采购合同已经履行的，给采购人、供应商造成损失的，由责任人承担赔偿责任。

第七十四条　采购人对应当实行集中采购的政府采购项目，不委托集中采购机构实行集中采购的，由政府采购监督管理部门责令改正；拒不改正的，停止按预算向其支付资金，由其上级行政主管部门或者有关机关依法给予其直接负责的主管人员和其他直接责任人员处分。

第七十五条　采购人未依法公布政府采购项目的采购标准和采购结果的，责令改正，对直接负责的主管人员依法给予处分。

第七十六条　采购人、采购代理机构违反本法规定隐匿、销毁应当保存的采购文件或者伪造、变造采购文件的，由政府采购监督管理部门处以二万元以上十万元以下的罚款，对其直接负责的主管人员和其他直接责任人员依法给予处分；构成犯罪的，依法追究刑事责任。

第七十七条　供应商有下列情形之一的，处以采购金额千分之五以上千分之十以下的罚款，列入不良行为记录名单，在一至三年内禁止参加政府采购活动，有违法所得的，并处没收违法所得，情节严重的，由工商行政管理机关吊销营业执照；构成犯罪的，依法追究刑事责任：

(一）提供虚假材料谋取中标、成交的；

(二）采取不正当手段诋毁、排挤其他供应商的；

(三）与采购人、其他供应商或者采购代理机构恶意串通的；

(四）向采购人、采购代理机构行贿或者提供其他不正当利益的；

(五）在招标采购过程中与采购人进行协商谈判的；

（六）拒绝有关部门监督检查或者提供虚假情况的。

供应商有前款第（一）至（五）项情形之一的，中标、成交无效。

第七十八条　采购代理机构在代理政府采购业务中有违法行为的，按照有关法律规定处以罚款，可以在一至三年内禁止其代理政府采购业务，构成犯罪的，依法追究刑事责任。

第七十九条　政府采购当事人有本法第七十一条、第七十二条、第七十七条违法行为之一，给他人造成损失的，并应依照有关民事法律规定承担民事责任。

第八十条　政府采购监督管理部门的工作人员在实施监督检查中违反本法规定滥用职权，玩忽职守，徇私舞弊的，依法给予行政处分；构成犯罪的，依法追究刑事责任。

第八十一条　政府采购监督管理部门对供应商的投诉逾期未作处理的，给予直接负责的主管人员和其他直接责任人员行政处分。

第八十二条　政府采购监督管理部门对集中采购机构业绩的考核，有虚假陈述，隐瞒真实情况的，或者不作定期考核和公布考核结果的，应当及时纠正，由其上级机关或者监察机关对其负责人进行通报，并对直接负责的人员依法给予行政处分。

集中采购机构在政府采购监督管理部门考核中，虚报业绩，隐瞒真实情况的，处以二万元以上二十万元以下的罚款，并予以通报；情节严重的，取消其代理采购的资格。

第八十三条　任何单位或者个人阻挠和限制供应商进入本地区或者本行业政府采购市场的，责令限期改正；拒不改正的，由该单位、个人的上级行政主管部门或者有关机关给予单位责任人或者个人处分。

第九章　附　　则

第八十四条　使用国际组织和外国政府贷款进行的政府采购，贷款方、资金提供方与中方达成的协议对采购的具体条件另有规定的，可以适用其规定，但不得损害国家利益和社会公共利益。

第八十五条　对因严重自然灾害和其他不可抗力事件所实施的紧急采购和涉及国家安全和秘密的采购，不适用本法。

第八十六条　军事采购法规由中央军事委员会另行制定。

第八十七条　本法实施的具体步骤和办法由国务院规定。

第八十八条　本法自 2003 年 1 月 1 日起施行。

中华人民共和国科学技术普及法

(中华人民共和国主席令第 71 号)

第一章 总 则

第一条 为了实施科教兴国战略和可持续发展战略,加强科学技术普及工作,提高公民的科学文化素质,推动经济发展和社会进步,根据宪法和有关法律,制定本法。

第二条 本法适用于国家和社会普及科学技术知识、倡导科学方法、传播科学思想、弘扬科学精神的活动。

开展科学技术普及(以下称科普),应当采取公众易于理解、接受、参与的方式。

第三条 国家机关、武装力量、社会团体、企业事业单位、农村基层组织及其他组织应当开展科普工作。

公民有参与科普活动的权利。

第四条 科普是公益事业,是社会主义物质文明和精神文明建设的重要内容。发展科普事业是国家的长期任务。

国家扶持少数民族地区、边远贫困地区的科普工作。

第五条 国家保护科普组织和科普工作者的合法权益,鼓励科普组织和科普工作者自主开展科普活动,依法兴办科普事业。

第六条 国家支持社会力量兴办科普事业。社会力量兴办科普事业可以按照市场机制运行。

第七条 科普工作应当坚持群众性、社会性和经常性,结合实际,因地制宜,采取多种形式。

第八条 科普工作应当坚持科学精神,反对和抵制伪科学。任何单位和个人不得以科普为名从事有损社会公共利益的活动。

第九条 国家支持和促进科普工作对外合作与交流。

第二章 组织管理

第十条 各级人民政府领导科普工作,应将科普工作纳入国民经济和社会发展计划,为开展科普工作创造良好的环境和条件。

县级以上人民政府应当建立科普工作协调制度。

第十一条 国务院科学技术行政部门负责制定全国科普工作规划,实行政策引导,进行督促检查,推动科普工作发展。

国务院其他行政部门按照各自的职责范围，负责有关的科普工作。

县级以上地方人民政府科学技术行政部门及其他行政部门在同级人民政府领导下按照各自的职责范围，负责本地区有关的科普工作。

第十二条　科学技术协会是科普工作的主要社会力量。科学技术协会组织开展群众性、社会性、经常性的科普活动，支持有关社会组织和企业事业单位开展科普活动，协助政府制定科普工作规划，为政府科普工作决策提供建议。

第三章　社　会　责　任

第十三条　科普是全社会的共同任务。社会各界都应当组织参加各类科普活动。

第十四条　各类学校及其他教育机构，应当把科普作为素质教育的重要内容，组织学生开展多种形式的科普活动。

科技馆（站）、科技活动中心和其他科普教育基地，应当组织开展青少年校外科普教育活动。

第十五条　科学研究和技术开发机构、高等院校、自然科学和社会科学类社会团体，应当组织和支持科学技术工作者和教师开展科普活动，鼓励其结合本职工作进行科普宣传；有条件的，应当向公众开放实验室、陈列室和其他场地、设施，举办讲座和提供咨询。

科学技术工作者和教师应当发挥自身优势和专长，积极参与和支持科普活动。

第十六条　新闻出版、广播影视、文化等机构和团体应当发挥各自优势做好科普宣传工作。

综合类报纸、期刊应当开设科普专栏、专版；广播电台、电视台应当开设科普栏目或者转播科普节目；影视生产、发行和放映机构应当加强科普影视作品的制作、发行和放映；书刊出版、发行机构应当扶持科普书刊的出版、发行；综合性互联网站应当开设科普网页；科技馆（站）、图书馆、博物馆、文化馆等文化场所应当发挥科普教育的作用。

第十七条　医疗卫生、计划生育、环境保护、国土资源、体育、气象、地震、文物、旅游等国家机关、事业单位，应当结合各自的工作开展科普活动。

第十八条　工会、共产主义青年团、妇女联合会等社会团体应当结合各自工作对象的特点组织开展科普活动。

第十九条　企业应当结合技术创新和职工技能培训开展科普活动，有条件的可以设立向公众开放的科普场馆和设施。

第二十条　国家加强农村的科普工作。农村基层组织应当根据当地经济与社会发展的需要，围绕科学生产、文明生活，发挥乡镇科普组织、农村学校的作用，开展科普工作。

各类农村经济组织、农业技术推广机构和农村专业技术协会，应当结合推广先进适用技术向农民普及科学技术知识。

第二十一条　城镇基层组织及社区应当利用所在地的科技、教育、文化、卫生、旅游等资源，结合居民的生活、学习、健康娱乐等需要开展科普活动。

第二十二条 公园、商场、机场、车站、码头等各类公共场所的经营管理单位，应当在所辖范围内加强科普宣传。

第四章 保障措施

第二十三条 各级人民政府应当将科普经费列入同级财政预算，逐步提高科普投入水平，保障科普工作顺利开展。

各级人民政府有关部门应当安排一定的经费用于科普工作。

第二十四条 省、自治区、直辖市人民政府和其他有条件的地方人民政府，应当将科普场馆、设施建设纳入城乡建设规划和基本建设计划；对现有科普场馆、设施应当加强利用、维修和改造。

以政府财政投资建设的科普场馆，应当配备必要的专职人员，常年向公众开放，对青少年实行优惠，并不得擅自改作他用；经费困难的，同级财政应当予以补贴，使其正常运行。

尚无条件建立科普场馆的地方，可以利用现有的科技、教育、文化等设施开展科普活动，并设立科普画廊、橱窗等。

第二十五条 国家支持科普工作，依法对科普事业实行税收优惠。

科普组织开展科普活动、兴办科普事业，可以依法获得资助和捐赠。

第二十六条 国家鼓励境内外的社会组织和个人设立科普基金，用于资助科普事业。

第二十七条 国家鼓励境内外的社会组织和个人捐赠财产资助科普事业；对捐赠财产用于科普事业或者投资建设科普场馆、设施的，依法给予优惠。

第二十八条 科普经费和社会组织、个人资助科普事业的财产，必须用于科普事业，任何单位或者个人不得克扣、截留、挪用。

第二十九条 各级人民政府、科学技术协会和有关单位都应当支持科普工作者开展科普工作，对在科普工作中做出重要贡献的组织和个人，予以表彰和奖励。

第五章 法律责任

第三十条 以科普为名进行有损社会公共利益的活动，扰乱社会秩序或者骗取财物，由有关主管部门给予批评教育，并予以制止；违反治安管理规定的，由公安机关依法给予治安管理处罚；构成犯罪的，依法追究刑事责任。

第三十一条 违反本法规定，克扣、截留、挪用科普财政经费或者贪污、挪用捐赠款物的，由有关主管部门责令限期归还；对负有责任的主管人员和其他直接责任人员依法给予行政处分；构成犯罪的，依法追究刑事责任。

第三十二条 擅自将政府财政投资建设的科普场馆改为他用的，由有关主管部门责令限期改正；情节严重的，对负有责任的主管人员和其他直接责任人员依法给予行政处分。

扰乱科普场馆秩序或者毁损科普场馆、设施的，依法责令其停止侵害、恢复原状或者赔偿损失；构成犯罪的，依法追究刑事责任。

第三十三条 国家工作人员在科普工作中滥用职权、玩忽职守、徇私舞弊的，依法给予行政处分；构成犯罪的，依法追究刑事责任。

第六章 附 则

第三十四条 本法自公布之日起施行。

中华人民共和国标准化法实施条例

(中华人民共和国国务院令第53号)

第一章 总 则

第一条 根据《中华人民共和国标准化法》(以下简称《标准化法》)的规定,制定本条例。

第二条 对下列需要统一的技术要求,应当制定标准:

(一)工业产品的品种、规格、质量、等级或者安全、卫生要求;

(二)工业产品的设计、生产、试验、检验、包装、储存、运输、使用的方法或者生产、储存、运输过程中的安全、卫生要求;

(三)有关环境保护的各项技术要求和检验方法;

(四)建设工程的勘察、设计、施工、验收的技术要求和方法;

(五)有关工业生产、工程建设和环境保护的技术术语、符号、代号、制图方法、互换配合要求;

(六)农业(含林业、牧业、渔业,下同)产品(含种子、种苗、种畜、种禽,下同)的品种、规格、质量、等级、检验、包装、储存、运输以及生产技术、管理技术的要求;

(七)信息、能源、资源、交通运输的技术要求。

第三条 国家有计划地发展标准化事业。标准化工作应当纳入各级国民经济和社会发展计划。

第四条 国家鼓励采用国际标准和国外先进标准,积极参与制定国际标准。

第二章 标准化工作的管理

第五条 标准化工作的任务是制定标准、组织实施标准和对标准的实施进行监督。

第六条 国务院标准化行政主管部门统一管理全国标准化工作,履行下列职责:

(一)组织贯彻国家有关标准化工作的法律、法规、方针、政策;

(二)组织制定全国标准化工作规划、计划;

(三)组织制定国家标准;

(四)指导国务院有关行政主管部门和省、自治区、直辖市人民政府标准化行政主管部门的标准化工作,协调和处理有关标准化工作问题;

(五)组织实施标准;

(六)对标准的实施情况进行监督检查;

（七）统一管理全国的产品质量认证工作；

（八）统一负责对有关国际标准化组织的业务联系。

第七条 国务院有关行政主管部门分工管理本部门、本行业的标准化工作，履行下列职责：

（一）贯彻国家标准化工作的法律、法规、方针、政策，并制定在本部门、本行业实施的具体办法；

（二）制定本部门、本行业的标准化工作规划、计划；

（三）承担国家下达的草拟国家标准的任务，组织制定行业标准；

（四）指导省、自治区、直辖市有关行政主管部门的标准化工作；

（五）组织本部门、本行业实施标准；

（六）对标准实施情况进行监督检查；

（七）经国务院标准化行政主管部门授权，分工管理本行业的产品质量认证工作。

第八条 省、自治区、直辖市人民政府标准化行政主管部门统一管理本行政区域的标准化工作，履行下列职责：

（一）贯彻国家标准化工作的法律、法规、方针、政策，并制定在本行政区域实施的具体办法；

（二）制定地方标准化工作规划、计划；

（三）组织制定地方标准；

（四）指导本行政区域有关行政主管部门的标准化工作，协调和处理有关标准化工作问题；

（五）在本行政区域组织实施标准；

（六）对标准实施情况进行监督检查。

第九条 省、自治区、直辖市有关行政主管部门分工管理本行政区域内本部门、本行业的标准化工作，履行下列职责：

（一）贯彻国家和本部门、本行业、本行政区域标准化工作的法律、法规、方针、政策，并制定实施的具体办法；

（二）制定本行政区域内本部门、本行业的标准化工作规划、计划；

（三）承担省、自治区、直辖市人民政府下达的草拟地方标准的任务；

（四）在本行政区域内组织本部门、本行业实施标准；

（五）对标准实施情况进行监督检查。

第十条 市、县标准化行政主管部门和有关行政主管部门的职责分工，由省、自治区、直辖市人民政府规定。

第三章 标准的制定

第十一条 对需要在全国范围内统一的下列技术要求，应当制定国家标准（含标准样品的制作）：

（一）互换配合、通用技术语言要求；

（二）保障人体健康和人身、财产安全的技术要求；

（三）基本原料、燃料、材料的技术要求；

（四）通用基础件的技术要求；

（五）通用的试验、检验方法；

（六）通用的管理技术要求；

（七）工程建设的重要技术要求；

（八）国家需要控制的其他重要产品的技术要求。

第十二条 国家标准由国务院标准化行政主管部门编制计划，组织草拟，统一审批、编号、发布。

工程建设、药品、食品卫生、兽药、环境保护的国家标准，分别由国务院工程建设主管部门、卫生主管部门、农业主管部门、环境保护主管部门组织草拟、审批；其编号、发布办法由国务院标准化行政主管部门会同国务院有关行政主管部门制定。

法律对国家标准的制定另有规定的，依照法律的规定执行。

第十三条 对没有国家标准而又需要在全国某个行业范围内统一的技术要求，可以制定行业标准（含标准样品的制作）。制定行业标准的项目由国务院有关行政主管部门确定。

第十四条 行业标准由国务院有关行政主管部门编制计划，组织草拟，统一审批、编号、发布，并报国务院标准化行政主管部门备案。

行业标准在相应的国家标准实施后，自行废止。

第十五条 对没有国家标准和行业标准而又需要在省、自治区、直辖市范围内统一的工业产品的安全、卫生要求，可以制定地方标准。制定地方标准的项目，由省、自治区、直辖市人民政府标准化行政主管部门确定。

第十六条 地方标准由省、自治区、直辖市人民政府标准化行政主管部门编制计划，组织草拟，统一审批、编号、发布，并报国务院标准化行政主管部门和国务院有关行政主管部门备案。

法律对地方标准的制定另有规定的，依照法律的规定执行。

地方标准在相应的国家标准或行业标准实施后，自行废止。

第十七条 企业生产的产品没有国家标准、行业标准和地方标准的，应当制定相应的企业标准，作为组织生产的依据。企业标准由企业组织制定（农业企业标准制定办法另定），并按省、自治区、直辖市人民政府的规定备案。

对已有国家标准、行业标准或者地方标准的，鼓励企业制定严于国家标准、行业标准或者地方标准要求的企业标准，在企业内部适用。

第十八条 国家标准、行业标准分为强制性标准和推荐性标准。

下列标准属于强制性标准：

（一）药品标准，食品卫生标准，兽药标准；

（二）产品及产品生产、储运和使用中的安全、卫生标准，劳动安全、卫生标准，运输安全标准；

（三）工程建设的质量、安全、卫生标准及国家需要控制的其他工程建设标准；

（四）环境保护的污染物排放标准和环境质量标准；

（五）重要的通用技术术语、符号、代号和制图方法；

（六）通用的试验、检验方法标准；

（七）互换配合标准；

（八）国家需要控制的重要产品质量标准。

国家需要控制的重要产品目录由国务院标准化行政主管部门会同国务院有关行政主管部门确定。

强制性标准以外的标准是推荐性标准。

省、自治区、直辖市人民政府标准化行政主管部门制定的工业产品的安全、卫生要求的地方标准，在本行政区域内是强制性标准。

第十九条 制定标准应当发挥行业协会、科学技术研究机构和学术团体的作用。

制定国家标准、行业标准和地方标准的部门应当组织由用户、生产单位、行业协会、科学技术研究机构、学术团体及有关部门的专家组成标准化技术委员会，负责标准草拟和参加标准草案的技术审查工作。未组成标准化技术委员会的，可以由标准化技术归口单位负责标准草拟和参加标准草案的技术审查工作。

制定企业标准应当充分听取使用单位、科学技术研究机构的意见。

第二十条 标准实施后，制定标准的部门应当根据科学技术的发展和经济建设的需要适时进行复审。标准复审周期一般不超过五年。

第二十一条 国家标准、行业标准和地方标准的代号、编号办法，由国务院标准化行政主管部门统一规定。

企业标准的代号、编号方法，由国务院标准化行政主管部门会同国务院有关行政主管部门规定。

第二十二条 标准的出版、发行办法，由制定标准的部门规定。

第四章 标准的实施与监督

第二十三条 从事科研、生产、经营的单位和个人，必须严格执行强制性标准。不符合强制性标准的产品，禁止生产、销售和进口。

第二十四条 企业生产执行国家标准、行业标准、地方标准或企业标准，应当在产品或其说明书、包装物上标注所执行标准的代号、编号、名称。

第二十五条 出口产品的技术要求由合同双方约定。

出口产品在国内销售时，属于我国强制性标准管理范围的，必须符合强制性标准的要求。

第二十六条 企业研制新产品、改进产品、进行技术改造，应当符合标准化要求。

第二十七条 国务院标准化行政主管部门组织或授权国务院有关行政主管部门建立行业

认证机构，进行产品质量认证工作。

第二十八条 国务院标准化行政主管部门统一负责全国标准实施的监督。国务院有关行政主管部门分工负责本部门、本行业的标准实施的监督。

省、自治区、直辖市标准化行政主管部门统一负责本行政区域内的标准实施的监督。省、自治区、直辖市人民政府有关行政主管部门分工负责本行政区域内本部门、本行业的标准实施的监督。

市、县标准化行政主管部门和有关行政主管部门，按照省、自治区、直辖市人民政府规定的各自的职责，负责本行政区域内的标准实施的监督。

第二十九条 县级以上人民政府标准化行政主管部门，可以根据需要设置检验机构，或者授权其他单位的检验机构，对产品是否符合标准进行检验和承担其他标准实施的监督检验任务。检验机构的设置应当合理布局，充分利用现有力量。

国家检验机构由国务院标准化行政主管部门会同国务院有关行政主管部门规划、审查。地方检验机构由省、自治区、直辖市人民政府标准化行政主管部门会同省级有关行政主管部门规划、审查。

处理有关产品是否符合标准的争议，以本条规定的检验机构的检验数据为准。

第三十条 国务院有关行政主管部门可以根据需要和国家有关规定设立检验机构，负责本行业、本部门的检验工作。

第三十一条 国家机关、社会团体、企业事业单位及全体公民均有权检举、揭发违反强制性标准的行为。

第五章 法律责任

第三十二条 违反《标准化法》和本条例有关规定，有下列情形之一的，由标准化行政主管部门或有关行政主管部门在各自的职权范围内责令限期改进，并可通报批评或给予责任者行政处分：

（一）企业未按规定制定标准作为组织生产依据的；

（二）企业未按规定要求将产品标准上报备案的；

（三）企业的产品未按规定附有标识或与其标识不符的；

（四）企业研制新产品、改进产品、进行技术改造，不符合标准化要求的；

（五）科研、设计、生产中违反有关强制性标准规定的。

第三十三条 生产不符合强制性标准的产品的，应当责令其停止生产，并没收产品，监督销毁或作必要技术处理；处以该批产品货值金额百分之二十至百分之五十的罚款；对有关责任者处以五千元以下罚款。

销售不符合强制性标准的商品的，应当责令其停止销售，并限期追回已售出的商品，监督销毁或作必要技术处理；没收违法所得；处以该批商品货值金额百分之十至百分之二十的罚款；对有关责任者处以五千元以下罚款。

进口不符合强制性标准的产品的,应当封存并没收该产品,监督销毁或作必要技术处理;处以进口产品货值金额百分之二十至百分之五十的罚款;对有关责任者给予行政处分,并可处以五千元以下罚款。

本条规定的责令停止生产、行政处分,由有关行政主管部门决定;其他行政处罚由标准化行政主管部门和工商行政管理部门依据职权决定。

第三十四条 生产、销售、进口不符合强制性标准的产品,造成严重后果,构成犯罪的,由司法机关依法追究直接责任人员的刑事责任。

第三十五条 获得认证证书的产品不符合认证标准而使用认证标志出厂销售的,由标准化行政主管部门责令其停止销售,并处以违法所得二倍以下的罚款;情节严重的,由认证部门撤销其认证证书。

第三十六条 产品未经认证或者认证不合格而擅自使用认证标志出厂销售的,由标准化行政主管部门责令其停止销售,处以违法所得三倍以下的罚款,并对单位负责人处以五千元以下罚款。

第三十七条 当事人对没收产品、没收违法所得和罚款的处罚不服的,可以在接到处罚通知之日起十五日内,向作出处罚决定的机关的上一级机关申请复议;对复议决定不服的,可以在接到复议决定之日起十五日内,向人民法院起诉。当事人也可以在接到处罚通知之日起十五日内,直接向人民法院起诉。当事人逾期不申请复议或者不向人民法院起诉又不履行处罚决定的,由作出处罚决定的机关申请人民法院强制执行。

第三十八条 本条例第三十二条至第三十六条规定的处罚不免除由此产生的对他人的损害赔偿责任。受到损害的有权要求责任人赔偿损失。赔偿责任和赔偿金额纠纷可以由有关行政主管部门处理,当事人也可以直接向人民法院起诉。

第三十九条 标准化工作的监督、检验、管理人员有下列行为之一的,由有关主管部门给予行政处分,构成犯罪的,由司法机关依法追究刑事责任:

(一)违反本条例规定,工作失误,造成损失的;

(二)伪造、篡改检验数据的;

(三)徇私舞弊、滥用职权、索贿受贿的。

第四十条 罚没收入全部上缴财政。对单位的罚款,一律从其自有资金中支付,不得列入成本。对责任人的罚款,不得从公款中核销。

第六章 附 则

第四十一条 军用标准化管理条例,由国务院、中央军委另行制定。

第四十二条 工程建设标准化管理规定,由国务院工程建设主管部门依据《标准化法》和本条例的有关规定另行制定,报国务院批准后实施。

第四十三条 本条例由国家技术监督局负责解释。

第四十四条 本条例自发布之日起施行。

公路安全保护条例

(中华人民共和国国务院令第 593 号)

第一章 总 则

第一条 为了加强公路保护,保障公路完好、安全和畅通,根据《中华人民共和国公路法》,制定本条例。

第二条 各级人民政府应当加强对公路保护工作的领导,依法履行公路保护职责。

第三条 国务院交通运输主管部门主管全国公路保护工作。

县级以上地方人民政府交通运输主管部门主管本行政区域的公路保护工作;但是,县级以上地方人民政府交通运输主管部门对国道、省道的保护职责,由省、自治区、直辖市人民政府确定。

公路管理机构依照本条例的规定具体负责公路保护的监督管理工作。

第四条 县级以上各级人民政府发展改革、工业和信息化、公安、工商、质检等部门按照职责分工,依法开展公路保护的相关工作。

第五条 县级以上各级人民政府应当将政府及其有关部门从事公路管理、养护所需经费以及公路管理机构行使公路行政管理职能所需经费纳入本级人民政府财政预算。但是,专用公路的公路保护经费除外。

第六条 县级以上各级人民政府交通运输主管部门应当综合考虑国家有关车辆技术标准、公路使用状况等因素,逐步提高公路建设、管理和养护水平,努力满足国民经济和社会发展以及人民群众生产、生活需要。

第七条 县级以上各级人民政府交通运输主管部门应当依照《中华人民共和国突发事件应对法》的规定,制定地震、泥石流、雨雪冰冻灾害等损毁公路的突发事件(以下简称公路突发事件)应急预案,报本级人民政府批准后实施。

公路管理机构、公路经营企业应当根据交通运输主管部门制定的公路突发事件应急预案,组建应急队伍,并定期组织应急演练。

第八条 国家建立健全公路突发事件应急物资储备保障制度,完善应急物资储备、调配体系,确保发生公路突发事件时能够满足应急处置工作的需要。

第九条 任何单位和个人不得破坏、损坏、非法占用或者非法利用公路、公路用地和公路附属设施。

第二章 公 路 线 路

第十条 公路管理机构应当建立健全公路管理档案，对公路、公路用地和公路附属设施调查核实、登记造册。

第十一条 县级以上地方人民政府应当根据保障公路运行安全和节约用地的原则以及公路发展的需要，组织交通运输、国土资源等部门划定公路建筑控制区的范围。

公路建筑控制区的范围，从公路用地外缘起向外的距离标准为：

（一）国道不少于20米；

（二）省道不少于15米；

（三）县道不少于10米；

（四）乡道不少于5米。

属于高速公路的，公路建筑控制区的范围从公路用地外缘起向外的距离标准不少于30米。

公路弯道内侧、互通立交以及平面交叉道口的建筑控制区范围根据安全视距等要求确定。

第十二条 新建、改建公路的建筑控制区的范围，应当自公路初步设计批准之日起30日内，由公路沿线县级以上地方人民政府依照本条例划定并公告。

公路建筑控制区与铁路线路安全保护区、航道保护范围、河道管理范围或者水工程管理和保护范围重叠的，经公路管理机构和铁路管理机构、航道管理机构、水行政主管部门或者流域管理机构协商后划定。

第十三条 在公路建筑控制区内，除公路保护需要外，禁止修建建筑物和地面构筑物；公路建筑控制区划定前已经合法修建的不得扩建，因公路建设或者保障公路运行安全等原因需要拆除的应当依法给予补偿。

在公路建筑控制区外修建的建筑物、地面构筑物以及其他设施不得遮挡公路标志，不得妨碍安全视距。

第十四条 新建村镇、开发区、学校和货物集散地、大型商业网点、农贸市场等公共场所，与公路建筑控制区边界外缘的距离应当符合下列标准，并尽可能在公路一侧建设：

（一）国道、省道不少于50米；

（二）县道、乡道不少于20米。

第十五条 新建、改建公路与既有城市道路、铁路、通信等线路交叉或者新建、改建城市道路、铁路、通信等线路与既有公路交叉的，建设费用由新建、改建单位承担；城市道路、铁路、通信等线路的管理部门、单位或者公路管理机构要求提高既有建设标准而增加的费用，由提出要求的部门或者单位承担。

需要改变既有公路与城市道路、铁路、通信等线路交叉方式的，按照公平合理的原则分担建设费用。

第十六条　禁止将公路作为检验车辆制动性能的试车场地。

禁止在公路、公路用地范围内摆摊设点、堆放物品、倾倒垃圾、设置障碍、挖沟引水、打场晒粮、种植作物、放养牲畜、采石、取土、采空作业、焚烧物品、利用公路边沟排放污物或者进行其他损坏、污染公路和影响公路畅通的行为。

第十七条　禁止在下列范围内从事采矿、采石、取土、爆破作业等危及公路、公路桥梁、公路隧道、公路渡口安全的活动：

（一）国道、省道、县道的公路用地外缘起向外 100 米，乡道的公路用地外缘起向外 50 米；

（二）公路渡口和中型以上公路桥梁周围 200 米；

（三）公路隧道上方和洞口外 100 米。

在前款规定的范围内，因抢险、防汛需要修筑堤坝、压缩或者拓宽河床的，应当经省、自治区、直辖市人民政府交通运输主管部门会同水行政主管部门或者流域管理机构批准，并采取安全防护措施方可进行。

第十八条　除按照国家有关规定设立的为车辆补充燃料的场所、设施外，禁止在下列范围内设立生产、储存、销售易燃、易爆、剧毒、放射性等危险物品的场所、设施：

（一）公路用地外缘起向外 100 米；

（二）公路渡口和中型以上公路桥梁周围 200 米；

（三）公路隧道上方和洞口外 100 米。

第十九条　禁止擅自在中型以上公路桥梁跨越的河道上下游各 1000 米范围内抽取地下水、架设浮桥以及修建其他危及公路桥梁安全的设施。

在前款规定的范围内，确需进行抽取地下水、架设浮桥等活动的，应当经水行政主管部门、流域管理机构等有关单位会同公路管理机构批准，并采取安全防护措施方可进行。

第二十条　禁止在公路桥梁跨越的河道上下游的下列范围内采砂：

（一）特大型公路桥梁跨越的河道上游 500 米，下游 3000 米；

（二）大型公路桥梁跨越的河道上游 500 米，下游 2000 米；

（三）中小型公路桥梁跨越的河道上游 500 米，下游 1000 米。

第二十一条　在公路桥梁跨越的河道上下游各 500 米范围内依法进行疏浚作业的，应当符合公路桥梁安全要求，经公路管理机构确认安全方可作业。

第二十二条　禁止利用公路桥梁进行牵拉、吊装等危及公路桥梁安全的施工作业。

禁止利用公路桥梁（含桥下空间）、公路隧道、涵洞堆放物品，搭建设施以及铺设高压电线和输送易燃、易爆或者其他有毒有害气体、液体的管道。

第二十三条　公路桥梁跨越航道的，建设单位应当按照国家有关规定设置桥梁航标、桥柱标、桥梁水尺标，并按照国家标准、行业标准设置桥区水上航标和桥墩防撞装置。桥区水上航标由航标管理机构负责维护。

通过公路桥梁的船舶应当符合公路桥梁通航净空要求，严格遵守航行规则，不得在公路桥梁下停泊或者系缆。

第二十四条 重要的公路桥梁和公路隧道按照《中华人民共和国人民武装警察法》和国务院、中央军委的有关规定由中国人民武装警察部队守护。

第二十五条 禁止损坏、擅自移动、涂改、遮挡公路附属设施或者利用公路附属设施架设管道、悬挂物品。

第二十六条 禁止破坏公路、公路用地范围内的绿化物。需要更新采伐护路林的，应当向公路管理机构提出申请，经批准方可更新采伐，并及时补种；不能及时补种的，应当交纳补种所需费用，由公路管理机构代为补种。

第二十七条 进行下列涉路施工活动，建设单位应当向公路管理机构提出申请：

（一）因修建铁路、机场、供电、水利、通信等建设工程需要占用、挖掘公路、公路用地或者使公路改线；

（二）跨越、穿越公路修建桥梁、渡槽或者架设、埋设管道、电缆等设施；

（三）在公路用地范围内架设、埋设管道、电缆等设施；

（四）利用公路桥梁、公路隧道、涵洞铺设电缆等设施；

（五）利用跨越公路的设施悬挂非公路标志；

（六）在公路上增设或者改造平面交叉道口；

（七）在公路建筑控制区内埋设管道、电缆等设施。

第二十八条 申请进行涉路施工活动的建设单位应当向公路管理机构提交下列材料：

（一）符合有关技术标准、规范要求的设计和施工方案；

（二）保障公路、公路附属设施质量和安全的技术评价报告；

（三）处置施工险情和意外事故的应急方案。

公路管理机构应当自受理申请之日起 20 日内作出许可或者不予许可的决定；影响交通安全的，应当征得公安机关交通管理部门的同意；涉及经营性公路的，应当征求公路经营企业的意见；不予许可的，公路管理机构应当书面通知申请人并说明理由。

第二十九条 建设单位应当按照许可的设计和施工方案进行施工作业，并落实保障公路、公路附属设施质量和安全的防护措施。

涉路施工完毕，公路管理机构应当对公路、公路附属设施是否达到规定的技术标准以及施工是否符合保障公路、公路附属设施质量和安全的要求进行验收；影响交通安全的，还应当经公安机关交通管理部门验收。

涉路工程设施的所有人、管理人应当加强维护和管理，确保工程设施不影响公路的完好、安全和畅通。

第三章 公 路 通 行

第三十条 车辆的外廓尺寸、轴荷和总质量应当符合国家有关车辆外廓尺寸、轴荷、质量限值等机动车安全技术标准，不符合标准的不得生产、销售。

第三十一条 公安机关交通管理部门办理车辆登记，应当当场查验，对不符合机动车国家安全技术标准的车辆不予登记。

第三十二条 运输不可解体物品需要改装车辆的，应当由具有相应资质的车辆生产企业按照规定的车型和技术参数进行改装。

第三十三条 超过公路、公路桥梁、公路隧道限载、限高、限宽、限长标准的车辆，不得在公路、公路桥梁或者公路隧道行驶；超过汽车渡船限载、限高、限宽、限长标准的车辆，不得使用汽车渡船。

公路、公路桥梁、公路隧道限载、限高、限宽、限长标准调整的，公路管理机构、公路经营企业应当及时变更限载、限高、限宽、限长标志；需要绕行的，还应当标明绕行路线。

第三十四条 县级人民政府交通运输主管部门或者乡级人民政府可以根据保护乡道、村道的需要，在乡道、村道的出入口设置必要的限高、限宽设施，但是不得影响消防和卫生急救等应急通行需要，不得向通行车辆收费。

第三十五条 车辆载运不可解体物品，车货总体的外廓尺寸或者总质量超过公路、公路桥梁、公路隧道的限载、限高、限宽、限长标准，确需在公路、公路桥梁、公路隧道行驶的，从事运输的单位和个人应当向公路管理机构申请公路超限运输许可。

第三十六条 申请公路超限运输许可按照下列规定办理：

（一）跨省、自治区、直辖市进行超限运输的，向公路沿线各省、自治区、直辖市公路管理机构提出申请，由起运地省、自治区、直辖市公路管理机构统一受理，并协调公路沿线各省、自治区、直辖市公路管理机构对超限运输申请进行审批，必要时可以由国务院交通运输主管部门统一协调处理；

（二）在省、自治区范围内跨设区的市进行超限运输，或者在直辖市范围内跨区、县进行超限运输的，向省、自治区、直辖市公路管理机构提出申请，由省、自治区、直辖市公路管理机构受理并审批；

（三）在设区的市范围内跨区、县进行超限运输的，向设区的市公路管理机构提出申请，由设区的市公路管理机构受理并审批；

（四）在区、县范围内进行超限运输的，向区、县公路管理机构提出申请，由区、县公路管理机构受理并审批。

公路超限运输影响交通安全的，公路管理机构在审批超限运输申请时，应当征求公安机关交通管理部门意见。

第三十七条 公路管理机构审批超限运输申请，应当根据实际情况勘测通行路线，需要采取加固、改造措施的，可以与申请人签订有关协议，制定相应的加固、改造方案。

公路管理机构应当根据其制定的加固、改造方案，对通行的公路桥梁、涵洞等设施进行加固、改造；必要时应当对超限运输车辆进行监管。

第三十八条 公路管理机构批准超限运输申请的，应当为超限运输车辆配发国务院交通运输主管部门规定式样的超限运输车辆通行证。

经批准进行超限运输的车辆，应当随车携带超限运输车辆通行证，按照指定的时间、路线和速度行驶，并悬挂明显标志。

禁止租借、转让超限运输车辆通行证。禁止使用伪造、变造的超限运输车辆通行证。

第三十九条 经省、自治区、直辖市人民政府批准，有关交通运输主管部门可以设立固定超限检测站点，配备必要的设备和人员。

固定超限检测站点应当规范执法，并公布监督电话。公路管理机构应当加强对固定超限检测站点的管理。

第四十条 公路管理机构在监督检查中发现车辆超过公路、公路桥梁、公路隧道或者汽车渡船的限载、限高、限宽、限长标准的，应当就近引导至固定超限检测站点进行处理。

车辆应当按照超限检测指示标志或者公路管理机构监督检查人员的指挥接受超限检测，不得故意堵塞固定超限检测站点通行车道、强行通过固定超限检测站点或者以其他方式扰乱超限检测秩序，不得采取短途驳载等方式逃避超限检测。

禁止通过引路绕行等方式为不符合国家有关载运标准的车辆逃避超限检测提供便利。

第四十一条 煤炭、水泥等货物集散地以及货运站等场所的经营人、管理人应当采取有效措施，防止不符合国家有关载运标准的车辆出场（站）。

道路运输管理机构应当加强对煤炭、水泥等货物集散地以及货运站等场所的监督检查，制止不符合国家有关载运标准的车辆出场（站）。

任何单位和个人不得指使、强令车辆驾驶人超限运输货物，不得阻碍道路运输管理机构依法进行监督检查。

第四十二条 载运易燃、易爆、剧毒、放射性等危险物品的车辆，应当符合国家有关安全管理规定，并避免通过特大型公路桥梁或者特长公路隧道；确需通过特大型公路桥梁或者特长公路隧道的，负责审批易燃、易爆、剧毒、放射性等危险物品运输许可的机关应当提前将行驶时间、路线通知特大型公路桥梁或者特长公路隧道的管理单位，并对在特大型公路桥梁或者特长公路隧道行驶的车辆进行现场监管。

第四十三条 车辆应当规范装载，装载物不得触地拖行。车辆装载物易掉落、遗洒或者飘散的，应当采取厢式密闭等有效防护措施方可在公路上行驶。

公路上行驶车辆的装载物掉落、遗洒或者飘散的，车辆驾驶人、押运人员应当及时采取措施处理；无法处理的，应当在掉落、遗洒或者飘散物来车方向适当距离外设置警示标志，并迅速报告公路管理机构或者公安机关交通管理部门。其他人员发现公路上有影响交通安全的障碍物的，也应当及时报告公路管理机构或者公安机关交通管理部门。公安机关交通管理部门应当责令改正车辆装载物掉落、遗洒、飘散等违法行为；公路管理机构、公路经营企业应当及时清除掉落、遗洒、飘散在公路上的障碍物。

车辆装载物掉落、遗洒、飘散后，车辆驾驶人、押运人员未及时采取措施处理，造成他人人身、财产损害的，道路运输企业、车辆驾驶人应当依法承担赔偿责任。

第四章 公路养护

第四十四条 公路管理机构、公路经营企业应当加强公路养护，保证公路经常处于良好技术状态。

前款所称良好技术状态，是指公路自身的物理状态符合有关技术标准的要求，包括路面平整，路肩、边坡平顺，有关设施完好。

第四十五条 公路养护应当按照国务院交通运输主管部门规定的技术规范和操作规程实施作业。

第四十六条 从事公路养护作业的单位应当具备下列资质条件：

（一）有一定数量的符合要求的技术人员；

（二）有与公路养护作业相适应的技术设备；

（三）有与公路养护作业相适应的作业经历；

（四）国务院交通运输主管部门规定的其他条件。

公路养护作业单位资质管理办法由国务院交通运输主管部门另行制定。

第四十七条 公路管理机构、公路经营企业应当按照国务院交通运输主管部门的规定对公路进行巡查，并制作巡查记录；发现公路坍塌、坑槽、隆起等损毁的，应当及时设置警示标志，并采取措施修复。

公安机关交通管理部门发现公路坍塌、坑槽、隆起等损毁，危及交通安全的，应当及时采取措施，疏导交通，并通知公路管理机构或者公路经营企业。

其他人员发现公路坍塌、坑槽、隆起等损毁的，应当及时向公路管理机构、公安机关交通管理部门报告。

第四十八条 公路管理机构、公路经营企业应当定期对公路、公路桥梁、公路隧道进行检测和评定，保证其技术状态符合有关技术标准；对经检测发现不符合车辆通行安全要求的，应当进行维修，及时向社会公告，并通知公安机关交通管理部门。

第四十九条 公路管理机构、公路经营企业应当定期检查公路隧道的排水、通风、照明、监控、报警、消防、救助等设施，保持设施处于完好状态。

第五十条 公路管理机构应当统筹安排公路养护作业计划，避免集中进行公路养护作业造成交通堵塞。

在省、自治区、直辖市交界区域进行公路养护作业，可能造成交通堵塞的，有关公路管理机构、公安机关交通管理部门应当事先书面通报相邻的省、自治区、直辖市公路管理机构、公安机关交通管理部门，共同制定疏导预案，确定分流路线。

第五十一条 公路养护作业需要封闭公路的，或者占用半幅公路进行作业，作业路段长度在2公里以上，并且作业期限超过30日的，除紧急情况外，公路养护作业单位应当在作业开始之日前5日向社会公告，明确绕行路线，并在绕行处设置标志；不能绕行的，应当修建临时道路。

第五十二条 公路养护作业人员作业时，应当穿着统一的安全标志服。公路养护车辆、机械设备作业时，应当设置明显的作业标志，开启危险报警闪光灯。

第五十三条 发生公路突发事件影响通行的，公路管理机构、公路经营企业应当及时修复公路、恢复通行。设区的市级以上人民政府交通运输主管部门应当根据修复公路、恢复通行的需要，及时调集抢修力量，统筹安排有关作业计划，下达路网调度指令，配合有关部门组织绕行、分流。

设区的市级以上公路管理机构应当按照国务院交通运输主管部门的规定收集、汇总公路损毁、公路交通流量等信息，开展公路突发事件的监测、预报和预警工作，并利用多种方式及时向社会发布有关公路运行信息。

第五十四条 中国人民武装警察交通部队按照国家有关规定承担公路、公路桥梁、公路隧道等设施的抢修任务。

第五十五条 公路永久性停止使用的，应当按照国务院交通运输主管部门规定的程序核准后作报废处理，并向社会公告。

公路报废后的土地使用管理依照有关土地管理的法律、行政法规执行。

第五章 法 律 责 任

第五十六条 违反本条例的规定，有下列情形之一的，由公路管理机构责令限期拆除，可以处5万元以下的罚款。逾期不拆除的，由公路管理机构拆除，有关费用由违法行为人承担：

（一）在公路建筑控制区内修建、扩建建筑物、地面构筑物或者未经许可埋设管道、电缆等设施的；

（二）在公路建筑控制区外修建的建筑物、地面构筑物以及其他设施遮挡公路标志或者妨碍安全视距的。

第五十七条 违反本条例第十八条、第十九条、第二十三条规定的，由安全生产监督管理部门、水行政主管部门、流域管理机构、海事管理机构等有关单位依法处理。

第五十八条 违反本条例第二十条规定的，由水行政主管部门或者流域管理机构责令改正，可以处3万元以下的罚款。

第五十九条 违反本条例第二十二条规定的，由公路管理机构责令改正，处2万元以上10万元以下的罚款。

第六十条 违反本条例的规定，有下列行为之一的，由公路管理机构责令改正，可以处3万元以下的罚款：

（一）损坏、擅自移动、涂改、遮挡公路附属设施或者利用公路附属设施架设管道、悬挂物品，可能危及公路安全的；

（二）涉路工程设施影响公路完好、安全和畅通的。

第六十一条 违反本条例的规定，未经批准更新采伐护路林的，由公路管理机构责令补种，没收违法所得，并处采伐林木价值3倍以上5倍以下的罚款。

第六十二条 违反本条例的规定，未经许可进行本条例第二十七条第一项至第五项规定的涉路施工活动的，由公路管理机构责令改正，可以处3万元以下的罚款；未经许可进行本条例第二十七条第六项规定的涉路施工活动的，由公路管理机构责令改正，处5万元以下的罚款。

第六十三条　违反本条例的规定，非法生产、销售外廓尺寸、轴荷、总质量不符合国家有关车辆外廓尺寸、轴荷、质量限值等机动车安全技术标准的车辆的，依照《中华人民共和国道路交通安全法》的有关规定处罚。

具有国家规定资质的车辆生产企业未按照规定车型和技术参数改装车辆的，由原发证机关责令改正，处4万元以上20万元以下的罚款；拒不改正的，吊销其资质证书。

第六十四条　违反本条例的规定，在公路上行驶的车辆，车货总体的外廓尺寸、轴荷或者总质量超过公路、公路桥梁、公路隧道、汽车渡船限定标准的，由公路管理机构责令改正，可以处3万元以下的罚款。

第六十五条　违反本条例的规定，经批准进行超限运输的车辆，未按照指定时间、路线和速度行驶的，由公路管理机构或者公安机关交通管理部门责令改正；拒不改正的，公路管理机构或者公安机关交通管理部门可以扣留车辆。

未随车携带超限运输车辆通行证的，由公路管理机构扣留车辆，责令车辆驾驶人提供超限运输车辆通行证或者相应的证明。

租借、转让超限运输车辆通行证的，由公路管理机构没收超限运输车辆通行证，处1000元以上5000元以下的罚款。使用伪造、变造的超限运输车辆通行证的，由公路管理机构没收伪造、变造的超限运输车辆通行证，处3万元以下的罚款。

第六十六条　对1年内违法超限运输超过3次的货运车辆，由道路运输管理机构吊销其车辆营运证；对1年内违法超限运输超过3次的货运车辆驾驶人，由道路运输管理机构责令其停止从事营业性运输；道路运输企业1年内违法超限运输的货运车辆超过本单位货运车辆总数10%的，由道路运输管理机构责令道路运输企业停业整顿；情节严重的，吊销其道路运输经营许可证，并向社会公告。

第六十七条　违反本条例的规定，有下列行为之一的，由公路管理机构强制拖离或者扣留车辆，处3万元以下的罚款：

（一）采取故意堵塞固定超限检测站点通行车道、强行通过固定超限检测站点等方式扰乱超限检测秩序的；

（二）采取短途驳载等方式逃避超限检测的。

第六十八条　违反本条例的规定，指使、强令车辆驾驶人超限运输货物的，由道路运输管理机构责令改正，处3万元以下的罚款。

第六十九条　车辆装载物触地拖行、掉落、遗洒或者飘散，造成公路路面损坏、污染的，由公路管理机构责令改正，处5000元以下的罚款。

第七十条　违反本条例的规定，公路养护作业单位未按照国务院交通运输主管部门规定的技术规范和操作规程进行公路养护作业的，由公路管理机构责令改正，处1万元以上5万元以下的罚款；拒不改正的，吊销其资质证书。

第七十一条　造成公路、公路附属设施损坏的单位和个人应当立即报告公路管理机构，接受公路管理机构的现场调查处理；危及交通安全的，还应当设置警示标志或者采取其他安全防护措施,并迅速报告公安机关交通管理部门。

发生交通事故造成公路、公路附属设施损坏的,公安机关交通管理部门在处理交通事故时应当及时通知有关公路管理机构到场调查处理。

第七十二条 造成公路、公路附属设施损坏,拒不接受公路管理机构现场调查处理的,公路管理机构可以扣留车辆、工具。

公路管理机构扣留车辆、工具的,应当当场出具凭证,并告知当事人在规定期限内到公路管理机构接受处理。逾期不接受处理,并且经公告3个月仍不来接受处理的,对扣留的车辆、工具,由公路管理机构依法处理。

公路管理机构对被扣留的车辆、工具应当妥善保管,不得使用。

第七十三条 违反本条例的规定,公路管理机构工作人员有下列行为之一的,依法给予处分:

（一）违法实施行政许可的;

（二）违反规定拦截、检查正常行驶的车辆的;

（三）未及时采取措施处理公路坍塌、坑槽、隆起等损毁的;

（四）违法扣留车辆、工具或者使用依法扣留的车辆、工具的;

（五）有其他玩忽职守、徇私舞弊、滥用职权行为的。

公路管理机构有前款所列行为之一的,对负有直接责任的主管人员和其他直接责任人员依法给予处分。

第七十四条 违反本条例的规定,构成违反治安管理行为的,由公安机关依法给予治安管理处罚;构成犯罪的,依法追究刑事责任。

第六章 附　　则

第七十五条 村道的管理和养护工作,由乡级人民政府参照本条例的规定执行。

专用公路的保护不适用本条例。

第七十六条 军事运输使用公路按照国务院、中央军事委员会的有关规定执行。

第七十七条 本条例自2011年7月1日起施行。1987年10月13日国务院发布的《中华人民共和国公路管理条例》同时废止。

建设工程质量管理条例

(中华人民共和国国务院令第 279 号)

(2000 年 1 月 10 日经国务院第 25 次常务会议通过,根据 2017 年 10 月 7 日《国务院关于修改部分行政法规的决定》第一次修订,根据 2019 年 4 月 23 日《国务院关于修改部分行政法规的决定》第二次修订)

第一章 总 则

第一条 为了加强对建设工程质量的管理,保证建设工程质量,保护人民生命和财产安全,根据《中华人民共和国建筑法》,制定本条例。

第二条 凡在中华人民共和国境内从事建设工程的新建、扩建、改建等有关活动及实施对建设工程质量监督管理的,必须遵守本条例。

本条例所称建设工程,是指土木工程、建筑工程、线路管道和设备安装工程及装修工程。

第三条 建设单位、勘察单位、设计单位、施工单位、工程监理单位依法对建设工程质量负责。

第四条 县级以上人民政府建设行政主管部门和其他有关部门应当加强对建设工程质量的监督管理。

第五条 从事建设工程活动,必须严格执行基本建设程序,坚持先勘察、后设计、再施工的原则。

县级以上人民政府及其有关部门不得超越权限审批建设项目或者擅自简化基本建设程序。

第六条 国家鼓励采用先进的科学技术和管理方法,提高建设工程质量。

第二章 建设单位的质量责任和义务

第七条 建设单位应当将工程发包给具有相应资质等级的单位。

建设单位不得将建设工程肢解发包。

第八条 建设单位应当依法对工程建设项目的勘察、设计、施工、监理以及与工程建设有关的重要设备、材料等的采购进行招标。

第九条 建设单位必须向有关的勘察、设计、施工、工程监理等单位提供与建设工程有关的原始资料。

原始资料必须真实、准确、齐全。

第十条 建设工程发包单位，不得迫使承包方以低于成本的价格竞标，不得任意压缩合理工期。

建设单位不得明示或者暗示设计单位或者施工单位违反工程建设强制性标准，降低建设工程质量。

第十一条 施工图设计文件审查的具体办法，由国务院建设行政主管部门、国务院其他有关部门制定。

施工图设计文件未经审查批准的，不得使用。

第十二条 实行监理的建设工程，建设单位应当委托具有相应资质等级的工程监理单位进行监理，也可以委托具有工程监理相应资质等级并与被监理工程的施工承包单位没有隶属关系或者其他利害关系的该工程的设计单位进行监理。

下列建设工程必须实行监理：

（一）国家重点建设工程；

（二）大中型公用事业工程；

（三）成片开发建设的住宅小区工程；

（四）利用外国政府或者国际组织贷款、援助资金的工程；

（五）国家规定必须实行监理的其他工程。

第十三条 建设单位在开工前，应当按照国家有关规定办理工程质量监督手续，工程质量监督手续可以与施工许可证或者开工报告合并办理。

第十四条 按照合同约定，由建设单位采购建筑材料、建筑构配件和设备的，建设单位应当保证建筑材料、建筑构配件和设备符合设计文件和合同要求。

建设单位不得明示或者暗示施工单位使用不合格的建筑材料、建筑构配件和设备。

第十五条 涉及建筑主体和承重结构变动的装修工程，建设单位应当在施工前委托原设计单位或者具有相应资质等级的设计单位提出设计方案；没有设计方案的，不得施工。

房屋建筑使用者在装修过程中，不得擅自变动房屋建筑主体和承重结构。

第十六条 建设单位收到建设工程竣工报告后，应当组织设计、施工、工程监理等有关单位进行竣工验收。

建设工程竣工验收应当具备下列条件：

（一）完成建设工程设计和合同约定的各项内容；

（二）有完整的技术档案和施工管理资料；

（三）有工程使用的主要建筑材料、建筑构配件和设备的进场试验报告；

（四）有勘察、设计、施工、工程监理等单位分别签署的质量合格文件；

（五）有施工单位签署的工程保修书。

建设工程经验收合格的，方可交付使用。

第十七条 建设单位应当严格按照国家有关档案管理的规定，及时收集、整理建设项目各环节的文件资料，建立、健全建设项目档案，并在建设工程竣工验收后，及时向建设行政主管部门或者其他有关部门移交建设项目档案。

第三章 勘察、设计单位的质量责任和义务

第十八条 从事建设工程勘察、设计的单位应当依法取得相应等级的资质证书，并在其资质等级许可的范围内承揽工程。

禁止勘察、设计单位超越其资质等级许可的范围或者以其他勘察、设计单位的名义承揽工程。禁止勘察、设计单位允许其他单位或者个人以本单位的名义承揽工程。

勘察、设计单位不得转包或者违法分包所承揽的工程。

第十九条 勘察、设计单位必须按照工程建设强制性标准进行勘察、设计，并对其勘察、设计的质量负责。

注册建筑师、注册结构工程师等注册执业人员应当在设计文件上签字，对设计文件负责。

第二十条 勘察单位提供的地质、测量、水文等勘察成果必须真实、准确。

第二十一条 设计单位应当根据勘察成果文件进行建设工程设计。

设计文件应当符合国家规定的设计深度要求，注明工程合理使用年限。

第二十二条 设计单位在设计文件中选用的建筑材料、建筑构配件和设备，应当注明规格、型号、性能等技术指标，其质量要求必须符合国家规定的标准。

除有特殊要求的建筑材料、专用设备、工艺生产线等外，设计单位不得指定生产厂、供应商。

第二十三条 设计单位应当就审查合格的施工图设计文件向施工单位作出详细说明。

第二十四条 设计单位应当参与建设工程质量事故分析，并对因设计造成的质量事故，提出相应的技术处理方案。

第四章 施工单位的质量责任和义务

第二十五条 施工单位应当依法取得相应等级的资质证书，并在其资质等级许可的范围内承揽工程。

禁止施工单位超越本单位资质等级许可的业务范围或者以其他施工单位的名义承揽工程。禁止施工单位允许其他单位或者个人以本单位的名义承揽工程。

施工单位不得转包或者违法分包工程。

第二十六条 施工单位对建设工程的施工质量负责。

施工单位应当建立质量责任制，确定工程项目的项目经理、技术负责人和施工管理负责人。

建设工程实行总承包的，总承包单位应当对全部建设工程质量负责；建设工程勘察、设

计、施工、设备采购的一项或者多项实行总承包的，总承包单位应当对其承包的建设工程或者采购的设备的质量负责。

第二十七条 总承包单位依法将建设工程分包给其他单位的，分包单位应当按照分包合同的约定对其分包工程的质量向总承包单位负责，总承包单位与分包单位对分包工程的质量承担连带责任。

第二十八条 施工单位必须按照工程设计图纸和施工技术标准施工，不得擅自修改工程设计，不得偷工减料。

施工单位在施工过程中发现设计文件和图纸有差错的，应当及时提出意见和建议。

第二十九条 施工单位必须按照工程设计要求、施工技术标准和合同约定，对建筑材料、建筑构配件、设备和商品混凝土进行检验，检验应当有书面记录和专人签字；未经检验或者检验不合格的，不得使用。

第三十条 施工单位必须建立、健全施工质量的检验制度，严格工序管理，作好隐蔽工程的质量检查和记录。隐蔽工程在隐蔽前，施工单位应当通知建设单位和建设工程质量监督机构。

第三十一条 施工人员对涉及结构安全的试块、试件以及有关材料，应当在建设单位或者工程监理单位监督下现场取样，并送具有相应资质等级的质量检测单位进行检测。

第三十二条 施工单位对施工中出现质量问题的建设工程或者竣工验收不合格的建设工程，应当负责返修。

第三十三条 施工单位应当建立、健全教育培训制度，加强对职工的教育培训；未经教育培训或者考核不合格的人员，不得上岗作业。

第五章 工程监理单位的质量责任和义务

第三十四条 工程监理单位应当依法取得相应等级的资质证书，并在其资质等级许可的范围内承担工程监理业务。

禁止工程监理单位超越本单位资质等级许可的范围或者以其他工程监理单位的名义承担工程监理业务。禁止工程监理单位允许其他单位或者个人以本单位的名义承担工程监理业务。

工程监理单位不得转让工程监理业务。

第三十五条 工程监理单位与被监理工程的施工承包单位以及建筑材料、建筑构配件和设备供应单位有隶属关系或者其他利害关系的，不得承担该项建设工程的监理业务。

第三十六条 工程监理单位应当依照法律、法规以及有关技术标准、设计文件和建设工程承包合同，代表建设单位对施工质量实施监理，并对施工质量承担监理责任。

第三十七条 工程监理单位应当选派具备相应资格的总监理工程师和监理工程师进驻施工现场。

未经监理工程师签字，建筑材料、建筑构配件和设备不得在工程上使用或者安装，施工单位不得进行下一道工序的施工。未经总监理工程师签字，建设单位不拨付工程款，不进行竣工验收。

第三十八条　监理工程师应当按照工程监理规范的要求，采取旁站、巡视和平行检验等形式，对建设工程实施监理。

第六章　建设工程质量保修

第三十九条　建设工程实行质量保修制度。

建设工程承包单位在向建设单位提交工程竣工验收报告时，应当向建设单位出具质量保修书。质量保修书中应当明确建设工程的保修范围、保修期限和保修责任等。

第四十条　在正常使用条件下，建设工程的最低保修期限为：

（一）基础设施工程、房屋建筑的地基基础工程和主体结构工程，为设计文件规定的该工程的合理使用年限；

（二）屋面防水工程、有防水要求的卫生间、房间和外墙面的防渗漏，为 5 年；

（三）供热与供冷系统，为 2 个采暖期、供冷期；

（四）电气管线、给排水管道、设备安装和装修工程，为 2 年。

其他项目的保修期限由发包方与承包方约定。

建设工程的保修期，自竣工验收合格之日起计算。

第四十一条　建设工程在保修范围和保修期限内发生质量问题的，施工单位应当履行保修义务，并对造成的损失承担赔偿责任。

第四十二条　建设工程在超过合理使用年限后需要继续使用的，产权所有人应当委托具有相应资质等级的勘察、设计单位鉴定，并根据鉴定结果采取加固、维修等措施，重新界定使用期。

第七章　监　督　管　理

第四十三条　国家实行建设工程质量监督管理制度。

国务院建设行政主管部门对全国的建设工程质量实施统一监督管理。国务院铁路、交通、水利等有关部门按照国务院规定的职责分工，负责对全国的有关专业建设工程质量的监督管理。

县级以上地方人民政府建设行政主管部门对本行政区域内的建设工程质量实施监督管理。县级以上地方人民政府交通、水利等有关部门在各自的职责范围内，负责对本行政区域内的专业建设工程质量的监督管理。

第四十四条　国务院建设行政主管部门和国务院铁路、交通、水利等有关部门应当加强对有关建设工程质量的法律、法规和强制性标准执行情况的监督检查。

第四十五条　国务院发展计划部门按照国务院规定的职责，组织稽察特派员，对国家出资的重大建设项目实施监督检查。

国务院经济贸易主管部门按照国务院规定的职责，对国家重大技术改造项目实施监督检查。

第四十六条　建设工程质量监督管理，可以由建设行政主管部门或者其他有关部门委托的建设工程质量监督机构具体实施。

从事房屋建筑工程和市政基础设施工程质量监督的机构，必须按照国家有关规定经国务院建设行政主管部门或者省、自治区、直辖市人民政府建设行政主管部门考核；从事专业建设工程质量监督的机构，必须按照国家有关规定经国务院有关部门或者省、自治区、直辖市人民政府有关部门考核。经考核合格后，方可实施质量监督。

第四十七条　县级以上地方人民政府建设行政主管部门和其他有关部门应当加强对有关建设工程质量的法律、法规和强制性标准执行情况的监督检查。

第四十八条　县级以上人民政府建设行政主管部门和其他有关部门履行监督检查职责时，有权采取下列措施：

（一）要求被检查的单位提供有关工程质量的文件和资料；

（二）进入被检查单位的施工现场进行检查；

（三）发现有影响工程质量的问题时，责令改正。

第四十九条　建设单位应当自建设工程竣工验收合格之日起15日内，将建设工程竣工验收报告和规划、公安消防、环保等部门出具的认可文件或者准许使用文件报建设行政主管部门或者其他有关部门备案。

建设行政主管部门或者其他有关部门发现建设单位在竣工验收过程中有违反国家有关建设工程质量管理规定行为的，责令停止使用，重新组织竣工验收。

第五十条　有关单位和个人对县级以上人民政府建设行政主管部门和其他有关部门进行的监督检查应当支持与配合，不得拒绝或者阻碍建设工程质量监督检查人员依法执行职务。

第五十一条　供水、供电、供气、公安消防等部门或者单位不得明示或者暗示建设单位、施工单位购买其指定的生产供应单位的建筑材料、建筑构配件和设备。

第五十二条　建设工程发生质量事故，有关单位应当在24小时内向当地建设行政主管部门和其他有关部门报告。对重大质量事故，事故发生地的建设行政主管部门和其他有关部门应当按照事故类别和等级向当地人民政府和上级建设行政主管部门和其他有关部门报告。

特别重大质量事故的调查程序按照国务院有关规定办理。

第五十三条　任何单位和个人对建设工程的质量事故、质量缺陷都有权检举、控告、投诉。

第八章　罚　　则

第五十四条　违反本条例规定，建设单位将建设工程发包给不具有相应资质等级的勘察、设计、施工单位或者委托给不具有相应资质等级的工程监理单位的，责令改正，处50

万元以上 100 万元以下的罚款。

第五十五条 违反本条例规定，建设单位将建设工程肢解发包的，责令改正，处工程合同价款 0.5% 以上 1% 以下的罚款；对全部或者部分使用国有资金的项目，并可以暂停项目执行或者暂停资金拨付。

第五十六条 违反本条例规定，建设单位有下列行为之一的，责令改正，处 20 万元以上 50 万元以下的罚款：

（一）迫使承包方以低于成本的价格竞标的；

（二）任意压缩合理工期的；

（三）明示或者暗示设计单位或者施工单位违反工程建设强制性标准，降低工程质量的；

（四）施工图设计文件未经审查或者审查不合格，擅自施工的；

（五）建设项目必须实行工程监理而未实行工程监理的；

（六）未按照国家规定办理工程质量监督手续的；

（七）明示或者暗示施工单位使用不合格的建筑材料、建筑构配件和设备的；

（八）未按照国家规定将竣工验收报告、有关认可文件或者准许使用文件报送备案的。

第五十七条 违反本条例规定，建设单位未取得施工许可证或者开工报告未经批准，擅自施工的，责令停止施工，限期改正，处工程合同价款 1% 以上 2% 以下的罚款。

第五十八条 违反本条例规定，建设单位有下列行为之一的，责令改正，处工程合同价款 2% 以上 4% 以下的罚款；造成损失的，依法承担赔偿责任：

（一）未组织竣工验收，擅自交付使用的；

（二）验收不合格，擅自交付使用的；

（三）对不合格的建设工程按照合格工程验收的。

第五十九条 违反本条例规定，建设工程竣工验收后，建设单位未向建设行政主管部门或者其他有关部门移交建设项目档案的，责令改正，处 1 万元以上 10 万元以下的罚款。

第六十条 违反本条例规定，勘察、设计、施工、工程监理单位超越本单位资质等级承揽工程的，责令停止违法行为，对勘察、设计单位或者工程监理单位处合同约定的勘察费、设计费或者监理酬金 1 倍以上 2 倍以下的罚款；对施工单位处工程合同价款 2% 以上 4% 以下的罚款，可以责令停业整顿，降低资质等级；情节严重的，吊销资质证书；有违法所得的，予以没收。

未取得资质证书承揽工程的，予以取缔，依照前款规定处以罚款；有违法所得的，予以没收。

以欺骗手段取得资质证书承揽工程的，吊销资质证书，依照本条第一款规定处以罚款；有违法所得的，予以没收。

第六十一条 违反本条例规定，勘察、设计、施工、工程监理单位允许其他单位或者个人以本单位名义承揽工程的，责令改正，没收违法所得，对勘察、设计单位和工程监理单位处合同约定的勘察费、设计费和监理酬金 1 倍以上 2 倍以下的罚款；对施工单位处工程合同价款2%以上4%以下的罚款；可以责令停业整顿，降低资质等级；情节严重的，吊销资质证书。

第六十二条 违反本条例规定，承包单位将承包的工程转包或者违法分包的，责令改正，没收违法所得，对勘察、设计单位处合同约定的勘察费、设计费25%以上50%以下的罚款；对施工单位处工程合同价款0.5%以上1%以下的罚款；可以责令停业整顿，降低资质等级；情节严重的，吊销资质证书。

工程监理单位转让工程监理业务的，责令改正，没收违法所得，处合同约定的监理酬金25%以上50%以下的罚款；可以责令停业整顿，降低资质等级；情节严重的，吊销资质证书。

第六十三条 违反本条例规定，有下列行为之一的，责令改正，处10万元以上30万元以下的罚款：

（一）勘察单位未按照工程建设强制性标准进行勘察的；

（二）设计单位未根据勘察成果文件进行工程设计的；

（三）设计单位指定建筑材料、建筑构配件的生产厂、供应商的；

（四）设计单位未按照工程建设强制性标准进行设计的。

有前款所列行为，造成工程质量事故的，责令停业整顿，降低资质等级；情节严重的，吊销资质证书；造成损失的，依法承担赔偿责任。

第六十四条 违反本条例规定，施工单位在施工中偷工减料的，使用不合格的建筑材料、建筑构配件和设备的，或者有不按照工程设计图纸或者施工技术标准施工的其他行为的，责令改正，处工程合同价款2%以上4%以下的罚款；造成建设工程质量不符合规定的质量标准的，负责返工、修理，并赔偿因此造成的损失；情节严重的，责令停业整顿，降低资质等级或者吊销资质证书。

第六十五条 违反本条例规定，施工单位未对建筑材料、建筑构配件、设备和商品混凝土进行检验，或者未对涉及结构安全的试块、试件以及有关材料取样检测的，责令改正，处10万元以上20万元以下的罚款；情节严重的，责令停业整顿，降低资质等级或者吊销资质证书；造成损失的，依法承担赔偿责任。

第六十六条 违反本条例规定，施工单位不履行保修义务或者拖延履行保修义务的，责令改正，处10万元以上20万元以下的罚款，并对在保修期内因质量缺陷造成的损失承担赔偿责任。

第六十七条 工程监理单位有下列行为之一的，责令改正，处50万元以上100万元以下的罚款，降低资质等级或者吊销资质证书；有违法所得的，予以没收；造成损失的，承担连带赔偿责任：

（一）与建设单位或者施工单位串通，弄虚作假、降低工程质量的；

（二）将不合格的建设工程、建筑材料、建筑构配件和设备按照合格签字的。

第六十八条 违反本条例规定，工程监理单位与被监理工程的施工承包单位以及建筑材料、建筑构配件和设备供应单位有隶属关系或者其他利害关系承担该项建设工程的监理业务的，责令改正，处 5 万元以上 10 万元以下的罚款，降低资质等级或者吊销资质证书；有违法所得的，予以没收。

第六十九条 违反本条例规定，涉及建筑主体或者承重结构变动的装修工程，没有设计方案擅自施工的，责令改正，处 50 万元以上 100 万元以下的罚款；房屋建筑使用者在装修过程中擅自变动房屋建筑主体和承重结构的，责令改正，处 5 万元以上 10 万元以下的罚款。

有前款所列行为，造成损失的，依法承担赔偿责任。

第七十条 发生重大工程质量事故隐瞒不报、谎报或者拖延报告期限的，对直接负责的主管人员和其他责任人员依法给予行政处分。

第七十一条 违反本条例规定，供水、供电、供气、公安消防等部门或者单位明示或者暗示建设单位或者施工单位购买其指定的生产供应单位的建筑材料、建筑构配件和设备的，责令改正。

第七十二条 违反本条例规定，注册建筑师、注册结构工程师、监理工程师等注册执业人员因过错造成质量事故的，责令停止执业 1 年；造成重大质量事故的，吊销执业资格证书，5 年以内不予注册；情节特别恶劣的，终身不予注册。

第七十三条 依照本条例规定，给予单位罚款处罚的，对单位直接负责的主管人员和其他直接责任人员处单位罚款数额 5% 以上 10% 以下的罚款。

第七十四条 建设单位、设计单位、施工单位、工程监理单位违反国家规定，降低工程质量标准，造成重大安全事故，构成犯罪的，对直接责任人员依法追究刑事责任。

第七十五条 本条例规定的责令停业整顿，降低资质等级和吊销资质证书的行政处罚，由颁发资质证书的机关决定；其他行政处罚，由建设行政主管部门或者其他有关部门依照法定职权决定。

依照本条例规定被吊销资质证书的，由工商行政管理部门吊销其营业执照。

第七十六条 国家机关工作人员在建设工程质量监督管理工作中玩忽职守、滥用职权、徇私舞弊，构成犯罪的，依法追究刑事责任；尚不构成犯罪的，依法给予行政处分。

第七十七条 建设、勘察、设计、施工、工程监理单位的工作人员因调动工作、退休等原因离开该单位后，被发现在该单位工作期间违反国家有关建设工程质量管理规定，造成重大工程质量事故的，仍应当依法追究法律责任。

第九章 附 则

第七十八条 本条例所称肢解发包，是指建设单位将应当由一个承包单位完成的建设工程分解成若干部分发包给不同的承包单位的行为。

本条例所称违法分包，是指下列行为：

（一）总承包单位将建设工程分包给不具备相应资质条件的单位的；

（二）建设工程总承包合同中未有约定，又未经建设单位认可，承包单位将其承包的部分建设工程交由其他单位完成的；

（三）施工总承包单位将建设工程主体结构的施工分包给其他单位的；

（四）分包单位将其承包的建设工程再分包的。

本条例所称转包，是指承包单位承包建设工程后，不履行合同约定的责任和义务，将其承包的全部建设工程转给他人或者将其承包的全部建设工程肢解以后以分包的名义分别转给其他单位承包的行为。

第七十九条 本条例规定的罚款和没收的违法所得，必须全部上缴国库。

第八十条 抢险救灾及其他临时性房屋建筑和农民自建低层住宅的建设活动，不适用本条例。

第八十一条 军事建设工程的管理，按照中央军事委员会的有关规定执行。

第八十二条 本条例自发布之日起施行。

建设工程勘察设计管理条例

(中华人民共和国国务院令第 293 号)

(2000 年 9 月 25 日国务院令第 293 号公布,根据 2015 年 6 月 12 日《国务院关于修改〈建设工程勘察设计管理条例〉的决定》第一次修订,根据 2017 年 10 月 7 日《国务院关于修改部分行政法规的决定》第二次修订)

第一章 总 则

第一条 为了加强对建设工程勘察、设计活动的管理,保证建设工程勘察、设计质量,保护人民生命和财产安全,制定本条例。

第二条 从事建设工程勘察、设计活动,必须遵守本条例。

本条例所称建设工程勘察,是指根据建设工程的要求,查明、分析、评价建设场地的地质地理环境特征和岩土工程条件,编制建设工程勘察文件的活动。

本条例所称建设工程设计,是指根据建设工程的要求,对建设工程所需的技术、经济、资源、环境等条件进行综合分析、论证,编制建设工程设计文件的活动。

第三条 建设工程勘察、设计应当与社会、经济发展水平相适应,做到经济效益、社会效益和环境效益相统一。

第四条 从事建设工程勘察、设计活动,应当坚持先勘察、后设计、再施工的原则。

第五条 县级以上人民政府建设行政主管部门和交通、水利等有关部门应当依照本条例的规定,加强对建设工程勘察、设计活动的监督管理。

建设工程勘察、设计单位必须依法进行建设工程勘察、设计,严格执行工程建设强制性标准,并对建设工程勘察、设计的质量负责。

第六条 国家鼓励在建设工程勘察、设计活动中采用先进技术、先进工艺、先进设备、新型材料和现代管理方法。

第二章 资质资格管理

第七条 国家对从事建设工程勘察、设计活动的单位,实行资质管理制度。具体办法由国务院建设行政主管部门商国务院有关部门制定。

第八条 建设工程勘察、设计单位应当在其资质等级许可的范围内承揽建设工程勘察、设计业务。

禁止建设工程勘察、设计单位超越其资质等级许可的范围或者以其他建设工程勘察、设计单位的名义承揽建设工程勘察、设计业务。禁止建设工程勘察、设计单位允许其他单位或者个人以本单位的名义承揽建设工程勘察、设计业务。

第九条 国家对从事建设工程勘察、设计活动的专业技术人员，实行执业资格注册管理制度。

未经注册的建设工程勘察、设计人员，不得以注册执业人员的名义从事建设工程勘察、设计活动。

第十条 建设工程勘察、设计注册执业人员和其他专业技术人员只能受聘于一个建设工程勘察、设计单位；未受聘于建设工程勘察、设计单位的，不得从事建设工程的勘察、设计活动。

第十一条 建设工程勘察、设计单位资质证书和执业人员注册证书，由国务院建设行政主管部门统一制作。

第三章 建设工程勘察设计发包与承包

第十二条 建设工程勘察、设计发包依法实行招标发包或者直接发包。

第十三条 建设工程勘察、设计应当依照《中华人民共和国招标投标法》的规定，实行招标发包。

第十四条 建设工程勘察、设计方案评标，应当以投标人的业绩、信誉和勘察、设计人员的能力以及勘察、设计方案的优劣为依据，进行综合评定。

第十五条 建设工程勘察、设计的招标人应当在评标委员会推荐的候选方案中确定中标方案。但是，建设工程勘察、设计的招标人认为评标委员会推荐的候选方案不能最大限度满足招标文件规定的要求的，应当依法重新招标。

第十六条 下列建设工程的勘察、设计，经有关主管部门批准，可以直接发包：

（一）采用特定的专利或者专有技术的；

（二）建筑艺术造型有特殊要求的；

（三）国务院规定的其他建设工程的勘察、设计。

第十七条 发包方不得将建设工程勘察、设计业务发包给不具有相应勘察、设计资质等级的建设工程勘察、设计单位。

第十八条 发包方可以将整个建设工程的勘察、设计发包给一个勘察、设计单位；也可以将建设工程的勘察、设计分别发包给几个勘察、设计单位。

第十九条 除建设工程主体部分的勘察、设计外，经发包方书面同意，承包方可以将建设工程其他部分的勘察、设计再分包给其他具有相应资质等级的建设工程勘察、设计单位。

第二十条 建设工程勘察、设计单位不得将所承揽的建设工程勘察、设计转包。

第二十一条 承包方必须在建设工程勘察、设计资质证书规定的资质等级和业务范围内承揽建设工程的勘察、设计业务。

第二十二条 建设工程勘察、设计的发包方与承包方，应当执行国家规定的建设工程勘察、设计程序。

第二十三条　建设工程勘察、设计的发包方与承包方应当签订建设工程勘察、设计合同。

第二十四条　建设工程勘察、设计发包方与承包方应当执行国家有关建设工程勘察费、设计费的管理规定。

第四章　建设工程勘察设计文件的编制与实施

第二十五条　编制建设工程勘察、设计文件，应当以下列规定为依据：

（一）项目批准文件；

（二）城乡规划；

（三）工程建设强制性标准；

（四）国家规定的建设工程勘察、设计深度要求。

铁路、交通、水利等专业建设工程，还应当以专业规划的要求为依据。

第二十六条　编制建设工程勘察文件，应当真实、准确，满足建设工程规划、选址、设计、岩土治理和施工的需要。

编制方案设计文件，应当满足编制初步设计文件和控制概算的需要。

编制初步设计文件，应当满足编制施工招标文件、主要设备材料订货和编制施工图设计文件的需要。

编制施工图设计文件，应当满足设备材料采购、非标准设备制作和施工的需要，并注明建设工程合理使用年限。

第二十七条　设计文件中选用的材料、构配件、设备，应当注明其规格、型号、性能等技术指标，其质量要求必须符合国家规定的标准。

除有特殊要求的建筑材料、专用设备和工艺生产线等外，设计单位不得指定生产厂、供应商。

第二十八条　建设单位、施工单位、监理单位不得修改建设工程勘察、设计文件；确需修改建设工程勘察、设计文件的，应当由原建设工程勘察、设计单位修改。经原建设工程勘察、设计单位书面同意，建设单位也可以委托其他具有相应资质的建设工程勘察、设计单位修改。修改单位对修改的勘察、设计文件承担相应责任。

施工单位、监理单位发现建设工程勘察、设计文件不符合工程建设强制性标准、合同约定的质量要求的，应当报告建设单位，建设单位有权要求建设工程勘察、设计单位对建设工程勘察、设计文件进行补充、修改。

建设工程勘察、设计文件内容需要作重大修改的，建设单位应当报经原审批机关批准后，方可修改。

第二十九条　建设工程勘察、设计文件中规定采用的新技术、新材料，可能影响建设工程质量和安全，又没有国家技术标准的，应当由国家认可的检测机构进行试验、论证，出具检测报告，并经国务院有关部门或者省、自治区、直辖市人民政府有关部门组织的建设工程技术专家委员会审定后，方可使用。

第三十条 建设工程勘察、设计单位应当在建设工程施工前，向施工单位和监理单位说明建设工程勘察、设计意图，解释建设工程勘察、设计文件。

建设工程勘察、设计单位应当及时解决施工中出现的勘察、设计问题。

第五章　监督管理

第三十一条 国务院建设行政主管部门对全国的建设工程勘察、设计活动实施统一监督管理。国务院铁路、交通、水利等有关部门按照国务院规定的职责分工负责对全国的有关专业建设工程勘察、设计活动的监督管理。

县级以上地方人民政府建设行政主管部门对本行政区域内的建设工程勘察、设计活动实施监督管理。县级以上地方人民政府交通、水利等有关部门在各自的职责范围内，负责对本行政区域内的有关专业建设工程勘察、设计活动的监督管理。

第三十二条 建设工程勘察、设计单位在建设工程勘察、设计资质证书规定的业务范围内跨部门、跨地区承揽勘察、设计业务的，有关地方人民政府及其所属部门不得设置障碍，不得违反国家规定收取任何费用。

第三十三条 施工图设计文件审查机构应当对房屋建筑工程、市政基础设施工程施工图设计文件中涉及公共利益、公众安全、工程建设强制性标准的内容进行审查。县级以上人民政府交通运输等有关部门应当按照职责对施工图设计文件中涉及公共利益、公众安全、工程建设强制性标准的内容进行审查。

施工图设计文件未经审查批准的，不得使用。

第三十四条 任何单位和个人对建设工程勘察、设计活动中的违法行为都有权检举、控告、投诉。

第六章　罚　　则

第三十五条 违反本条例第八条规定的，责令停止违法行为，处合同约定的勘察费、设计费1倍以上2倍以下的罚款，有违法所得的，予以没收；可以责令停业整顿，降低资质等级；情节严重的，吊销资质证书。

未取得资质证书承揽工程的，予以取缔，依照前款规定处以罚款；有违法所得的，予以没收。

以欺骗手段取得资质证书承揽工程的，吊销资质证书，依照本条第一款规定处以罚款；有违法所得的，予以没收。

第三十六条 违反本条例规定，未经注册，擅自以注册建设工程勘察、设计人员的名义从事建设工程勘察、设计活动的，责令停止违法行为，没收违法所得，处违法所得2倍以上

5倍以下罚款；给他人造成损失的，依法承担赔偿责任。

第三十七条 违反本条例规定，建设工程勘察、设计注册执业人员和其他专业技术人员未受聘于一个建设工程勘察、设计单位或者同时受聘于两个以上建设工程勘察、设计单位，从事建设工程勘察、设计活动的，责令停止违法行为，没收违法所得，处违法所得2倍以上5倍以下的罚款；情节严重的，可以责令停止执行业务或者吊销资格证书；给他人造成损失的，依法承担赔偿责任。

第三十八条 违反本条例规定，发包方将建设工程勘察、设计业务发包给不具有相应资质等级的建设工程勘察、设计单位的，责令改正，处50万元以上100万元以下的罚款。

第三十九条 违反本条例规定，建设工程勘察、设计单位将所承揽的建设工程勘察、设计转包的，责令改正，没收违法所得，处合同约定的勘察费、设计费25%以上50%以下的罚款，可以责令停业整顿，降低资质等级；情节严重的，吊销资质证书。

第四十条 违反本条例规定，勘察、设计单位未依据项目批准文件，城乡规划及专业规划，国家规定的建设工程勘察、设计深度要求编制建设工程勘察、设计文件的，责令限期改正；逾期不改正的，处10万元以上30万元以下的罚款；造成工程质量事故或者环境污染和生态破坏的，责令停业整顿，降低资质等级；情节严重的，吊销资质证书；造成损失的，依法承担赔偿责任。

第四十一条 违反本条例规定，有下列行为之一的，依照《建设工程质量管理条例》第六十三条的规定给予处罚：

（一）勘察单位未按照工程建设强制性标准进行勘察的；

（二）设计单位未根据勘察成果文件进行工程设计的；

（三）设计单位指定建筑材料、建筑构配件的生产厂、供应商的；

（四）设计单位未按照工程建设强制性标准进行设计的。

第四十二条 本条例规定的责令停业整顿、降低资质等级和吊销资质证书、资格证书的行政处罚，由颁发资质证书、资格证书的机关决定；其他行政处罚，由建设行政主管部门或者其他有关部门依据法定职权范围决定。

依照本条例规定被吊销资质证书的，由工商行政管理部门吊销其营业执照。

第四十三条 国家机关工作人员在建设工程勘察、设计活动的监督管理工作中玩忽职守、滥用职权、徇私舞弊，构成犯罪的，依法追究刑事责任；尚不构成犯罪的，依法给予行政处分。

第七章 附 则

第四十四条 抢险救灾及其他临时性建筑和农民自建两层以下住宅的勘察、设计活动，不适用本条例。

第四十五条 军事建设工程勘察、设计的管理，按照中央军事委员会的有关规定执行。

第四十六条 本条例自公布之日起施行。

建设工程安全生产管理条例

(中华人民共和国国务院令第 393 号)

第一章 总 则

第一条 为了加强建设工程安全生产监督管理,保障人民群众生命和财产安全,根据《中华人民共和国建筑法》《中华人民共和国安全生产法》,制定本条例。

第二条 在中华人民共和国境内从事建设工程的新建、扩建、改建和拆除等有关活动及实施对建设工程安全生产的监督管理,必须遵守本条例。

本条例所称建设工程,是指土木工程、建筑工程、线路管道和设备安装工程及装修工程。

第三条 建设工程安全生产管理,坚持安全第一、预防为主的方针。

第四条 建设单位、勘察单位、设计单位、施工单位、工程监理单位及其他与建设工程安全生产有关的单位,必须遵守安全生产法律、法规的规定,保证建设工程安全生产,依法承担建设工程安全生产责任。

第五条 国家鼓励建设工程安全生产的科学技术研究和先进技术的推广应用,推进建设工程安全生产的科学管理。

第二章 建设单位的安全责任

第六条 建设单位应当向施工单位提供施工现场及毗邻区域内供水、排水、供电、供气、供热、通信、广播电视等地下管线资料,气象和水文观测资料,相邻建筑物和构筑物、地下工程的有关资料,并保证资料的真实、准确、完整。

建设单位因建设工程需要,向有关部门或者单位查询前款规定的资料时,有关部门或者单位应当及时提供。

第七条 建设单位不得对勘察、设计、施工、工程监理等单位提出不符合建设工程安全生产法律、法规和强制性标准规定的要求,不得压缩合同约定的工期。

第八条 建设单位在编制工程概算时,应当确定建设工程安全作业环境及安全施工措施所需费用。

第九条 建设单位不得明示或者暗示施工单位购买、租赁、使用不符合安全施工要求的安全防护用具、机械设备、施工机具及配件、消防设施和器材。

第十条 建设单位在申请领取施工许可证时,应当提供建设工程有关安全施工措施的资料。

依法批准开工报告的建设工程，建设单位应当自开工报告批准之日起15日内，将保证安全施工的措施报送建设工程所在地的县级以上地方人民政府建设行政主管部门或者其他有关部门备案。

第十一条 建设单位应当将拆除工程发包给具有相应资质等级的施工单位。

建设单位应当在拆除工程施工15日前，将下列资料报送建设工程所在地的县级以上地方人民政府建设行政主管部门或者其他有关部门备案：

（一）施工单位资质等级证明；

（二）拟拆除建筑物、构筑物及可能危及毗邻建筑的说明；

（三）拆除施工组织方案；

（四）堆放、清除废弃物的措施。

实施爆破作业的，应当遵守国家有关民用爆炸物品管理的规定。

第三章 勘察、设计、工程监理及其他有关单位的安全责任

第十二条 勘察单位应当按照法律、法规和工程建设强制性标准进行勘察，提供的勘察文件应当真实、准确，满足建设工程安全生产的需要。

勘察单位在勘察作业时，应当严格执行操作规程，采取措施保证各类管线、设施和周边建筑物、构筑物的安全。

第十三条 设计单位应当按照法律、法规和工程建设强制性标准进行设计，防止因设计不合理导致生产安全事故的发生。

设计单位应当考虑施工安全操作和防护的需要，对涉及施工安全的重点部位和环节在设计文件中注明，并对防范生产安全事故提出指导意见。

采用新结构、新材料、新工艺的建设工程和特殊结构的建设工程，设计单位应当在设计中提出保障施工作业人员安全和预防生产安全事故的措施建议。

设计单位和注册建筑师等注册执业人员应当对其设计负责。

第十四条 工程监理单位应当审查施工组织设计中的安全技术措施或者专项施工方案是否符合工程建设强制性标准。

工程监理单位在实施监理过程中，发现存在安全事故隐患的，应当要求施工单位整改；情况严重的，应当要求施工单位暂时停止施工，并及时报告建设单位。施工单位拒不整改或者不停止施工的，工程监理单位应当及时向有关主管部门报告。

工程监理单位和监理工程师应当按照法律、法规和工程建设强制性标准实施监理，并对建设工程安全生产承担监理责任。

第十五条 为建设工程提供机械设备和配件的单位，应当按照安全施工的要求配备齐全有效的保险、限位等安全设施和装置。

第十六条 出租的机械设备和施工机具及配件，应当具有生产（制造）许可证、产品

合格证。

出租单位应当对出租的机械设备和施工机具及配件的安全性能进行检测，在签订租赁协议时，应当出具检测合格证明。

禁止出租检测不合格的机械设备和施工机具及配件。

第十七条 在施工现场安装、拆卸施工起重机械和整体提升脚手架、模板等自升式架设设施，必须由具有相应资质的单位承担。

安装、拆卸施工起重机械和整体提升脚手架、模板等自升式架设设施，应当编制拆装方案、制定安全施工措施，并由专业技术人员现场监督。

施工起重机械和整体提升脚手架、模板等自升式架设设施安装完毕后，安装单位应当自检，出具自检合格证明，并向施工单位进行安全使用说明，办理验收手续并签字。

第十八条 施工起重机械和整体提升脚手架、模板等自升式架设设施的使用达到国家规定的检验检测期限的，必须经具有专业资质的检验检测机构检测。经检测不合格的，不得继续使用。

第十九条 检验检测机构对检测合格的施工起重机械和整体提升脚手架、模板等自升式架设设施，应当出具安全合格证明文件，并对检测结果负责。

第四章 施工单位的安全责任

第二十条 施工单位从事建设工程的新建、扩建、改建和拆除等活动，应当具备国家规定的注册资本、专业技术人员、技术装备和安全生产等条件，依法取得相应等级的资质证书，并在其资质等级许可的范围内承揽工程。

第二十一条 施工单位主要负责人依法对本单位的安全生产工作全面负责。施工单位应当建立健全安全生产责任制度和安全生产教育培训制度，制定安全生产规章制度和操作规程，保证本单位安全生产条件所需资金的投入，对所承担的建设工程进行定期和专项安全检查，并做好安全检查记录。

施工单位的项目负责人应当由取得相应执业资格的人员担任，对建设工程项目的安全施工负责，落实安全生产责任制度、安全生产规章制度和操作规程，确保安全生产费用的有效使用，并根据工程的特点组织制定安全施工措施，消除安全事故隐患，及时、如实报告生产安全事故。

第二十二条 施工单位对列入建设工程概算的安全作业环境及安全施工措施所需费用，应当用于施工安全防护用具及设施的采购和更新、安全施工措施的落实、安全生产条件的改善，不得挪作他用。

第二十三条 施工单位应当设立安全生产管理机构，配备专职安全生产管理人员。

专职安全生产管理人员负责对安全生产进行现场监督检查。发现安全事故隐患，应当及时向项目负责人和安全生产管理机构报告；对违章指挥、违章操作的，应当立即制止。

专职安全生产管理人员的配备办法由国务院建设行政主管部门会同国务院其他有关部门

制定。

第二十四条 建设工程实行施工总承包的，由总承包单位对施工现场的安全生产负总责。

总承包单位应当自行完成建设工程主体结构的施工。

总承包单位依法将建设工程分包给其他单位的，分包合同中应当明确各自的安全生产方面的权利、义务。总承包单位和分包单位对分包工程的安全生产承担连带责任。

分包单位应当服从总承包单位的安全生产管理，分包单位不服从管理导致生产安全事故的，由分包单位承担主要责任。

第二十五条 垂直运输机械作业人员、安装拆卸工、爆破作业人员、起重信号工、登高架设作业人员等特种作业人员，必须按照国家有关规定经过专门的安全作业培训，并取得特种作业操作资格证书后，方可上岗作业。

第二十六条 施工单位应当在施工组织设计中编制安全技术措施和施工现场临时用电方案，对下列达到一定规模的危险性较大的分部分项工程编制专项施工方案，并附具安全验算结果，经施工单位技术负责人、总监理工程师签字后实施，由专职安全生产管理人员进行现场监督：

（一）基坑支护与降水工程；

（二）土方开挖工程；

（三）模板工程；

（四）起重吊装工程；

（五）脚手架工程；

（六）拆除、爆破工程；

（七）国务院建设行政主管部门或者其他有关部门规定的其他危险性较大的工程。

对前款所列工程中涉及深基坑、地下暗挖工程、高大模板工程的专项施工方案，施工单位还应当组织专家进行论证、审查。

本条第一款规定的达到一定规模的危险性较大工程的标准，由国务院建设行政主管部门会同国务院其他有关部门制定。

第二十七条 建设工程施工前，施工单位负责项目管理的技术人员应当对有关安全施工的技术要求向施工作业班组、作业人员作出详细说明，并由双方签字确认。

第二十八条 施工单位应当在施工现场入口处、施工起重机械、临时用电设施、脚手架、出入通道口、楼梯口、电梯井口、孔洞口、桥梁口、隧道口、基坑边沿、爆破物及有害危险气体和液体存放处等危险部位，设置明显的安全警示标志。安全警示标志必须符合国家标准。

施工单位应当根据不同施工阶段和周围环境及季节、气候的变化，在施工现场采取相应的安全施工措施。施工现场暂时停止施工的，施工单位应当做好现场防护，所需费用由责任方承担，或者按照合同约定执行。

第二十九条 施工单位应当将施工现场的办公、生活区与作业区分开设置，并保持安全距离；办公、生活区的选址应当符合安全性要求。职工的膳食、饮水、休息场所等应当符合卫生标准。施工单位不得在尚未竣工的建筑物内设置员工集体宿舍。

施工现场临时搭建的建筑物应当符合安全使用要求。施工现场使用的装配式活动房屋应当具有产品合格证。

第三十条 施工单位对因建设工程施工可能造成损害的毗邻建筑物、构筑物和地下管线等，应当采取专项防护措施。

施工单位应当遵守有关环境保护法律、法规的规定，在施工现场采取措施，防止或者减少粉尘、废气、废水、固体废物、噪声、振动和施工照明对人和环境的危害和污染。

在城市市区内的建设工程，施工单位应当对施工现场实行封闭围挡。

第三十一条 施工单位应当在施工现场建立消防安全责任制度，确定消防安全责任人，制定用火、用电、使用易燃易爆材料等各项消防安全管理制度和操作规程，设置消防通道、消防水源，配备消防设施和灭火器材，并在施工现场入口处设置明显标志。

第三十二条 施工单位应当向作业人员提供安全防护用具和安全防护服装，并书面告知危险岗位的操作规程和违章操作的危害。

作业人员有权对施工现场的作业条件、作业程序和作业方式中存在的安全问题提出批评、检举和控告，有权拒绝违章指挥和强令冒险作业。

在施工中发生危及人身安全的紧急情况时，作业人员有权立即停止作业或者在采取必要的应急措施后撤离危险区域。

第三十三条 作业人员应当遵守安全施工的强制性标准、规章制度和操作规程，正确使用安全防护用具、机械设备等。

第三十四条 施工单位采购、租赁的安全防护用具、机械设备、施工机具及配件，应当具有生产（制造）许可证、产品合格证，并在进入施工现场前进行查验。

施工现场的安全防护用具、机械设备、施工机具及配件必须由专人管理，定期进行检查、维修和保养，建立相应的资料档案，并按照国家有关规定及时报废。

第三十五条 施工单位在使用施工起重机械和整体提升脚手架、模板等自升式架设设施前，应当组织有关单位进行验收，也可以委托具有相应资质的检验检测机构进行验收；使用承租的机械设备和施工机具及配件的，由施工总承包单位、分包单位、出租单位和安装单位共同进行验收。验收合格的方可使用。

《特种设备安全监察条例》规定的施工起重机械，在验收前应当经有相应资质的检验检测机构监督检验合格。

施工单位应当自施工起重机械和整体提升脚手架、模板等自升式架设设施验收合格之日起 30 日内，向建设行政主管部门或者其他有关部门登记。登记标志应当置于或者附着于该设备的显著位置。

第三十六条 施工单位的主要负责人、项目负责人、专职安全生产管理人员应当经建设行政主管部门或者其他有关部门考核合格后方可任职。

施工单位应当对管理人员和作业人员每年至少进行一次安全生产教育培训，其教育培训情况记入个人工作档案。安全生产教育培训考核不合格的人员，不得上岗。

第三十七条　作业人员进入新的岗位或者新的施工现场前，应当接受安全生产教育培训。未经教育培训或者教育培训考核不合格的人员，不得上岗作业。

施工单位在采用新技术、新工艺、新设备、新材料时，应当对作业人员进行相应的安全生产教育培训。

第三十八条　施工单位应当为施工现场从事危险作业的人员办理意外伤害保险。

意外伤害保险费由施工单位支付。实行施工总承包的，由总承包单位支付意外伤害保险费。意外伤害保险期限自建设工程开工之日起至竣工验收合格止。

第五章　监督管理

第三十九条　国务院负责安全生产监督管理的部门依照《中华人民共和国安全生产法》的规定，对全国建设工程安全生产工作实施综合监督管理。

县级以上地方人民政府负责安全生产监督管理的部门依照《中华人民共和国安全生产法》的规定，对本行政区域内建设工程安全生产工作实施综合监督管理。

第四十条　国务院建设行政主管部门对全国的建设工程安全生产实施监督管理。国务院铁路、交通、水利等有关部门按照国务院规定的职责分工，负责有关专业建设工程安全生产的监督管理。

县级以上地方人民政府建设行政主管部门对本行政区域内的建设工程安全生产实施监督管理。县级以上地方人民政府交通、水利等有关部门在各自的职责范围内，负责本行政区域内的专业建设工程安全生产的监督管理。

第四十一条　建设行政主管部门和其他有关部门应当将本条例第十条、第十一条规定的有关资料的主要内容抄送同级负责安全生产监督管理的部门。

第四十二条　建设行政主管部门在审核发放施工许可证时，应当对建设工程是否有安全施工措施进行审查，对没有安全施工措施的，不得颁发施工许可证。

建设行政主管部门或者其他有关部门对建设工程是否有安全施工措施进行审查时，不得收取费用。

第四十三条　县级以上人民政府负有建设工程安全生产监督管理职责的部门在各自的职责范围内履行安全监督检查职责时，有权采取下列措施：

（一）要求被检查单位提供有关建设工程安全生产的文件和资料；

（二）进入被检查单位施工现场进行检查；

（三）纠正施工中违反安全生产要求的行为；

（四）对检查中发现的安全事故隐患，责令立即排除；重大安全事故隐患排除前或者排除过程中无法保证安全的，责令从危险区域内撤出作业人员或者暂时停止施工。

第四十四条　建设行政主管部门或者其他有关部门可以将施工现场的监督检查委托给建设工程安全监督机构具体实施。

第四十五条 国家对严重危及施工安全的工艺、设备、材料实行淘汰制度。具体目录由国务院建设行政主管部门会同国务院其他有关部门制定并公布。

第四十六条 县级以上人民政府建设行政主管部门和其他有关部门应当及时受理对建设工程生产安全事故及安全事故隐患的检举、控告和投诉。

第六章 生产安全事故的应急救援和调查处理

第四十七条 县级以上地方人民政府建设行政主管部门应当根据本级人民政府的要求，制定本行政区域内建设工程特大生产安全事故应急救援预案。

第四十八条 施工单位应当制定本单位生产安全事故应急救援预案，建立应急救援组织或者配备应急救援人员，配备必要的应急救援器材、设备，并定期组织演练。

第四十九条 施工单位应当根据建设工程施工的特点、范围，对施工现场易发生重大事故的部位、环节进行监控，制定施工现场生产安全事故应急救援预案。实行施工总承包的，由总承包单位统一组织编制建设工程生产安全事故应急救援预案，工程总承包单位和分包单位按照应急救援预案，各自建立应急救援组织或者配备应急救援人员，配备救援器材、设备，并定期组织演练。

第五十条 施工单位发生生产安全事故，应当按照国家有关伤亡事故报告和调查处理的规定，及时、如实地向负责安全生产监督管理的部门、建设行政主管部门或者其他有关部门报告；特种设备发生事故的，还应当同时向特种设备安全监督管理部门报告。接到报告的部门应当按照国家有关规定，如实上报。

实行施工总承包的建设工程，由总承包单位负责上报事故。

第五十一条 发生生产安全事故后，施工单位应当采取措施防止事故扩大，保护事故现场。需要移动现场物品时，应当做出标记和书面记录，妥善保管有关证物。

第五十二条 建设工程生产安全事故的调查、对事故责任单位和责任人的处罚与处理，按照有关法律、法规的规定执行。

第七章 法律责任

第五十三条 违反本条例的规定，县级以上人民政府建设行政主管部门或者其他有关行政管理部门的工作人员，有下列行为之一的，给予降级或者撤职的行政处分；构成犯罪的，依照刑法有关规定追究刑事责任：

（一）对不具备安全生产条件的施工单位颁发资质证书的；

（二）对没有安全施工措施的建设工程颁发施工许可证的；

（三）发现违法行为不予查处的；

（四）不依法履行监督管理职责的其他行为。

第五十四条 违反本条例的规定，建设单位未提供建设工程安全生产作业环境及安全施工措施所需费用的，责令限期改正；逾期未改正的，责令该建设工程停止施工。

建设单位未将保证安全施工的措施或者拆除工程的有关资料报送有关部门备案的，责令限期改正，给予警告。

第五十五条 违反本条例的规定，建设单位有下列行为之一的，责令限期改正，处20万元以上50万元以下的罚款；造成重大安全事故，构成犯罪的，对直接责任人员，依照刑法有关规定追究刑事责任；造成损失的，依法承担赔偿责任：

（一）对勘察、设计、施工、工程监理等单位提出不符合安全生产法律、法规和强制性标准规定的要求的；

（二）要求施工单位压缩合同约定的工期的；

（三）将拆除工程发包给不具有相应资质等级的施工单位的。

第五十六条 违反本条例的规定，勘察单位、设计单位有下列行为之一的，责令限期改正，处10万元以上30万元以下的罚款；情节严重的，责令停业整顿，降低资质等级，直至吊销资质证书；造成重大安全事故，构成犯罪的，对直接责任人员，依照刑法有关规定追究刑事责任；造成损失的，依法承担赔偿责任：

（一）未按照法律、法规和工程建设强制性标准进行勘察、设计的；

（二）采用新结构、新材料、新工艺的建设工程和特殊结构的建设工程，设计单位未在设计中提出保障施工作业人员安全和预防生产安全事故的措施建议的。

第五十七条 违反本条例的规定，工程监理单位有下列行为之一的，责令限期改正；逾期未改正的，责令停业整顿，并处10万元以上30万元以下的罚款；情节严重的，降低资质等级，直至吊销资质证书；造成重大安全事故，构成犯罪的，对直接责任人员，依照刑法有关规定追究刑事责任；造成损失的，依法承担赔偿责任：

（一）未对施工组织设计中的安全技术措施或者专项施工方案进行审查的；

（二）发现安全事故隐患未及时要求施工单位整改或者暂时停止施工的；

（三）施工单位拒不整改或者不停止施工，未及时向有关主管部门报告的；

（四）未依照法律、法规和工程建设强制性标准实施监理的。

第五十八条 注册执业人员未执行法律、法规和工程建设强制性标准的，责令停止执业3个月以上1年以下；情节严重的，吊销执业资格证书，5年内不予注册；造成重大安全事故的，终身不予注册；构成犯罪的，依照刑法有关规定追究刑事责任。

第五十九条 违反本条例的规定，为建设工程提供机械设备和配件的单位，未按照安全施工的要求配备齐全有效的保险、限位等安全设施和装置的，责令限期改正，处合同价款1倍以上3倍以下的罚款；造成损失的，依法承担赔偿责任。

第六十条 违反本条例的规定，出租单位出租未经安全性能检测或者经检测不合格的机械设备和施工机具及配件的，责令停业整顿，并处5万元以上10万元以下的罚款；造成损失的，依法承担赔偿责任。

第六十一条 违反本条例的规定，施工起重机械和整体提升脚手架、模板等自升式架设设施安装、拆卸单位有下列行为之一的，责令限期改正，处5万元以上10万元以下的罚款；

情节严重的,责令停业整顿,降低资质等级,直至吊销资质证书;造成损失的,依法承担赔偿责任:

(一)未编制拆装方案、制定安全施工措施的;

(二)未由专业技术人员现场监督的;

(三)未出具自检合格证明或者出具虚假证明的;

(四)未向施工单位进行安全使用说明,办理移交手续的。

施工起重机械和整体提升脚手架、模板等自升式架设设施安装、拆卸单位有前款规定的第(一)项、第(三)项行为,经有关部门或者单位职工提出后,对事故隐患仍不采取措施,因而发生重大伤亡事故或者造成其他严重后果,构成犯罪的,对直接责任人员,依照刑法有关规定追究刑事责任。

第六十二条 违反本条例的规定,施工单位有下列行为之一的,责令限期改正;逾期未改正的,责令停业整顿,依照《中华人民共和国安全生产法》的有关规定处以罚款;造成重大安全事故,构成犯罪的,对直接责任人员,依照刑法有关规定追究刑事责任:

(一)未设立安全生产管理机构、配备专职安全生产管理人员或者分部分项工程施工时无专职安全生产管理人员现场监督的;

(二)施工单位的主要负责人、项目负责人、专职安全生产管理人员、作业人员或者特种作业人员,未经安全教育培训或者经考核不合格即从事相关工作的;

(三)未在施工现场的危险部位设置明显的安全警示标志,或者未按照国家有关规定在施工现场设置消防通道、消防水源、配备消防设施和灭火器材的;

(四)未向作业人员提供安全防护用具和安全防护服装的;

(五)未按照规定在施工起重机械和整体提升脚手架、模板等自升式架设设施验收合格后登记的;

(六)使用国家明令淘汰、禁止使用的危及施工安全的工艺、设备、材料的。

第六十三条 违反本条例的规定,施工单位挪用列入建设工程概算的安全生产作业环境及安全施工措施所需费用的,责令限期改正,处挪用费用20%以上50%以下的罚款;造成损失的,依法承担赔偿责任。

第六十四条 违反本条例的规定,施工单位有下列行为之一的,责令限期改正;逾期未改正的,责令停业整顿,并处5万元以上10万元以下的罚款;造成重大安全事故,构成犯罪的,对直接责任人员,依照刑法有关规定追究刑事责任:

(一)施工前未对有关安全施工的技术要求作出详细说明的;

(二)未根据不同施工阶段和周围环境及季节、气候的变化,在施工现场采取相应的安全施工措施,或者在城市市区内的建设工程的施工现场未实行封闭围挡的;

(三)在尚未竣工的建筑物内设置员工集体宿舍的;

(四)施工现场临时搭建的建筑物不符合安全使用要求的;

(五)未对因建设工程施工可能造成损害的毗邻建筑物、构筑物和地下管线等采取专项防护措施的。

施工单位有前款规定第（四）项、第（五）项行为，造成损失的，依法承担赔偿责任。

第六十五条 违反本条例的规定，施工单位有下列行为之一的，责令限期改正；逾期未改正的，责令停业整顿，并处10万元以上30万元以下的罚款；情节严重的，降低资质等级，直至吊销资质证书；造成重大安全事故，构成犯罪的，对直接责任人员，依照刑法有关规定追究刑事责任；造成损失的，依法承担赔偿责任：

（一）安全防护用具、机械设备、施工机具及配件在进入施工现场前未经查验或者查验不合格即投入使用的；

（二）使用未经验收或者验收不合格的施工起重机械和整体提升脚手架、模板等自升式架设设施的；

（三）委托不具有相应资质的单位承担施工现场安装、拆卸施工起重机械和整体提升脚手架、模板等自升式架设设施的；

（四）在施工组织设计中未编制安全技术措施、施工现场临时用电方案或者专项施工方案的。

第六十六条 违反本条例的规定，施工单位的主要负责人、项目负责人未履行安全生产管理职责的，责令限期改正；逾期未改正的，责令施工单位停业整顿；造成重大安全事故、重大伤亡事故或者其他严重后果，构成犯罪的，依照刑法有关规定追究刑事责任。

作业人员不服管理、违反规章制度和操作规程冒险作业造成重大伤亡事故或者其他严重后果，构成犯罪的，依照刑法有关规定追究刑事责任。

施工单位的主要负责人、项目负责人有前款违法行为，尚不够刑事处罚的，处2万元以上20万元以下的罚款或者按照管理权限给予撤职处分；自刑罚执行完毕或者受处分之日起，5年内不得担任任何施工单位的主要负责人、项目负责人。

第六十七条 施工单位取得资质证书后，降低安全生产条件的，责令限期改正；经整改仍未达到与其资质等级相适应的安全生产条件的，责令停业整顿，降低其资质等级直至吊销资质证书。

第六十八条 本条例规定的行政处罚，由建设行政主管部门或者其他有关部门依照法定职权决定。

违反消防安全管理规定的行为，由公安消防机构依法处罚。

有关法律、行政法规对建设工程安全生产违法行为的行政处罚决定机关另有规定的，从其规定。

第八章 附 则

第六十九条 抢险救灾和农民自建低层住宅的安全生产管理，不适用本条例。

第七十条 军事建设工程的安全生产管理，按照中央军事委员会的有关规定执行。

第七十一条 本条例自2004年2月1日起施行。

国家标准化发展纲要

(中共中央　国务院)

标准是经济活动和社会发展的技术支撑,是国家基础性制度的重要方面。标准化在推进国家治理体系和治理能力现代化中发挥着基础性、引领性作用。新时代推动高质量发展、全面建设社会主义现代化国家,迫切需要进一步加强标准化工作。为统筹推进标准化发展,制定本纲要。

一、总体要求

(一) 指导思想。以习近平新时代中国特色社会主义思想为指导,深入贯彻党的十九大和十九届二中、三中、四中、五中全会精神,按照统筹推进"五位一体"总体布局和协调推进"四个全面"战略布局要求,坚持以人民为中心的发展思想,立足新发展阶段、贯彻新发展理念、构建新发展格局,优化标准化治理结构,增强标准化治理效能,提升标准国际化水平,加快构建推动高质量发展的标准体系,助力高技术创新,促进高水平开放,引领高质量发展,为全面建成社会主义现代化强国、实现中华民族伟大复兴的中国梦提供有力支撑。

(二) 发展目标

到2025年,实现标准供给由政府主导向政府与市场并重转变,标准运用由产业与贸易为主向经济社会全域转变,标准化工作由国内驱动向国内国际相互促进转变,标准化发展由数量规模型向质量效益型转变。标准化更加有效推动国家综合竞争力提升,促进经济社会高质量发展,在构建新发展格局中发挥更大作用。

——全域标准化深度发展。农业、工业、服务业和社会事业等领域标准全覆盖,新兴产业标准地位凸显,健康、安全、环境标准支撑有力,农业标准化生产普及率稳步提升,推动高质量发展的标准体系基本建成。

——标准化水平大幅提升。共性关键技术和应用类科技计划项目形成标准研究成果的比率达到50%以上,政府颁布标准与市场自主制定标准结构更加优化,国家标准平均制定周期缩短至18个月以内,标准数字化程度不断提高,标准化的经济效益、社会效益、质量效益、生态效益充分显现。

——标准化开放程度显著增强。标准化国际合作深入拓展,互利共赢的国际标准化合作伙伴关系更加密切,标准化人员往来和技术合作日益加强,标准信息更大范围实现互联共享,我国标准制定透明度和国际化环境持续优化,国家标准与国际标准关键技术指标的一致性程度大幅提升,国际标准转化率达到85%以上。

——标准化发展基础更加牢固。建成一批国际一流的综合性、专业性标准化研究机构，若干国家级质量标准实验室，50个以上国家技术标准创新基地，形成标准、计量、认证认可、检验检测一体化运行的国家质量基础设施体系，标准化服务业基本适应经济社会发展需要。

到2035年，结构优化、先进合理、国际兼容的标准体系更加健全，具有中国特色的标准化管理体制更加完善，市场驱动、政府引导、企业为主、社会参与、开放融合的标准化工作格局全面形成。

二、推动标准化与科技创新互动发展

（三）加强关键技术领域标准研究。在人工智能、量子信息、生物技术等领域，开展标准化研究。在两化融合、新一代信息技术、大数据、区块链、卫生健康、新能源、新材料等应用前景广阔的技术领域，同步部署技术研发、标准研制与产业推广，加快新技术产业化步伐。研究制定智能船舶、高铁、新能源汽车、智能网联汽车和机器人等领域关键技术标准，推动产业变革。适时制定和完善生物医学研究、分子育种、无人驾驶等领域技术安全相关标准，提升技术领域安全风险管理水平。

（四）以科技创新提升标准水平。建立重大科技项目与标准化工作联动机制，将标准作为科技计划的重要产出，强化标准核心技术指标研究，重点支持基础通用、产业共性、新兴产业和融合技术等领域标准研制。及时将先进适用科技创新成果融入标准，提升标准水平。对符合条件的重要技术标准按规定给予奖励，激发全社会标准化创新活力。

（五）健全科技成果转化为标准的机制。完善科技成果转化为标准的评价机制和服务体系，推进技术经理人、科技成果评价服务等标准化工作。完善标准必要专利制度，加强标准制定过程中的知识产权保护，促进创新成果产业化应用。完善国家标准化技术文件制度，拓宽科技成果标准化渠道。将标准研制融入共性技术平台建设，缩短新技术、新工艺、新材料、新方法标准研制周期，加快成果转化应用步伐。

三、提升产业标准化水平

（六）筑牢产业发展基础。加强核心基础零部件（元器件）、先进基础工艺、关键基础材料与产业技术基础标准建设，加大基础通用标准研制应用力度。开展数据库等方面标准攻关，提升标准设计水平，制定安全可靠、国际先进的通用技术标准。

（七）推进产业优化升级。实施高端装备制造标准化强基工程，健全智能制造、绿色制造、服务型制造标准，形成产业优化升级的标准群，部分领域关键标准适度领先于产业发展平均水平。完善扩大内需方面的标准，不断提升消费品标准和质量水平，全面促进消费。推进服务业标准化、品牌化建设，健全服务业标准，重点加强食品冷链、现代物流、电子商务、物品编码、批发零售、房地产服务等领域标准化。健全和推广金融领域科技、产品、服务与基础设施等标准，有效防范化解金融风险。加快先进制造业和现代服务业融合发展标准化建设，推行跨行业跨领域综合标准化。建立健全大数据与产业融合标准，推进数字产业化和产业数字化。

（八）引领新产品新业态新模式快速健康发展。实施新产业标准化领航工程，开展新兴产业、未来产业标准化研究，制定一批应用带动的新标准，培育发展新业态新模式。围绕食品、医疗、应急、交通、水利、能源、金融等领域智慧化转型需求，加快完善相关标准。建立数据资源产权、交易流通、跨境传输和安全保护等标准规范，推动平台经济、共享经济标准化建设，支撑数字经济发展。健全依据标准实施科学有效监管机制，鼓励社会组织应用标准化手段加强自律、维护市场秩序。

（九）增强产业链供应链稳定性和产业综合竞争力。围绕生产、分配、流通、消费，加快关键环节、关键领域、关键产品的技术攻关和标准研制应用，提升产业核心竞争力。发挥关键技术标准在产业协同、技术协作中的纽带和驱动作用，实施标准化助力重点产业稳链工程，促进产业链上下游标准有效衔接，提升产业链供应链现代化水平。

（十）助推新型基础设施提质增效。实施新型基础设施标准化专项行动，加快推进通信网络基础设施、新技术基础设施、算力基础设施等信息基础设施系列标准研制，协同推进融合基础设施标准研制，建立工业互联网标准，制定支撑科学研究、技术研发、产品研制的创新基础设施标准，促进传统基础设施转型升级。

四、完善绿色发展标准化保障

（十一）建立健全碳达峰、碳中和标准。加快节能标准更新升级，抓紧修订一批能耗限额、产品设备能效强制性国家标准，提升重点产品能耗限额要求，扩大能耗限额标准覆盖范围，完善能源核算、检测认证、评估、审计等配套标准。加快完善地区、行业、企业、产品等碳排放核查核算标准。制定重点行业和产品温室气体排放标准，完善低碳产品标准标识制度。完善可再生能源标准，研究制定生态碳汇、碳捕集利用与封存标准。实施碳达峰、碳中和标准化提升工程。

（十二）持续优化生态系统建设和保护标准。不断完善生态环境质量和生态环境风险管控标准，持续改善生态环境质量。进一步完善污染防治标准，健全污染物排放、监管及防治标准，筑牢污染排放控制底线。统筹完善应对气候变化标准，制定修订应对气候变化减缓、适应、监测评估等标准。制定山水林田湖草沙多生态系统质量与经营利用标准，加快研究制定水土流失综合防治、生态保护修复、生态系统服务与评价、生态承载力评估、生态资源评价与监测、生物多样性保护及生态效益评估与生态产品价值实现等标准，增加优质生态产品供给，保障生态安全。

（十三）推进自然资源节约集约利用。构建自然资源统一调查、登记、评价、评估、监测等系列标准，研究制定土地、矿产资源等自然资源节约集约开发利用标准，推进能源资源绿色勘查与开发标准化。以自然资源资产清查统计和资产核算为重点，推动自然资源资产管理体系标准化。制定统一的国土空间规划技术标准，完善资源环境承载能力和国土空间开发适宜性评价机制。制定海洋资源开发保护标准，发展海洋经济，服务陆海统筹。

（十四）筑牢绿色生产标准基础。建立健全土壤质量及监测评价、农业投入品质量、适度规模养殖、循环型生态农业、农产品食品安全、监测预警等绿色农业发展标准。建立健全清洁生产标准，不断完善资源循环利用、产品绿色设计、绿色包装和绿色供应链、产业废弃物综合利用等标准。建立健全绿色金融、生态旅游等绿色发展标准。建立绿色建造标准，完善绿色建筑设计、施工、运维、管理标准。建立覆盖各类绿色生活设施的绿色社区、村庄建设标准。

（十五）强化绿色消费标准引领。完善绿色产品标准，建立绿色产品分类和评价标准，规范绿色产品、有机产品标识。构建节能节水、绿色采购、垃圾分类、制止餐饮浪费、绿色出行、绿色居住等绿色生活标准。分类建立绿色公共机构评价标准，合理制定消耗定额和垃圾排放指标。

五、加快城乡建设和社会建设标准化进程

（十六）推进乡村振兴标准化建设。强化标准引领，实施乡村振兴标准化行动。加强高标准农田建设，加快智慧农业标准研制，加快健全现代农业全产业链标准，加强数字乡村标准化建设，建立农业农村标准化服务与推广平台，推进地方特色产业标准化。完善乡村建设及评价标准，以农村环境监测与评价、村容村貌提升、农房建设、农村生活垃圾与污水治理、农村卫生厕所建设改造、公共基础设施建设等为重点，加快推进农村人居环境改善标准化工作。推进度假休闲、乡村旅游、民宿经济、传统村落保护利用等标准化建设，促进农村一二三产业融合发展。

（十七）推动新型城镇化标准化建设。研究制定公共资源配置标准，建立县城建设标准、小城镇公共设施建设标准。研究制定城市体检评估标准，健全城镇人居环境建设与质量评价标准。完善城市生态修复与功能完善、城市信息模型平台、建设工程防灾、更新改造及海绵城市建设等标准。推进城市设计、城市历史文化保护传承与风貌塑造、老旧小区改造等标准化建设，健全街区和公共设施配建标准。建立智能化城市基础设施建设、运行、管理、服务等系列标准，制定城市休闲慢行系统和综合管理服务等标准，研究制定新一代信息技术在城市基础设施规划建设、城市管理、应急处置等方面的应用标准。健全住房标准，完善房地产信息数据、物业服务等标准。推动智能建造标准化，完善建筑信息模型技术、施工现场监控等标准。开展城市标准化行动，健全智慧城市标准，推进城市可持续发展。

（十八）推动行政管理和社会治理标准化建设。探索开展行政管理标准建设和应用试点，重点推进行政审批、政务服务、政务公开、财政支出、智慧监管、法庭科学、审判执行、法律服务、公共资源交易等标准制定与推广，加快数字社会、数字政府、营商环境标准化建设，完善市场要素交易标准，促进高标准市场体系建设。强化信用信息采集与使用、数据安全和个人信息保护、网络安全保障体系和能力建设等领域标准的制定实施。围绕乡村治理、综治中心、网格化管理，开展社会治理标准化行动，推动社会治理标准化创新。

（十九）加强公共安全标准化工作。坚持人民至上、生命至上，实施公共安全标准化筑底工程，完善社会治安、刑事执法、反恐处突、交通运输、安全生产、应急管理、防灾减灾救灾标准，织密筑牢食品、药品、农药、粮食能源、水资源、生物、物资储备、产品质量、

特种设备、劳动防护、消防、矿山、建筑、网络等领域安全标准网，提升洪涝干旱、森林草原火灾、地质灾害、地震等自然灾害防御工程标准，加强重大工程和各类基础设施的数据共享标准建设，提高保障人民群众生命财产安全水平。加快推进重大疫情防控救治、国家应急救援等领域标准建设，抓紧完善国家重大安全风险应急保障标准。构建多部门多区域多系统快速联动、统一高效的公共安全标准化协同机制，推进重大标准制定实施。

（二十）推进基本公共服务标准化建设。围绕幼有所育、学有所教、劳有所得、病有所医、老有所养、住有所居、弱有所扶等方面，实施基本公共服务标准体系建设工程，重点健全和推广全国统一的社会保险经办服务、劳动用工指导和就业创业服务、社会工作、养老服务、儿童福利、残疾人服务、社会救助、殡葬公共服务以及公共教育、公共文化体育、住房保障等领域技术标准，使发展成果更多更公平惠及全体人民。

（二十一）提升保障生活品质的标准水平。围绕普及健康生活、优化健康服务、倡导健康饮食、完善健康保障、建设健康环境、发展健康产业等方面，建立广覆盖、全方位的健康标准。制定公共体育设施、全民健身、训练竞赛、健身指导、线上和智能赛事等标准，建立科学完备、门类齐全的体育标准。开展养老和家政服务标准化专项行动，完善职业教育、智慧社区、社区服务等标准，加强慈善领域标准化建设。加快广播电视和网络视听内容融合生产、网络智慧传播、终端智能接收、安全智慧保障等标准化建设，建立全媒体传播标准。提高文化旅游产品与服务、消费保障、公园建设、景区管理等标准化水平。

六、提升标准化对外开放水平

（二十二）深化标准化交流合作。履行国际标准组织成员国责任义务，积极参与国际标准化活动。积极推进与共建"一带一路"国家在标准领域的对接合作，加强金砖国家、亚太经合组织等标准化对话，深化东北亚、亚太、泛美、欧洲、非洲等区域标准化合作，推进标准信息共享与服务，发展互利共赢的标准化合作伙伴关系。联合国际标准组织成员，推动气候变化、可持续城市和社区、清洁饮水与卫生设施、动植物卫生、绿色金融、数字领域等国际标准制定，分享我国标准化经验，积极参与民生福祉、性别平等、优质教育等国际标准化活动，助力联合国可持续发展目标实现。支持发展中国家提升利用标准化实现可持续发展的能力。

（二十三）强化贸易便利化标准支撑。持续开展重点领域标准比对分析，积极采用国际标准，大力推进中外标准互认，提高我国标准与国际标准的一致性程度。推出中国标准多语种版本，加快大宗贸易商品、对外承包工程等中国标准外文版编译。研究制定服务贸易标准，完善数字金融、国际贸易单一窗口等标准。促进内外贸质量标准、检验检疫、认证认可等相衔接，推进同线同标同质。创新标准化工作机制，支撑构建面向全球的高标准自由贸易区网络。

（二十四）推动国内国际标准化协同发展。统筹推进标准化与科技、产业、金融对外交流合作，促进政策、规则、标准联通。建立政府引导、企业主体、产学研联动的国际标准化工作机制。实施标准国际化跃升工程，推进中国标准与国际标准体系兼容。推动标准制度型开放，保障外商投资企业依法参与标准制定。支持企业、社会团体、科研机构等积极参与各类国际性专业标准组织。支持国际性专业标准组织来华落驻。

七、推动标准化改革创新

（二十五）优化标准供给结构。充分释放市场主体标准化活力，优化政府颁布标准与市场自主制定标准二元结构，大幅提升市场自主制定标准的比重。大力发展团体标准，实施团体标准培优计划，推进团体标准应用示范，充分发挥技术优势企业作用，引导社会团体制定原创性、高质量标准。加快建设协调统一的强制性国家标准，筑牢保障人身健康和生命财产安全、生态环境安全的底线。同步推进推荐性国家标准、行业标准和地方标准改革，强化推荐性标准的协调配套，防止地方保护和行业垄断。建立健全政府颁布标准采信市场自主制定标准的机制。

（二十六）深化标准化运行机制创新。建立标准创新型企业制度和标准融资增信制度，鼓励企业构建技术、专利、标准联动创新体系，支持领军企业联合科研机构、中小企业等建立标准合作机制，实施企业标准领跑者制度。建立国家统筹的区域标准化工作机制，将区域发展标准需求纳入国家标准体系建设，实现区域内标准发展规划、技术规则相互协同，服务国家重大区域战略实施。持续优化标准制定流程和平台、工具，健全企业、消费者等相关方参与标准制定修订的机制，加快标准升级迭代，提高标准质量水平。

（二十七）促进标准与国家质量基础设施融合发展。以标准为牵引，统筹布局国家质量基础设施资源，推进国家质量基础设施统一建设、统一管理，健全国家质量基础设施一体化发展体制机制。强化标准在计量量子化、检验检测智能化、认证市场化、认可全球化中的作用，通过人工智能、大数据、区块链等新一代信息技术的综合应用，完善质量治理，促进质量提升。强化国家质量基础设施全链条技术方案提供，运用标准化手段推动国家质量基础设施集成服务与产业价值链深度融合。

（二十八）强化标准实施应用。建立法规引用标准制度、政策实施配套标准制度，在法规和政策文件制定时积极应用标准。完善认证认可、检验检测、政府采购、招投标等活动中应用先进标准机制，推进以标准为依据开展宏观调控、产业推进、行业管理、市场准入和质量监管。健全基于标准或标准条款订立、履行合同的机制。建立标准版权制度、呈缴制度和市场自主制定标准交易制度，加大标准版权保护力度。按照国家有关规定，开展标准化试点示范工作，完善对标达标工作机制，推动企业提升执行标准能力，瞄准国际先进标准提高水平。

（二十九）加强标准制定和实施的监督。健全覆盖政府颁布标准制定实施全过程的追溯、监督和纠错机制，实现标准研制、实施和信息反馈闭环管理。开展标准质量和标准实施第三方评估，加强标准复审和维护更新。健全团体标准化良好行为评价机制。强化行业自律和社会监督，发挥市场对团体标准的优胜劣汰作用。有效实施企业标准自我声明公开和监督制度，将企业产品和服务符合标准情况纳入社会信用体系建设。建立标准实施举报、投诉机制，鼓励社会公众对标准实施情况进行监督。

八、夯实标准化发展基础

（三十）提升标准化技术支撑水平。加强标准化理论和应用研究，构建以国家级综合标准化研究机构为龙头，行业、区域和地方标准化研究机构为骨干的标准化科技体系。发挥优势企业在标准化科技体系中的作用。完善专业标准化技术组织体系，健全跨领域工作机制，提升开放性和透明度。建设若干国家级质量标准实验室、国家标准验证点和国家产品质量检验检测中心。有效整合标准技术、检测认证、知识产权、标准样品等资源，推进国家技术标准创新基地建设。建设国家数字标准馆和全国统一协调、分工负责的标准化公共服务平台。发展机器可读标准、开源标准，推动标准化工作向数字化、网络化、智能化转型。

（三十一）大力发展标准化服务业。完善促进标准、计量、认证认可、检验检测等标准化相关高技术服务业发展的政策措施，培育壮大标准化服务业市场主体，鼓励有条件地区探索建立标准化服务业产业集聚区，健全标准化服务评价机制和标准化服务业统计分析报告制度。鼓励标准化服务机构面向中小微企业实际需求，整合上下游资源，提供标准化整体解决方案。大力发展新型标准化服务工具和模式，提升服务专业化水平。

（三十二）加强标准化人才队伍建设。将标准化纳入普通高等教育、职业教育和继续教育，开展专业与标准化教育融合试点。构建多层次从业人员培养培训体系，开展标准化专业人才培养培训和国家质量基础设施综合教育。建立健全标准化领域人才的职业能力评价和激励机制。造就一支熟练掌握国际规则、精通专业技术的职业化人才队伍。提升科研人员标准化能力，充分发挥标准化专家在国家科技决策咨询中的作用，建设国家标准化高端智库。加强基层标准化管理人员队伍建设，支持西部地区标准化专业人才队伍建设。

（三十三）营造标准化良好社会环境。充分利用世界标准日等主题活动，宣传标准化作用，普及标准化理念、知识和方法，提升全社会标准化意识，推动标准化成为政府管理、社会治理、法人治理的重要工具。充分发挥标准化社会团体的桥梁和纽带作用，全方位、多渠道开展标准化宣传，讲好标准化故事。大力培育发展标准化文化。

九、组织实施

（三十四）加强组织领导。坚持党对标准化工作的全面领导。进一步完善国务院标准化协调推进部际联席会议制度，健全统一、权威、高效的管理体制和工作机制，强化部门协同、上下联动。各省（自治区、直辖市）要建立健全标准化工作协调推进领导机制，将标准化工作纳入政府绩效评价和政绩考核。各地区各有关部门要将本纲要主要任务与国民经济和社会发展规划有效衔接、同步推进，确保各项任务落到实处。

（三十五）完善配套政策。各地区各有关部门要强化金融、信用、人才等政策支持，促进科技、产业、贸易等政策协同。按照有关规定开展表彰奖励。发挥财政资金引导作用，积极引导社会资本投入标准化工作。完善标准化统计调查制度，开展标准化发展评价，将相关指标纳入国民经济和社会发展统计。建立本纲要实施评估机制，把相关结果作为改进标准化工作的重要依据。重大事项及时向党中央、国务院请示报告。

中共中央 国务院关于全面实施预算绩效管理的意见

(2018年9月1日)

全面实施预算绩效管理是推进国家治理体系和治理能力现代化的内在要求，是深化财税体制改革、建立现代财政制度的重要内容，是优化财政资源配置、提升公共服务质量的关键举措。为解决当前预算绩效管理存在的突出问题，加快建成全方位、全过程、全覆盖的预算绩效管理体系，现提出如下意见。

一、全面实施预算绩效管理的必要性

党的十八大以来，在以习近平同志为核心的党中央坚强领导下，各地区各部门认真贯彻落实党中央、国务院决策部署，财税体制改革加快推进，预算管理制度持续完善，财政资金使用绩效不断提升，对我国经济社会发展发挥了重要支持作用。但也要看到，现行预算绩效管理仍然存在一些突出问题，主要是：绩效理念尚未牢固树立，一些地方和部门存在重投入轻管理、重支出轻绩效的意识；绩效管理的广度和深度不足，尚未覆盖所有财政资金，一些领域财政资金低效无效、闲置沉淀、损失浪费的问题较为突出，克扣挪用、截留私分、虚报冒领的问题时有发生；绩效激励约束作用不强，绩效评价结果与预算安排和政策调整的挂钩机制尚未建立。

当前，我国经济已由高速增长阶段转向高质量发展阶段，正处在转变发展方式、优化经济结构、转换增长动力的攻关期，建设现代化经济体系是跨越关口的迫切要求和我国发展的战略目标。发挥好财政职能作用，必须按照全面深化改革的要求，加快建立现代财政制度，建立全面规范透明、标准科学、约束有力的预算制度，以全面实施预算绩效管理为关键点和突破口，解决好绩效管理中存在的突出问题，推动财政资金聚力增效，提高公共服务供给质量，增强政府公信力和执行力。

二、总体要求

（一）指导思想。以习近平新时代中国特色社会主义思想为指导，全面贯彻党的十九大和十九届二中、三中全会精神，坚持和加强党的全面领导，坚持稳中求进工作总基调，坚持新发展理念，紧扣我国社会主要矛盾变化，按照高质量发展的要求，紧紧围绕统筹推进"五位一体"总体布局和协调推进"四个全面"战略布局，坚持以供给侧结构性改革为主线，创新预算管理方式，更加注重结果导向、强调成本效益、硬化责任约束，力争用3~5年时间基本建成全方位、全过程、全覆盖的预算绩效管理体系，实现预算和绩效管理一体化，着力提高财政资源配置效率和使用效益，改变预算资金分配的固化格局，提高预算管理水平和政策实施效果，为经济社会发展提供有力保障。

（二）基本原则。

——坚持总体设计、统筹兼顾。按照深化财税体制改革和建立现代财政制度的总体要求，统筹谋划全面实施预算绩效管理的路径和制度体系。既聚焦解决当前最紧迫问题，又着眼健全长效机制；既关注预算资金的直接产出和效果，又关注宏观政策目标的实现程度；既关注新出台政策、项目的科学性和精准度，又兼顾延续政策、项目的必要性和有效性。

——坚持全面推进、突出重点。预算绩效管理既要全面推进，将绩效理念和方法深度融入预算编制、执行、监督全过程，构建事前事中事后绩效管理闭环系统，又要突出重点，坚持问题导向，聚焦提升覆盖面广、社会关注度高、持续时间长的重大政策、项目的实施效果。

——坚持科学规范、公开透明。抓紧健全科学规范的管理制度，完善绩效目标、绩效监控、绩效评价、结果应用等管理流程，健全共性的绩效指标框架和分行业领域的绩效指标体系，推动预算绩效管理标准科学、程序规范、方法合理、结果可信。大力推进绩效信息公开透明，主动向同级人大报告、向社会公开，自觉接受人大和社会各界监督。

——坚持权责对等、约束有力。建立责任约束制度，明确各方预算绩效管理职责，清晰界定权责边界。健全激励约束机制，实现绩效评价结果与预算安排和政策调整挂钩。增强预算统筹能力，优化预算管理流程，调动地方和部门的积极性、主动性。

三、构建全方位预算绩效管理格局

（三）实施政府预算绩效管理。将各级政府收支预算全面纳入绩效管理。各级政府预算收入要实事求是、积极稳妥、讲求质量，必须与经济社会发展水平相适应，严格落实各项减税降费政策，严禁脱离实际制定增长目标，严禁虚收空转、收取过头税费，严禁超出限额举借政府债务。各级政府预算支出要统筹兼顾、突出重点、量力而行，着力支持国家重大发展战略和重点领域改革，提高保障和改善民生水平，同时不得设定过高民生标准和擅自扩大保障范围，确保财政资源高效配置，增强财政可持续性。

（四）实施部门和单位预算绩效管理。将部门和单位预算收支全面纳入绩效管理，赋予部门和资金使用单位更多的管理自主权，围绕部门和单位职责、行业发展规划，以预算资金管理为主线，统筹考虑资产和业务活动，从运行成本、管理效率、履职效能、社会效应、可持续发展能力和服务对象满意度等方面，衡量部门和单位整体及核心业务实施效果，推动提高部门和单位整体绩效水平。

（五）实施政策和项目预算绩效管理。将政策和项目全面纳入绩效管理，从数量、质量、时效、成本、效益等方面，综合衡量政策和项目预算资金使用效果。对实施期超过一年的重大政策和项目实行全周期跟踪问效，建立动态评价调整机制，政策到期、绩效低下的政策和项目要及时清理退出。

四、建立全过程预算绩效管理链条

（六）建立绩效评估机制。各部门各单位要结合预算评审、项目审批等，对新出台重大政策、项目开展事前绩效评估，重点论证立项必要性、投入经济性、绩效目标合理性、实施方案可行性、筹资合规性等，投资主管部门要加强基建投资绩效评估，评估结果作为申请预算的必备要件。各级财政部门要加强新增重大政策和项目预算审核，必要时可以组织第三方机构独立开展绩效评估，审核和评估结果作为预算安排的重要参考依据。

（七）强化绩效目标管理。各地区各部门编制预算时要贯彻落实党中央、国务院各项决策部署，分解细化各项工作要求，结合本地区本部门实际情况，全面设置部门和单位整体绩效目标、政策及项目绩效目标。绩效目标不仅要包括产出、成本，还要包括经济效益、社会效益、生态效益、可持续影响和服务对象满意度等绩效指标。各级财政部门要将绩效目标设置作为预算安排的前置条件，加强绩效目标审核，将绩效目标与预算同步批复下达。

（八）做好绩效运行监控。各级政府和各部门各单位对绩效目标实现程度和预算执行进度实行"双监控"，发现问题要及时纠正，确保绩效目标如期保质保量实现。各级财政部门建立重大政策、项目绩效跟踪机制，对存在严重问题的政策、项目要暂缓或停止预算拨款，督促及时整改落实。各级财政部门要按照预算绩效管理要求，加强国库现金管理，降低资金运行成本。

（九）开展绩效评价和结果应用。通过自评和外部评价相结合的方式，对预算执行情况开展绩效评价。各部门各单位对预算执行情况以及政策、项目实施效果开展绩效自评，评价结果报送本级财政部门。各级财政部门建立重大政策、项目预算绩效评价机制，逐步开展部门整体绩效评价，对下级政府财政运行情况实施综合绩效评价，必要时可以引入第三方机构参与绩效评价。健全绩效评价结果反馈制度和绩效问题整改责任制，加强绩效评价结果应用。

五、完善全覆盖预算绩效管理体系

（十）建立一般公共预算绩效管理体系。各级政府要加强一般公共预算绩效管理。收入方面，要重点关注收入结构、征收效率和优惠政策实施效果。支出方面，要重点关注预算资金配置效率、使用效益，特别是重大政策和项目实施效果，其中转移支付预算绩效管理要符合财政事权和支出责任划分规定，重点关注促进地区间财力协调和区域均衡发展。同时，积极开展涉及一般公共预算等财政资金的政府投资基金、主权财富基金、政府和社会资本合作（PPP）、政府采购、政府购买服务、政府债务项目绩效管理。

（十一）建立其他政府预算绩效管理体系。除一般公共预算外，各级政府还要将政府性基金预算、国有资本经营预算、社会保险基金预算全部纳入绩效管理，加强四本预算之间的衔接。政府性基金预算绩效管理，要重点关注基金政策设立延续依据、征收标准、使用效果等情况，地方政府还要关注其对专项债务的支撑能力。国有资本经营预算绩效管理，要重点关注贯彻国家战略、收益上缴、支出结构、使用效果等情况。社会保险基金预算绩效管理，要重点关注各类社会保险基金收支政策效果、基金管理、精算平衡、地区结构、运行风险等情况。

六、健全预算绩效管理制度

（十二）完善预算绩效管理流程。围绕预算管理的主要内容和环节，完善涵盖绩效目标管理、绩效运行监控、绩效评价管理、评价结果应用等各环节的管理流程，制定预算绩效管理制度和实施细则。建立专家咨询机制，引导和规范第三方机构参与预算绩效管理，严格执业质量监督管理。加快预算绩效管理信息化建设，打破"信息孤岛"和"数据烟囱"，促进各级政府和各部门各单位的业务、财务、资产等信息互联互通。

（十三）健全预算绩效标准体系。各级财政部门要建立健全定量和定性相结合的共性绩效指标框架。各行业主管部门要加快构建分行业、分领域、分层次的核心绩效指标和标准体系，实现科学合理、细化量化、可比可测、动态调整、共建共享。绩效指标和标准体系要与基本公共服务标准、部门预算项目支出标准等衔接匹配，突出结果导向，重点考核实绩。创新评估评价方法，立足多维视角和多元数据，依托大数据分析技术，运用成本效益分析法、比较法、因素分析法、公众评判法、标杆管理法等，提高绩效评估评价结果的客观性和准确性。

七、硬化预算绩效管理约束

（十四）明确绩效管理责任约束。按照党中央、国务院统一部署，财政部要完善绩效管理的责任约束机制，地方各级政府和各部门各单位是预算绩效管理的责任主体。地方各级党委和政府主要负责同志对本地区预算绩效负责，部门和单位主要负责同志对本部门本单位预算绩效负责，项目责任人对项目预算绩效负责，对重大项目的责任人实行绩效终身责任追究制，切实做到花钱必问效、无效必问责。

（十五）强化绩效管理激励约束。各级财政部门要抓紧建立绩效评价结果与预算安排和政策调整挂钩机制，将本级部门整体绩效与部门预算安排挂钩，将下级政府财政运行综合绩效与转移支付分配挂钩。对绩效好的政策和项目原则上优先保障，对绩效一般的政策和项目要督促改进，对交叉重复、碎片化的政策和项目予以调整，对低效无效资金一律削减或取消，对长期沉淀的资金一律收回并按照有关规定统筹用于亟需支持的领域。

八、保障措施

（十六）加强绩效管理组织领导。坚持党对全面实施预算绩效管理工作的领导，充分发挥党组织的领导作用，增强把方向、谋大局、定政策、促改革的能力和定力。财政部要加强对全面实施预算绩效管理工作的组织协调。各地区各部门要加强对本地区本部门预算绩效管理的组织领导，切实转变思想观念，牢固树立绩效意识，结合实际制定实施办法，加强预算绩效管理力量，充实预算绩效管理人员，督促指导有关政策措施落实，确保预算绩效管理延伸至基层单位和资金使用终端。

（十七）加强绩效管理监督问责。审计机关要依法对预算绩效管理情况开展审计监督，财政、审计等部门发现违纪违法问题线索，应当及时移送纪检监察机关。各级财政部门要推进绩效信息公开，重要绩效目标、绩效评价结果要与预决算草案同步报送同级人大、同步向社会主动公开，搭建社会公众参与绩效管理的途径和平台，自觉接受人大和社会各界监督。

（十八）加强绩效管理工作考核。各级政府要将预算绩效结果纳入政府绩效和干部政绩考核体系，作为领导干部选拔任用、公务员考核的重要参考，充分调动各地区各部门履职尽责和干事创业的积极性。各级财政部门负责对本级部门和预算单位、下级财政部门预算绩效管理工作情况进行考核。建立考核结果通报制度，对工作成效明显的地区和部门给予表彰，对工作推进不力的进行约谈并责令限期整改。

全面实施预算绩效管理是党中央、国务院作出的重大战略部署，是政府治理和预算管理的深刻变革。各地区各部门要更加紧密地团结在以习近平同志为核心的党中央周围，把思想认识和行动统一到党中央、国务院决策部署上来，增强"四个意识"，坚定"四个自信"，提高政治站位，把全面实施预算绩效管理各项措施落到实处，为决胜全面建成小康社会、夺取新时代中国特色社会主义伟大胜利、实现中华民族伟大复兴的中国梦奠定坚实基础。

交通强国建设纲要

(中共中央　国务院)

建设交通强国是以习近平同志为核心的党中央立足国情、着眼全局、面向未来作出的重大战略决策，是建设现代化经济体系的先行领域，是全面建成社会主义现代化强国的重要支撑，是新时代做好交通工作的总抓手。为统筹推进交通强国建设，制定本纲要。

一、总体要求

（一）指导思想。以习近平新时代中国特色社会主义思想为指导，深入贯彻党的十九大精神，紧紧围绕统筹推进"五位一体"总体布局和协调推进"四个全面"战略布局，坚持稳中求进工作总基调，坚持新发展理念，坚持推动高质量发展，坚持以供给侧结构性改革为主线，坚持以人民为中心的发展思想，牢牢把握交通"先行官"定位，适度超前，进一步解放思想、开拓进取，推动交通发展由追求速度规模向更加注重质量效益转变，由各种交通方式相对独立发展向更加注重一体化融合发展转变，由依靠传统要素驱动向更加注重创新驱动转变，构建安全、便捷、高效、绿色、经济的现代化综合交通体系，打造一流设施、一流技术、一流管理、一流服务，建成人民满意、保障有力、世界前列的交通强国，为全面建成社会主义现代化强国、实现中华民族伟大复兴中国梦提供坚强支撑。

（二）发展目标。

到 2020 年，完成决胜全面建成小康社会交通建设任务和"十三五"现代综合交通运输体系发展规划各项任务，为交通强国建设奠定坚实基础。

从 2021 年到本世纪中叶，分两个阶段推进交通强国建设。

到 2035 年，基本建成交通强国。现代化综合交通体系基本形成，人民满意度明显提高，支撑国家现代化建设能力显著增强；拥有发达的快速网、完善的干线网、广泛的基础网，城乡区域交通协调发展达到新高度；基本形成"全国 123 出行交通圈"（都市区 1 小时通勤、城市群 2 小时通达、全国主要城市 3 小时覆盖）和"全球 123 快货物流圈"（国内 1 天送达、周边国家 2 天送达、全球主要城市 3 天送达），旅客联程运输便捷顺畅，货物多式联运高效经济；智能、平安、绿色、共享交通发展水平明显提高，城市交通拥堵基本缓解，无障碍出行服务体系基本完善；交通科技创新体系基本建成，交通关键装备先进安全，人才队伍精良，市场环境优良；基本实现交通治理体系和治理能力现代化；交通国际竞争力和影响力显著提升。

到本世纪中叶，全面建成人民满意、保障有力、世界前列的交通强国。基础设施规模质量、技术装备、科技创新能力、智能化与绿色化水平位居世界前列，交通安全水平、治理能力、文明程度、国际竞争力及影响力达到国际先进水平，全面服务和保障社会主义现代化强国建设，人民享有美好交通服务。

二、基础设施布局完善、立体互联

（一）建设现代化高质量综合立体交通网络。以国家发展规划为依据，发挥国土空间规划的指导和约束作用，统筹铁路、公路、水运、民航、管道、邮政等基础设施规划建设，以多中心、网络化为主形态，完善多层次网络布局，优化存量资源配置，扩大优质增量供给，实现立体互联，增强系统弹性。强化西部地区补短板，推进东北地区提质改造，推动中部地区大通道大枢纽建设，加速东部地区优化升级，形成区域交通协调发展新格局。

（二）构建便捷顺畅的城市（群）交通网。建设城市群一体化交通网，推进干线铁路、城际铁路、市域（郊）铁路、城市轨道交通融合发展，完善城市群快速公路网络，加强公路与城市道路衔接。尊重城市发展规律，立足促进城市的整体性、系统性、生长性，统筹安排城市功能和用地布局，科学制定和实施城市综合交通体系规划。推进城市公共交通设施建设，强化城市轨道交通与其他交通方式衔接，完善快速路、主次干路、支路级配和结构合理的城市道路网，打通道路微循环，提高道路通达性，完善城市步行和非机动车交通系统，提升步行、自行车等出行品质，完善无障碍设施。科学规划建设城市停车设施，加强充电、加氢、加气和公交站点等设施建设。全面提升城市交通基础设施智能化水平。

（三）形成广覆盖的农村交通基础设施网。全面推进"四好农村路"建设，加快实施通村组硬化路建设，建立规范化可持续管护机制。促进交通建设与农村地区资源开发、产业发展有机融合，加强特色农产品优势区与旅游资源富集区交通建设。大力推进革命老区、民族地区、边疆地区、贫困地区、垦区林区交通发展，实现以交通便利带动脱贫减贫，深度贫困地区交通建设项目尽量向进村入户倾斜。推动资源丰富和人口相对密集贫困地区开发性铁路建设，在有条件的地区推进具备旅游、农业作业、应急救援等功能的通用机场建设，加强农村邮政等基础设施建设。

（四）构筑多层级、一体化的综合交通枢纽体系。依托京津冀、长三角、粤港澳大湾区等世界级城市群，打造具有全球竞争力的国际海港枢纽、航空枢纽和邮政快递核心枢纽，建设一批全国性、区域性交通枢纽，推进综合交通枢纽一体化规划建设，提高换乘换装水平，完善集疏运体系。大力发展枢纽经济。

三、交通装备先进适用、完备可控

（一）加强新型载运工具研发。实现3万吨级重载列车、时速250公里级高速轮轨货运列车等方面的重大突破。加强智能网联汽车（智能汽车、自动驾驶、车路协同）研发，形成自主可控完整的产业链。强化大中型邮轮、大型液化天然气船、极地航行船舶、智能船舶、新能源船舶等自主设计建造能力。完善民用飞机产品谱系，在大型民用飞机、重型直升机、通用航空器等方面取得显著进展。

（二）加强特种装备研发。推进隧道工程、整跨吊运安装设备等工程机械装备研发。研发水下机器人、深潜水装备、大型溢油回收船、大型深远海多功能救助船等新型装备。

（三）推进装备技术升级。推广新能源、清洁能源、智能化、数字化、轻量化、环保型交通装备及成套技术装备。广泛应用智能高铁、智能道路、智能航运、自动化码头、数字管网、智能仓储和分拣系统等新型装备设施，开发新一代智能交通管理系统。提升国产飞机和发动机技术水平，加强民用航空器、发动机研发制造和适航审定体系建设。推广应用交通装备的智能检测监测和运维技术。加速淘汰落后技术和高耗低效交通装备。

四、运输服务便捷舒适、经济高效

（一）推进出行服务快速化、便捷化。构筑以高铁、航空为主体的大容量、高效率区际快速客运服务，提升主要通道旅客运输能力。完善航空服务网络，逐步加密机场网建设，大力发展支线航空，推进干支有效衔接，提高航空服务能力和品质。提高城市群内轨道交通通勤化水平，推广城际道路客运公交化运行模式，打造旅客联程运输系统。加强城市交通拥堵综合治理，优先发展城市公共交通，鼓励引导绿色公交出行，合理引导个体机动化出行。推进城乡客运服务一体化，提升公共服务均等化水平，保障城乡居民行有所乘。

（二）打造绿色高效的现代物流系统。优化运输结构，加快推进港口集疏运铁路、物流园区及大型工矿企业铁路专用线等"公转铁"重点项目建设，推进大宗货物及中长距离货物运输向铁路和水运有序转移。推动铁水、公铁、公水、空陆等联运发展，推广跨方式快速换装转运标准化设施设备，形成统一的多式联运标准和规则。发挥公路货运"门到门"优势。完善航空物流网络，提升航空货运效率。推进电商物流、冷链物流、大件运输、危险品物流等专业化物流发展，促进城际干线运输和城市末端配送有机衔接，鼓励发展集约化配送模式。综合利用多种资源，完善农村配送网络，促进城乡双向流通。落实减税降费政策，优化物流组织模式，提高物流效率，降低物流成本。

（三）加速新业态新模式发展。深化交通运输与旅游融合发展，推动旅游专列、旅游风景道、旅游航道、自驾车房车营地、游艇旅游、低空飞行旅游等发展，完善客运枢纽、高速公路服务区等交通设施旅游服务功能。大力发展共享交通，打造基于移动智能终端技术的服务系统，实现出行即服务。发展"互联网+"高效物流，创新智慧物流营运模式。培育充满活力的通用航空及市域（郊）铁路市场，完善政府购买服务政策，稳步扩大短途运输、公益服务、航空消费等市场规模。建立通达全球的寄递服务体系，推动邮政普遍服务升级换代。加快快递扩容增效和数字化转型，壮大供应链服务、冷链快递、即时直递等新业态新模式，推进智能收投终端和末端公共服务平台建设。积极发展无人机（车）物流递送、城市地下物流配送等。

五、科技创新富有活力、智慧引领

（一）强化前沿关键科技研发。瞄准新一代信息技术、人工智能、智能制造、新材料、新能源等世界科技前沿，加强对可能引发交通产业变革的前瞻性、颠覆性技术研究。强化汽车、民用飞行器、船舶等装备动力传动系统研发，突破高效率、大推力/大功率发动机装备设备关键技术。加强区域综合交通网络协调运营与服务技术、城市综合交通协同管控技术、基于船岸协同的内河航运安全管控与应急搜救技术等研发。合理统筹安排时速600公里级高速磁悬浮系统、时速400公里级高速轮轨（含可变轨距）客运列车系统、低真空管（隧）道高速列车等技术储备研发。

（二）大力发展智慧交通。推动大数据、互联网、人工智能、区块链、超级计算等新技术与交通行业深度融合。推进数据资源赋能交通发展，加速交通基础设施网、运输服务网、能源网与信息网络融合发展，构建泛在先进的交通信息基础设施。构建综合交通大数据中心体系，深化交通公共服务和电子政务发展。推进北斗卫星导航系统应用。

（三）完善科技创新机制。建立以企业为主体、产学研用深度融合的技术创新机制，鼓励交通行业各类创新主体建立创新联盟，建立关键核心技术攻关机制。建设一批具有国际影响力的实验室、试验基地、技术创新中心等创新平台，加大资源开放共享力度，优化科研资金投入机制。构建适应交通高质量发展的标准体系，加强重点领域标准有效供给。

六、安全保障完善可靠、反应快速

（一）提升本质安全水平。完善交通基础设施安全技术标准规范，持续加大基础设施安全防护投入，提升关键基础设施安全防护能力。构建现代化工程建设质量管理体系，推进精品建造和精细管理。强化交通基础设施养护，加强基础设施运行监测检测，提高养护专业化、信息化水平，增强设施耐久性和可靠性。强化载运工具质量治理，保障运输装备安全。

（二）完善交通安全生产体系。完善依法治理体系，健全交通安全生产法规制度和标准规范。完善安全责任体系，强化企业主体责任，明确部门监管责任。完善预防控制体系，有效防控系统性风险，建立交通装备、工程第三方认证制度。强化安全生产事故调查评估。完善网络安全保障体系，增强科技兴安能力，加强交通信息基础设施安全保护。完善支撑保障体系，加强安全设施建设。建立自然灾害交通防治体系，提高交通防灾抗灾能力。加强交通安全综合治理，切实提高交通安全水平。

（三）强化交通应急救援能力。建立健全综合交通应急管理体制机制、法规制度和预案体系，加强应急救援专业装备、设施、队伍建设，积极参与国际应急救援合作。强化应急救援社会协同能力，完善征用补偿机制。

七、绿色发展节约集约、低碳环保

（一）促进资源节约集约利用。加强土地、海域、无居民海岛、岸线、空域等资源节约集约利用，提升用地用海用岛效率。加强老旧设施更新利用，推广施工材料、废旧材料再生和综合利用，推进邮件快件包装绿色化、减量化，提高资源再利用和循环利用水平，推进交通资源循环利用产业发展。

（二）强化节能减排和污染防治。优化交通能源结构，推进新能源、清洁能源应用，促进公路货运节能减排，推动城市公共交通工具和城市物流配送车辆全部实现电动化、新能源化和清洁化。打好柴油货车污染治理攻坚战，统筹油、路、车治理，有效防治公路运输大气污染。严格执行国家和地方污染物控制标准及船舶排放区要求，推进船舶、港口污染防治。降低交通沿线噪声、振动，妥善处理好大型机场噪声影响。开展绿色出行行动，倡导绿色低碳出行理念。

（三）强化交通生态环境保护修复。严守生态保护红线，严格落实生态保护和水土保持措施，严格实施生态修复、地质环境治理恢复与土地复垦，将生态环保理念贯穿交通基础设施规划、建设、运营和养护全过程。推进生态选线选址，强化生态环保设计，避让耕地、林地、湿地等具有重要生态功能的国土空间。建设绿色交通廊道。

八、开放合作面向全球、互利共赢

（一）构建互联互通、面向全球的交通网络。以丝绸之路经济带六大国际经济合作走廊为主体，推进与周边国家铁路、公路、航道、油气管道等基础设施互联互通。提高海运、民航的全球连接度，建设世界一流的国际航运中心，推进21世纪海上丝绸之路建设。拓展国际航运物流，发展铁路国际班列，推进跨境道路运输便利化，大力发展航空物流枢纽，构建国际寄递物流供应链体系，打造陆海新通道。维护国际海运重要通道安全与畅通。

（二）加大对外开放力度。吸引外资进入交通领域，全面落实准入前国民待遇加负面清单管理制度。协同推进自由贸易试验区、中国特色自由贸易港建设。鼓励国内交通企业积极参与"一带一路"沿线交通基础设施建设和国际运输市场合作，打造世界一流交通企业。

（三）深化交通国际合作。提升国际合作深度与广度，形成国家、社会、企业多层次合作渠道。拓展国际合作平台，积极打造交通新平台，吸引重要交通国际组织来华落驻。积极推动全球交通治理体系建设与变革，促进交通运输政策、规则、制度、技术、标准"引进来"和"走出去"，积极参与交通国际组织事务框架下规则、标准制定修订。提升交通国际话语权和影响力。

九、人才队伍精良专业、创新奉献

（一）培育高水平交通科技人才。坚持高精尖缺导向，培养一批具有国际水平的战略科技人才、科技领军人才、青年科技人才和创新团队，培养交通一线创新人才，支持各领域各学科人才进入交通相关产业行业。推进交通高端智库建设，完善专家工作体系。

（二）打造素质优良的交通劳动者大军。弘扬劳模精神和工匠精神，造就一支素质优良的知识型、技能型、创新型劳动者大军。大力培养支撑中国制造、中国创造的交通技术技能人才队伍，构建适应交通发展需要的现代职业教育体系。

（三）建设高素质专业化交通干部队伍。落实建设高素质专业化干部队伍要求，打造一支忠诚干净担当的高素质干部队伍。注重专业能力培养，增强干部队伍适应现代综合交通运输发展要求的能力。加强优秀年轻干部队伍建设，加强国际交通组织人才培养。

十、完善治理体系，提升治理能力

（一）深化行业改革。坚持法治引领，完善综合交通法规体系，推动重点领域法律法规制定修订。不断深化铁路、公路、航道、空域管理体制改革,建立健全适应综合交通一体化发展的体制机制。推动国家铁路企业股份制改造、邮政企业混合所有制改革,支持民营企业健康发展。统筹制定交通发展战略、规划和政策,加快建设现代化综合交通体系。强化规划协同,实现"多规合一""多规融合"。

(二)优化营商环境。健全市场治理规则,深入推进简政放权,破除区域壁垒,防止市场垄断,完善运输价格形成机制,构建统一开放、竞争有序的现代交通市场体系。全面实施市场准入负面清单制度,构建以信用为基础的新型监管机制。

(三)扩大社会参与。健全公共决策机制,实行依法决策、民主决策。鼓励交通行业组织积极参与行业治理,引导社会组织依法自治、规范自律,拓宽公众参与交通治理渠道。推动政府信息公开,建立健全公共监督机制。

(四)培育交通文明。推进优秀交通文化传承创新,加强重要交通遗迹遗存、现代交通重大工程的保护利用和精神挖掘,讲好中国交通故事。弘扬以"两路"精神、青藏铁路精神、民航英雄机组等为代表的交通精神,增强行业凝聚力和战斗力。全方位提升交通参与者文明素养,引导文明出行,营造文明交通环境,推动全社会交通文明程度大幅提升。

十一、保障措施

(一)加强党的领导。坚持党的全面领导,充分发挥党总揽全局、协调各方的作用。建立统筹协调的交通强国建设实施工作机制,强化部门协同、上下联动、军地互动,整体有序推进交通强国建设工作。

(二)加强资金保障。深化交通投融资改革,增强可持续发展能力,完善政府主导、分级负责、多元筹资、风险可控的资金保障和运行管理体制。建立健全中央和地方各级财政投入保障制度,鼓励采用多元化市场融资方式拓宽融资渠道,积极引导社会资本参与交通强国建设,强化风险防控机制建设。

(三)加强实施管理。各地区各部门要提高对交通强国建设重大意义的认识,科学制定配套政策和配置公共资源,促进自然资源、环保、财税、金融、投资、产业、贸易等政策与交通强国建设相关政策协同,部署若干重大工程、重大项目,合理规划交通强国建设进程。鼓励有条件的地方和企业在交通强国建设中先行先试。交通运输部要会同有关部门加强跟踪分析和督促指导,建立交通强国评价指标体系,重大事项及时向党中央、国务院报告。

国务院关于印发深化标准化
工作改革方案的通知

(国发〔2015〕13号)

为落实《中共中央关于全面深化改革若干重大问题的决定》《国务院机构改革和职能转变方案》和《国务院关于促进市场公平竞争维护市场正常秩序的若干意见》(国发〔2014〕20号)关于深化标准化工作改革、加强技术标准体系建设的有关要求,制定本改革方案。

一、改革的必要性和紧迫性

党中央、国务院高度重视标准化工作,2001年成立国家标准化管理委员会,强化标准化工作的统一管理。在各部门、各地方共同努力下,我国标准化事业得到快速发展。截至目前,国家标准、行业标准和地方标准总数达到10万项,覆盖一二三产业和社会事业各领域的标准体系基本形成。我国相继成为国际标准化组织(ISO)、国际电工委员会(IEC)常任理事国及国际电信联盟(ITU)理事国,我国专家担任ISO主席、IEC副主席、ITU秘书长等一系列重要职务,主导制定国际标准的数量逐年增加。标准化在保障产品质量安全、促进产业转型升级和经济提质增效、服务外交外贸等方面起着越来越重要的作用。但是,从我国经济社会发展日益增长的需求来看,现行标准体系和标准化管理体制已不能适应社会主义市场经济发展的需要,甚至在一定程度上影响了经济社会发展。

一是标准缺失老化滞后,难以满足经济提质增效升级的需求。现代农业和服务业标准仍然很少,社会管理和公共服务标准刚刚起步,即使在标准相对完备的工业领域,标准缺失现象也不同程度存在。特别是当前节能降耗、新型城镇化、信息化和工业化融合、电子商务、商贸物流等领域对标准的需求十分旺盛,但标准供给仍有较大缺口。我国国家标准制定周期平均为3年,远远落后于产业快速发展的需要。标准更新速度缓慢,"标龄"高出德、美、英、日等发达国家1倍以上。标准整体水平不高,难以支撑经济转型升级。我国主导制定的国际标准仅占国际标准总数的0.5%,"中国标准"在国际上认可度不高。

二是标准交叉重复矛盾,不利于统一市场体系的建立。标准是生产经营活动的依据,是重要的市场规则,必须增强统一性和权威性。目前,现行国家标准、行业标准、地方标准中仅名称相同的就有近2000项,有些标准技术指标不一致甚至冲突,既造成企业执行标准困难,也造成政府部门制定标准的资源浪费和执法尺度不一。特别是强制性标准涉及健康安全环保,但是制定主体多,28个部门和31个省(区、市)制定发布强制性行业标准和地方标准;数量庞大,强制性国家、行业、地方三级标准万余项,缺乏强有力的组织协调,交叉重复矛盾难以避免。

三是标准体系不够合理，不适应社会主义市场经济发展的要求。国家标准、行业标准、地方标准均由政府主导制定，且70%为一般性产品和服务标准，这些标准中许多应由市场主体遵循市场规律制定。而国际上通行的团体标准在我国没有法律地位，市场自主制定、快速反映需求的标准不能有效供给。即使是企业自己制定、内部使用的企业标准，也要到政府部门履行备案甚至审查性备案，企业能动性受到抑制，缺乏创新和竞争力。

四是标准化协调推进机制不完善，制约了标准化管理效能提升。标准反映各方共同利益，各类标准之间需要衔接配套。很多标准技术面广、产业链长，特别是一些标准涉及部门多、相关方立场不一致，协调难度大，由于缺乏权威、高效的标准化协调推进机制，越重要的标准越"难产"。有的标准实施效果不明显，相关配套政策措施不到位，尚未形成多部门协同推动标准实施的工作格局。

造成这些问题的根本原因是现行标准体系和标准化管理体制是20世纪80年代确立的，政府与市场的角色错位，市场主体活力未能充分发挥，既阻碍了标准化工作的有效开展，又影响了标准化作用的发挥，必须切实转变政府标准化管理职能，深化标准化工作改革。

二、改革的总体要求

标准化工作改革，要紧紧围绕使市场在资源配置中起决定性作用和更好发挥政府作用，着力解决标准体系不完善、管理体制不顺畅、与社会主义市场经济发展不适应问题，改革标准体系和标准化管理体制，改进标准制定工作机制，强化标准的实施与监督，更好发挥标准化在推进国家治理体系和治理能力现代化中的基础性、战略性作用，促进经济持续健康发展和社会全面进步。

改革的基本原则：一是坚持简政放权、放管结合。把该放的放开放到位，培育发展团体标准，放开搞活企业标准，激发市场主体活力；把该管的管住管好，强化强制性标准管理，保证公益类推荐性标准的基本供给。二是坚持国际接轨、适合国情。借鉴发达国家标准化管理的先进经验和做法，结合我国发展实际，建立完善具有中国特色的标准体系和标准化管理体制。三是坚持统一管理、分工负责。既发挥好国务院标准化主管部门的综合协调职责，又充分发挥国务院各部门在相关领域内标准制定、实施及监督的作用。四是坚持依法行政、统筹推进。加快标准化法治建设，做好标准化重大改革与标准化法律法规修改完善的有机衔接；合理统筹改革优先领域、关键环节和实施步骤，通过市场自主制定标准的增量带动现行标准的存量改革。

改革的总体目标：建立政府主导制定的标准与市场自主制定的标准协同发展、协调配套的新型标准体系，健全统一协调、运行高效、政府与市场共治的标准化管理体制，形成政府引导、市场驱动、社会参与、协同推进的标准化工作格局，有效支撑统一市场体系建设，让标准成为对质量的"硬约束"，推动中国经济迈向中高端水平。

三、改革措施

通过改革，把政府单一供给的现行标准体系，转变为由政府主导制定的标准和市场自主制定的标准共同构成的新型标准体系。政府主导制定的标准由6类整合精简为4类，分别是强制性国家标准和推荐性国家标准、推荐性行业标准、推荐性地方标准；市场自主制定的标准分为团体标准和企业标准。政府主导制定的标准侧重于保基本，市场自主制定的标准侧重于提高竞争力。同时建立完善与新型标准体系配套的标准化管理体制。

（一）建立高效权威的标准化统筹协调机制。建立由国务院领导同志为召集人、各有关部门负责同志组成的国务院标准化协调推进机制，统筹标准化重大改革，研究标准化重大政策，对跨部门跨领域、存在重大争议标准的制定和实施进行协调。国务院标准化协调推进机制日常工作由国务院标准化主管部门承担。

（二）整合精简强制性标准。在标准体系上，逐步将现行强制性国家标准、行业标准和地方标准整合为强制性国家标准。在标准范围上，将强制性国家标准严格限定在保障人身健康和生命财产安全、国家安全、生态环境安全和满足社会经济管理基本要求的范围之内。在标准管理上，国务院各有关部门负责强制性国家标准项目提出、组织起草、征求意见、技术审查、组织实施和监督；国务院标准化主管部门负责强制性国家标准的统一立项和编号，并按照世界贸易组织规则开展对外通报；强制性国家标准由国务院批准发布或授权批准发布。强化依据强制性国家标准开展监督检查和行政执法。免费向社会公开强制性国家标准文本。建立强制性国家标准实施情况统计分析报告制度。

法律法规对标准制定另有规定的，按现行法律法规执行。环境保护、工程建设、医药卫生强制性国家标准、强制性行业标准和强制性地方标准，按现有模式管理。安全生产、公安、税务标准暂按现有模式管理。核、航天等涉及国家安全和秘密的军工领域行业标准，由国务院国防科技工业主管部门负责管理。

（三）优化完善推荐性标准。在标准体系上，进一步优化推荐性国家标准、行业标准、地方标准体系结构，推动向政府职责范围内的公益类标准过渡，逐步缩减现有推荐性标准的数量和规模。在标准范围上，合理界定各层级、各领域推荐性标准的制定范围，推荐性国家标准重点制定基础通用、与强制性国家标准配套的标准；推荐性行业标准重点制定本行业领域的重要产品、工程技术、服务和行业管理标准；推荐性地方标准可制定满足地方自然条件、民族风俗习惯的特殊技术要求。在标准管理上，国务院标准化主管部门、国务院各有关部门和地方政府标准化主管部门分别负责统筹管理推荐性国家标准、行业标准和地方标准制修订工作。充分运用信息化手段，建立制修订全过程信息公开和共享平台，强化制修订流程中的信息共享、社会监督和自查自纠，有效避免推荐性国家标准、行业标准、地方标准在立项、制定过程中的交叉重复矛盾。简化制修订程序，提高审批效率，缩短制修订周期。推动免费向社会公开公益类推荐性标准文本。建立标准实施信息反馈和评估机制，及时开展标准复审和维护更新，有效解决标准缺失滞后老化问题。加强标准化技术委员会管理，提高广泛性、代表性，保证标准制定的科学性、公正性。

（四）培育发展团体标准。在标准制定主体上，鼓励具备相应能力的学会、协会、商会、联合会等社会组织和产业技术联盟协调相关市场主体共同制定满足市场和创新需要的标准，供市场自愿选用，增加标准的有效供给。在标准管理上，对团体标准不设行政许可，由社会组织和产业技术联盟自主制定发布,通过市场竞争优胜劣汰。国务院标准化主管部门会同国务院有关部门制定团体标准发展指导意见和标准化良好行为规范,对团体标准进行必要的规范、引导和监督。在工作推进上,选择市场化程度高、技术创新活跃、产品类标准较多的领域,先行开展团体标准试点工作。支持专利融入团体标准,推动技术进步。

（五）放开搞活企业标准。企业根据需要自主制定、实施企业标准。鼓励企业制定高于国家标准、行业标准、地方标准,具有竞争力的企业标准。建立企业产品和服务标准自我声明公开和监督制度,逐步取消政府对企业产品标准的备案管理,落实企业标准化主体责任。鼓励标准化专业机构对企业公开的标准开展比对和评价,强化社会监督。

（六）提高标准国际化水平。鼓励社会组织和产业技术联盟、企业积极参与国际标准化活动,争取承担更多国际标准组织技术机构和领导职务,增强话语权。加大国际标准跟踪、评估和转化力度,加强中国标准外文版翻译出版工作,推动与主要贸易国之间的标准互认,推进优势、特色领域标准国际化,创建中国标准品牌。结合海外工程承包、重大装备设备出口和对外援建,推广中国标准,以中国标准"走出去"带动我国产品、技术、装备、服务"走出去"。进一步放宽外资企业参与中国标准的制定。

四、组织实施

坚持整体推进与分步实施相结合,按照逐步调整、不断完善的方法,协同有序推进各项改革任务。标准化工作改革分三个阶段实施。

（一）第一阶段（2015—2016年）,积极推进改革试点工作。

——加快推进《中华人民共和国标准化法》修订工作,提出法律修正案,确保改革于法有据。修订完善相关规章制度。(2016年6月底前完成)

——国务院标准化主管部门会同国务院各有关部门及地方政府标准化主管部门,对现行国家标准、行业标准、地方标准进行全面清理,集中开展滞后老化标准的复审和修订,解决标准缺失、矛盾交叉等问题。(2016年12月底前完成)

——优化标准立项和审批程序,缩短标准制定周期。改进推荐性行业和地方标准备案制度,加强标准制定和实施后评估。(2016年12月底前完成)

——按照强制性标准制定原则和范围,对不再适用的强制性标准予以废止,对不宜强制的转化为推荐性标准。(2015年12月底前完成)

——开展标准实施效果评价,建立强制性标准实施情况统计分析报告制度。强化监督检查和行政执法,严肃查处违法违规行为。(2016年12月底前完成)

——选择具备标准化能力的社会组织和产业技术联盟,在市场化程度高、技术创新活跃、产品类标准较多的领域开展团体标准试点工作,制定团体标准发展指导意见和标准化良好行为规范。(2015年12月底前完成)

——开展企业产品和服务标准自我声明公开和监督制度改革试点。企业自我声明公开标准的,视同完成备案。(2015年12月底前完成)

——建立国务院标准化协调推进机制,制定相关制度文件。建立标准制修订全过程信息

公开和共享平台。（2015年12月底前完成）

——主导和参与制定国际标准数量达到年度国际标准制定总数的50%。（2016年完成）

（二）第二阶段（2017—2018年），稳妥推进向新型标准体系过渡。

——确有必要强制的现行强制性行业标准、地方标准，逐步整合上升为强制性国家标准。（2017年完成）

——进一步明晰推荐性标准制定范围，厘清各类标准间的关系，逐步向政府职责范围内的公益类标准过渡。（2018年完成）

——培育若干具有一定知名度和影响力的团体标准制定机构，制定一批满足市场和创新需要的团体标准。建立团体标准的评价和监督机制。（2017年完成）

——企业产品和服务标准自我声明公开和监督制度基本完善并全面实施。（2017年完成）

——国际国内标准水平一致性程度显著提高，主要消费品领域与国际标准一致性程度达到95%以上。（2018年完成）

（三）第三阶段（2019—2020年），基本建成结构合理、衔接配套、覆盖全面、适应经济社会发展需求的新型标准体系。

——理顺并建立协同、权威的强制性国家标准管理体制。（2020年完成）

——政府主导制定的推荐性标准限定在公益类范围，形成协调配套、简化高效的推荐性标准管理体制。（2020年完成）

——市场自主制定的团体标准、企业标准发展较为成熟，更好满足市场竞争、创新发展的需求。（2020年完成）

——参与国际标准化治理能力进一步增强，承担国际标准组织技术机构和领导职务数量显著增多，与主要贸易伙伴国家标准互认数量大幅增加，我国标准国际影响力不断提升，迈入世界标准强国行列。（2020年完成）

国务院关于改进加强中央财政科研项目和资金管理的若干意见

(国发〔2014〕11号)

各省、自治区、直辖市人民政府,国务院各部委、各直属机构:

《国家中长期科学和技术发展规划纲要(2006—2020年)》实施以来,我国财政科技投入快速增长,科研项目和资金管理不断改进,为科技事业发展提供了有力支撑。但也存在项目安排分散重复、管理不够科学透明、资金使用效益亟待提高等突出问题,必须切实加以解决。为深入贯彻党的十八大和十八届二中、三中全会精神,落实创新驱动发展战略,促进科技与经济紧密结合,按照《中共中央 国务院关于深化科技体制改革加快国家创新体系建设的意见》(中发〔2012〕6号)的要求,现就改进加强中央财政民口科研项目和资金管理提出如下意见。

一、改进加强科研项目和资金管理的总体要求

(一)总体目标。

通过深化改革,加快建立适应科技创新规律、统筹协调、职责清晰、科学规范、公开透明、监管有力的科研项目和资金管理机制,使科研项目和资金配置更加聚焦国家经济社会发展重大需求,基础前沿研究、战略高技术研究、社会公益研究和重大共性关键技术研究显著加强,财政资金使用效益明显提升,科研人员的积极性和创造性充分发挥,科技对经济社会发展的支撑引领作用不断增强,为实施创新驱动发展战略提供有力保障。

(二)基本原则。

——坚持遵循规律。把握全球科技和产业变革趋势,立足我国经济社会发展和科技创新实际,遵循科学研究、技术创新和成果转化规律,实行分类管理,提高科研项目和资金管理水平,健全鼓励原始创新、集成创新和引进消化吸收再创新的机制。

——坚持改革创新。推进政府职能转变,发挥好财政科技投入的引导激励作用和市场配置各类创新要素的导向作用。加强管理创新和统筹协调,对科研项目和资金管理各环节进行系统化改革,以改革释放创新活力。

——坚持公正公开。强化科研项目和资金管理信息公开,加强科研诚信建设和信用管理,着力营造以人为本、公平竞争、充分激发科研人员创新热情的良好环境。

——坚持规范高效。明确科研项目、资金管理和执行各方的职责,优化管理流程,建立健全决策、执行、评价相对分开、互相监督的运行机制,提高管理的科学化、规范化、精细化水平。

二、加强科研项目和资金配置的统筹协调

（三）优化整合各类科技计划（专项、基金等）。科技计划（专项、基金等）的设立，应当根据国家战略需求和科技发展需要，按照政府职能转变和中央与地方合理划分事权的要求，明确各自功能定位、目标和时限。建立各类科技计划（专项、基金等）的绩效评估、动态调整和终止机制。优化整合中央各部门管理的科技计划（专项、基金等），对定位不清、重复交叉、实施效果不好的，要通过撤、并、转等方式进行必要调整和优化。项目主管部门要按照各自职责，围绕科技计划（专项、基金等）功能定位，科学组织安排科研项目，提升项目层次和质量，合理控制项目数量。

（四）建立健全统筹协调与决策机制。科技行政主管部门会同有关部门要充分发挥科技工作重大问题会商与沟通机制的作用，按照国民经济和社会发展规划的部署，加强科技发展优先领域、重点任务、重大项目等的统筹协调，形成年度科技计划（专项、基金等）重点工作安排和部门分工，经国家科技体制改革和创新体系建设领导小组审议通过后，分工落实、协同推进。财政部门要加强科技预算安排的统筹，做好各类科技计划（专项、基金等）年度预算方案的综合平衡。涉及国民经济、社会发展和国家安全的重大科技事项，按程序报国务院决策。

（五）建设国家科技管理信息系统。科技行政主管部门、财政部门会同有关部门和地方在现有各类科技计划（专项、基金等）科研项目数据库基础上，按照统一的数据结构、接口标准和信息安全规范，在2014年底前基本建成中央财政科研项目数据库；2015年底前基本实现与地方科研项目数据资源的互联互通，建成统一的国家科技管理信息系统，并向社会开放服务。

三、实行科研项目分类管理

（六）基础前沿科研项目突出创新导向。基础、前沿类科研项目要立足原始创新，充分尊重专家意见，通过同行评议、公开择优的方式确定研究任务和承担者，激发科研人员的积极性和创造性。引导支持企业增加基础研究投入，与科研院所、高等学校联合开展基础研究，推动基础研究与应用研究的紧密结合。对优秀人才和团队给予持续支持，加大对青年科研人员的支持力度。项目主管部门要减少项目执行中的检查评价，发挥好学术咨询机构、协会、学会的咨询作用，营造"鼓励探索、宽容失败"的实施环境。

（七）公益性科研项目聚焦重大需求。公益性科研项目要重点解决制约公益性行业发展的重大科技问题，强化需求导向和应用导向。行业主管部门应当充分发挥组织协调作用，提高项目的系统性、针对性和实用性，及时协调解决项目实施中存在的问题，保证项目成果服务社会公益事业发展。加强对基础数据、基础标准、种质资源等工作的稳定支持，为科研提供基础性支撑。

（八）市场导向类项目突出企业主体。明晰政府与市场的边界，充分发挥市场对技术研发方向、路线选择、要素价格、各类创新要素配置的导向作用，政府主要通过制定政策、营

造环境，引导企业成为技术创新决策、投入、组织和成果转化的主体。对于政府支持企业开展的产业重大共性关键技术研究等公共科技活动，在立项时要加强对企业资质、研发能力的审核，鼓励产学研协同攻关。对于政府引导企业开展的科研项目，主要由企业提出需求、先行投入和组织研发，政府采用"后补助"及间接投入等方式给予支持，形成主要由市场决定技术创新项目和资金分配、评价成果的机制以及企业主导项目组织实施的机制。

（九）重大项目突出国家目标导向。对于事关国家战略需求和长远发展的重大科研项目，应当集中力量办大事，聚焦攻关重点，设定明确的项目目标和关键节点目标，并在任务书中明确考核指标。项目主管部门主要采取定向择优方式遴选优势单位承担项目，鼓励产学研协同创新，加强项目实施全过程的管理和节点目标考核，探索实行项目专员制和监理制；项目承担单位上级主管部门要切实履行在项目推荐、组织实施和验收等环节的相应职责；项目承担单位要强化主体责任，组织有关单位协同创新，保证项目目标的实现。

四、改进科研项目管理流程

（十）改革项目指南制定和发布机制。项目主管部门要结合科技计划（专项、基金等）的特点，针对不同项目类别和要求编制项目指南，市场导向类项目指南要充分体现产业需求。扩大项目指南编制工作的参与范围，项目指南发布前要充分征求科研单位、企业、相关部门、地方、协会、学会等有关方面意见，并建立由各方参与的项目指南论证机制。项目主管部门每年固定时间发布项目指南，并通过多种方式扩大项目指南知晓范围，鼓励符合条件的科研人员申报项目。自指南发布日到项目申报受理截止日，原则上不少于50天，以保证科研人员有充足时间申报项目。

（十一）规范项目立项。项目申请单位应当认真组织项目申报，根据科研工作实际需要选择项目合作单位。项目主管部门要完善公平竞争的项目遴选机制，通过公开择优、定向择优等方式确定项目承担者；要规范立项审查行为，健全立项管理的内部控制制度，对项目申请者及其合作方的资质、科研能力等进行重点审核，加强项目查重，避免一题多报或重复资助，杜绝项目打包和"拉郎配"；要规范评审专家行为，提高项目评审质量，推行网络评审和视频答辩评审，合理安排会议答辩评审，视频与会议答辩评审应当录音录像，评审意见应当及时反馈项目申请者。从受理项目申请到反馈立项结果原则上不超过120个工作日。要明示项目审批流程，使项目申请者能够及时查询立项工作进展，实现立项过程"可申诉、可查询、可追溯"。

（十二）明确项目过程管理职责。项目承担单位负责项目实施的具体管理。项目主管部门要健全服务机制，积极协调解决项目实施中出现的新情况新问题，针对不同科研项目管理特点组织开展巡视检查或抽查，对项目实施不力的要加强督导，对存在违规行为的要责成项目承担单位限期整改，对问题严重的要暂停项目实施。

（十三）加强项目验收和结题审查。项目完成后，项目承担单位应当及时做好总结，编制项目决算，按时提交验收或结题申请，无特殊原因未按时提出验收申请的，按不通过验收处理。项目主管部门应当及时组织开展验收或结题审查，并严把验收和审查质量。根据不同类型项目，可以采取同行评议、第三方评估、用户测评等方式，依据项目任务书组织验收，将项目验收结果纳入国家科技报告。探索开展重大项目决策、实施、成果转化的后评价。

五、改进科研项目资金管理

（十四）规范项目预算编制。项目申请单位应当按规定科学合理、实事求是地编制项目预算，并对仪器设备购置、合作单位资质及拟外拨资金进行重点说明。相关部门要改进预算编制方法，完善预算编制指南和评估评审工作细则，健全预算评估评审的沟通反馈机制。评估评审工作的重点是项目预算的目标相关性、政策相符性、经济合理性，在评估评审中不得简单按比例核减预算。除以定额补助方式资助的项目外，应当依据科研任务实际需要和财力可能核定项目预算，不得在预算申请前先行设定预算控制额度。劳务费预算应当结合当地实际以及相关人员参与项目的全时工作时间等因素合理编制。

（十五）及时拨付项目资金。项目主管部门要合理控制项目和预算评估评审时间，加强项目立项和预算下达的衔接，及时批复项目和预算。相关部门和单位要按照财政国库管理制度相关规定，结合项目实施和资金使用进度，及时合规办理资金支付。实行部门预算批复前项目资金预拨制度，保证科研任务顺利实施。对于有明确目标的重大项目，按照关键节点任务完成情况进行拨款。

（十六）规范直接费用支出管理。科学界定与项目研究直接相关的支出范围，各类科技计划（专项、基金等）的支出科目和标准原则上应保持一致。调整劳务费开支范围，将项目临时聘用人员的社会保险补助纳入劳务费科目中列支。进一步下放预算调整审批权限，同时严格控制会议费、差旅费、国际合作与交流费，项目实施中发生的三项支出之间可以调剂使用，但不得突破三项支出预算总额。

（十七）完善间接费用和管理费用管理。对实行间接费用管理的项目，间接费用的核定与项目承担单位信用等级挂钩，由项目主管部门直接拨付到项目承担单位。间接费用用于补偿项目承担单位为项目实施所发生的间接成本和绩效支出，项目承担单位应当建立健全间接费用的内部管理办法，合规合理使用间接费用，结合一线科研人员实际贡献公开公正安排绩效支出，体现科研人员价值，充分发挥绩效支出的激励作用。项目承担单位不得在核定的间接费用或管理费用以外再以任何名义在项目资金中重复提取、列支相关费用。

（十八）改进项目结转结余资金管理办法。项目在研期间，年度剩余资金可以结转下一年度继续使用。项目完成任务目标并通过验收，且承担单位信用评价好的，项目结余资金按规定在一定期限内由单位统筹安排用于科研活动的直接支出，并将使用情况报项目主管部门；未通过验收和整改后通过验收的项目，或承担单位信用评价差的，结余资金按原渠道收回。

（十九）完善单位预算管理办法。财政部门按照核定收支、定额或者定项补助、超支不补、结转和结余按规定使用的原则，合理安排科研院所和高等学校等事业单位预算。科研院所和高等学校等事业单位要按照国家规定合理安排人员经费和公用经费，保障单位正常运转。

六、加强科研项目和资金监管

（二十）规范科研项目资金使用行为。科研人员和项目承担单位要依法依规使用项目资金，不得擅自调整外拨资金，不得利用虚假票据套取资金，不得通过编造虚假合同、虚构人员名单等方式虚报冒领劳务费和专家咨询费，不得通过虚构测试化验内容、提高测试化验支出标准等方式违规开支测试化验加工费，不得随意调账变动支出、随意修改记账凭证、以表代账应付财务审计和检查。项目承担单位要建立健全科研和财务管理等相结合的内部控制制度，规范项目资金管理，在职责范围内及时审批项目预算调整事项。对于从中央财政以外渠道获得的项目资金，按照国家有关财务会计制度规定以及相关资金提供方的具体要求管理和使用。

（二十一）改进科研项目资金结算方式。科研院所、高等学校等事业单位承担项目所发生的会议费、差旅费、小额材料费和测试化验加工费等，要按规定实行"公务卡"结算；企业承担的项目，上述支出也应当采用非现金方式结算。项目承担单位对设备费、大宗材料费和测试化验加工费、劳务费、专家咨询费等支出，原则上应当通过银行转账方式结算。

（二十二）完善科研信用管理。建立覆盖指南编制、项目申请、评估评审、立项、执行、验收全过程的科研信用记录制度，由项目主管部门委托专业机构对项目承担单位和科研人员、评估评审专家、中介机构等参与主体进行信用评级，并按信用评级实行分类管理。各项目主管部门应共享信用评价信息。建立"黑名单"制度，将严重不良信用记录者记入"黑名单"，阶段性或永久取消其申请中央财政资助项目或参与项目管理的资格。

（二十三）加大对违规行为的惩处力度。建立完善覆盖项目决策、管理、实施主体的逐级考核问责机制。有关部门要加强科研项目和资金监管工作，严肃处理违规行为，按规定采取通报批评、暂停项目拨款、终止项目执行、追回已拨项目资金、取消项目承担者一定期限内项目申报资格等措施，涉及违法的移交司法机关处理，并将有关结果向社会公开。建立责任倒查制度，针对出现的问题倒查项目主管部门相关人员的履职尽责和廉洁自律情况，经查实存在问题的依法依规严肃处理。

七、加强相关制度建设

（二十四）建立健全信息公开制度。除涉密及法律法规另有规定外，项目主管部门应当按规定向社会公开科研项目的立项信息、验收结果和资金安排情况等，接受社会监督。项目承担单位应当在单位内部公开项目立项、主要研究人员、资金使用、大型仪器设备购置以及项目研究成果等情况，接受内部监督。

（二十五）建立国家科技报告制度。科技行政主管部门要会同有关部门制定科技报告的标准和规范，建立国家科技报告共享服务平台，实现国家科技资源持续积累、完整保存和开放共享。对中央财政资金支持的科研项目，项目承担者必须按规定提交科技报告，科技报告提交和共享情况作为对其后续支持的重要依据。

（二十六）改进专家遴选制度。充分发挥专家咨询作用，项目评估评审应当以同行专家为主，吸收海外高水平专家参与，评估评审专家中一线科研人员的比例应当达到75%左右。扩大企业专家参与市场导向类项目评估评审的比重。推动学术咨询机构、协会、学会等更多参与项目评估评审工作。建立专家数据库，实行评估评审专家轮换、调整机制和回避制度。对采用视频或会议方式评审的，公布专家名单，强化专家自律，接受同行质询和社会监督；对采用通信方式评审的，评审前专家名单严格保密，保证评审公正性。

（二十七）完善激发创新创造活力的相关制度和政策。完善科研人员收入分配政策，健全与岗位职责、工作业绩、实际贡献紧密联系的分配激励机制。健全科技人才流动机制，鼓励科研院所、高等学校与企业创新人才双向交流，完善兼职兼薪管理政策。加快推进事业单位科技成果使用、处置和收益管理改革，完善和落实促进科研人员成果转化的收益分配政策。加强知识产权运用和保护，落实激励科技创新的税收政策，推进科技评价和奖励制度改革，制定导向明确、激励约束并重的评价标准，充分调动项目承担单位和科研人员的积极性创造性。

八、明确和落实各方管理责任

（二十八）项目承担单位要强化法人责任。项目承担单位是科研项目实施和资金管理使用的责任主体，要切实履行在项目申请、组织实施、验收和资金使用等方面的管理职责，加强支撑服务条件建设，提高对科研人员的服务水平，建立常态化的自查自纠机制，严肃处理本单位出现的违规行为。科研人员要弘扬科学精神，恪守科研诚信，强化责任意识，严格遵守科研项目和资金管理的各项规定，自觉接受有关方面的监督。

（二十九）有关部门要落实管理和服务责任。科技行政主管部门要会同有关部门根据本意见精神制定科技工作重大问题会商与沟通的工作规则；项目主管部门和财政部门要制定或修订各类科技计划（专项、基金等）管理制度。各有关部门要建立健全本部门内部控制和监管体系，加强对所属单位科研项目和资金管理内部制度的审查；督促指导项目承担单位和科研人员依法合规开展科研活动，做好经常性的政策宣传、培训和科研项目实施中的服务工作。

各地区要参照本意见，制定加强本地财政科研项目和资金管理的办法。

国务院
2014年3月3日

国务院办公厅关于促进建筑业
持续健康发展的意见

(国办发〔2017〕19号)

各省、自治区、直辖市人民政府,国务院各部委、各直属机构:

建筑业是国民经济的支柱产业。改革开放以来,我国建筑业快速发展,建造能力不断增强,产业规模不断扩大,吸纳了大量农村转移劳动力,带动了大量关联产业,对经济社会发展、城乡建设和民生改善作出了重要贡献。但也要看到,建筑业仍然大而不强,监管体制机制不健全、工程建设组织方式落后、建筑设计水平有待提高、质量安全事故时有发生、市场违法违规行为较多、企业核心竞争力不强、工人技能素质偏低等问题较为突出。为贯彻落实《中共中央 国务院关于进一步加强城市规划建设管理工作的若干意见》,进一步深化建筑业"放管服"改革,加快产业升级,促进建筑业持续健康发展,为新型城镇化提供支撑,经国务院同意,现提出以下意见:

一、总体要求

全面贯彻党的十八大和十八届二中、三中、四中、五中、六中全会以及中央经济工作会议、中央城镇化工作会议、中央城市工作会议精神,深入贯彻习近平总书记系列重要讲话精神和治国理政新理念新思想新战略,认真落实党中央、国务院决策部署,统筹推进"五位一体"总体布局和协调推进"四个全面"战略布局,牢固树立和贯彻落实创新、协调、绿色、开放、共享的发展理念,坚持以推进供给侧结构性改革为主线,按照适用、经济、安全、绿色、美观的要求,深化建筑业"放管服"改革,完善监管体制机制,优化市场环境,提升工程质量安全水平,强化队伍建设,增强企业核心竞争力,促进建筑业持续健康发展,打造"中国建造"品牌。

二、深化建筑业简政放权改革

(一)优化资质资格管理。进一步简化工程建设企业资质类别和等级设置,减少不必要的资质认定。选择部分地区开展试点,对信用良好、具有相关专业技术能力、能够提供足额担保的企业,在其资质类别内放宽承揽业务范围限制,同时,加快完善信用体系、工程担保及个人执业资格等相关配套制度,加强事中事后监管。强化个人执业资格管理,明晰注册执业人员的权利、义务和责任,加大执业责任追究力度。有序发展个人执业事务所,推动建立个人执业保险制度。大力推行"互联网+政务服务",实行"一站式"网上审批,进一步提高建筑领域行政审批效率。

（二）完善招标投标制度。加快修订《工程建设项目招标范围和规模标准规定》，缩小并严格界定必须进行招标的工程建设项目范围，放宽有关规模标准，防止工程建设项目实行招标"一刀切"。在民间投资的房屋建筑工程中，探索由建设单位自主决定发包方式。将依法必须招标的工程建设项目纳入统一的公共资源交易平台，遵循公平、公正、公开和诚信的原则，规范招标投标行为。进一步简化招标投标程序，尽快实现招标投标交易全过程电子化，推行网上异地评标。对依法通过竞争性谈判或单一来源方式确定供应商的政府采购工程建设项目，符合相应条件的应当颁发施工许可证。

三、完善工程建设组织模式

（三）加快推行工程总承包。装配式建筑原则上应采用工程总承包模式。政府投资工程应完善建设管理模式，带头推行工程总承包。加快完善工程总承包相关的招标投标、施工许可、竣工验收等制度规定。按照总承包负总责的原则，落实工程总承包单位在工程质量安全、进度控制、成本管理等方面的责任。除以暂估价形式包括在工程总承包范围内且依法必须进行招标的项目外，工程总承包单位可以直接发包总承包合同中涵盖的其他专业业务。

（四）培育全过程工程咨询。鼓励投资咨询、勘察、设计、监理、招标代理、造价等企业采取联合经营、并购重组等方式发展全过程工程咨询，培育一批具有国际水平的全过程工程咨询企业。制定全过程工程咨询服务技术标准和合同范本。政府投资工程应带头推行全过程工程咨询，鼓励非政府投资工程委托全过程工程咨询服务。在民用建筑项目中，充分发挥建筑师的主导作用，鼓励提供全过程工程咨询服务。

四、加强工程质量安全管理

（五）严格落实工程质量责任。全面落实各方主体的工程质量责任，特别要强化建设单位的首要责任和勘察、设计、施工单位的主体责任。严格执行工程质量终身责任制，在建筑物明显部位设置永久性标牌，公示质量责任主体和主要责任人。对违反有关规定、造成工程质量事故的，依法给予责任单位停业整顿、降低资质等级、吊销资质证书等行政处罚并通过国家企业信用信息公示系统予以公示，给予注册执业人员暂停执业、吊销资格证书、一定时间直至终身不得进入行业等处罚。对发生工程质量事故造成损失的，要依法追究经济赔偿责任，情节严重的要追究有关单位和人员的法律责任。参与房地产开发的建筑业企业应依法合规经营，提高住宅品质。

（六）加强安全生产管理。全面落实安全生产责任，加强施工现场安全防护，特别要强化对深基坑、高支模、起重机械等危险性较大的分部分项工程的管理，以及对不良地质地区重大工程项目的风险评估或论证。推进信息技术与安全生产深度融合，加快建设建筑施工安全监管信息系统，通过信息化手段加强安全生产管理。建立健全全覆盖、多层次、经常性的安全生产培训制度，提升从业人员安全素质以及各方主体的本质安全水平。

（七）全面提高监管水平。完善工程质量安全法律法规和管理制度，健全企业负责、政府监管、社会监督的工程质量安全保障体系。强化政府对工程质量的监管，明确监管范围，落实监管责任，加大抽查抽测力度，重点加强对涉及公共安全的工程地基基础、主体结构等部位和竣工验收等环节的监督检查。加强工程质量监督队伍建设，监督机构履行职能所需经费由同级财政预算全额保障。政府可采取购买服务的方式，委托具备条件的社会力量进行工程质量监督检查。推进工程质量安全标准化管理，督促各方主体健全质量安全管控机制。强化对工程监理的监管，选择部分地区开展监理单位向政府报告质量监理情况的试点。加强工程质量检测机构管理，严厉打击出具虚假报告等行为。推动发展工程质量保险。

五、优化建筑市场环境

（八）建立统一开放市场。打破区域市场准入壁垒，取消各地区、各行业在法律、行政法规和国务院规定外对建筑业企业设置的不合理准入条件；严禁擅自设立或变相设立审批、备案事项，为建筑业企业提供公平市场环境。完善全国建筑市场监管公共服务平台，加快实现与全国信用信息共享平台和国家企业信用信息公示系统的数据共享交换。建立建筑市场主体黑名单制度，依法依规全面公开企业和个人信用记录，接受社会监督。

（九）加强承包履约管理。引导承包企业以银行保函或担保公司保函的形式，向建设单位提供履约担保。对采用常规通用技术标准的政府投资工程，在原则上实行最低价中标的同时，有效发挥履约担保的作用，防止恶意低价中标，确保工程投资不超预算。严厉查处转包和违法分包等行为。完善工程量清单计价体系和工程造价信息发布机制，形成统一的工程造价计价规则，合理确定和有效控制工程造价。

（十）规范工程价款结算。审计机关应依法加强对以政府投资为主的公共工程建设项目的审计监督，建设单位不得将未完成审计作为延期工程结算、拖欠工程款的理由。未完成竣工结算的项目，有关部门不予办理产权登记。对长期拖欠工程款的单位不得批准新项目开工。严格执行工程预付款制度，及时按合同约定足额向承包单位支付预付款。通过工程款支付担保等经济、法律手段约束建设单位履约行为，预防拖欠工程款。

六、提高从业人员素质

（十一）加快培养建筑人才。积极培育既有国际视野又有民族自信的建筑师队伍。加快培养熟悉国际规则的建筑业高级管理人才。大力推进校企合作，培养建筑业专业人才。加强工程现场管理人员和建筑工人的教育培训。健全建筑业职业技能标准体系，全面实施建筑业技术工人职业技能鉴定制度。发展一批建筑工人技能鉴定机构，开展建筑工人技能评价工作。通过制定施工现场技能工人基本配备标准、发布各个技能等级和工种的人工成本信息等方式，引导企业将工资分配向关键技术技能岗位倾斜。大力弘扬工匠精神，培养高素质建筑工人，到2020年建筑业中级工技能水平以上的建筑工人数量达到300万，2025年达到1000万。

（十二）改革建筑用工制度。推动建筑业劳务企业转型，大力发展木工、电工、砌筑、钢筋制作等以作业为主的专业企业。以专业企业为建筑工人的主要载体，逐步实现建筑工人公司化、专业化管理。鼓励现有专业企业进一步做专做精，增强竞争力，推动形成一批以作业为主的建筑业专业企业。促进建筑业农民工向技术工人转型，着力稳定和扩大建筑业农民工就业创业。建立全国建筑工人管理服务信息平台，开展建筑工人实名制管理，记录建筑工人的身份信息、培训情况、职业技能、从业记录等信息，逐步实现全覆盖。

（十三）保护工人合法权益。全面落实劳动合同制度，加大监察力度，督促施工单位与招用的建筑工人依法签订劳动合同，到2020年基本实现劳动合同全覆盖。健全工资支付保障制度，按照谁用工谁负责和总承包负总责的原则，落实企业工资支付责任，依法按月足额发放工人工资。将存在拖欠工资行为的企业列入黑名单，对其采取限制市场准入等惩戒措施，情节严重的降低资质等级。建立健全与建筑业相适应的社会保险参保缴费方式，大力推进建筑施工单位参加工伤保险。施工单位应履行社会责任，不断改善建筑工人的工作环境，提升职业健康水平，促进建筑工人稳定就业。

七、推进建筑产业现代化

（十四）推广智能和装配式建筑。坚持标准化设计、工厂化生产、装配化施工、一体化装修、信息化管理、智能化应用，推动建造方式创新，大力发展装配式混凝土和钢结构建筑，在具备条件的地方倡导发展现代木结构建筑，不断提高装配式建筑在新建建筑中的比例。力争用10年左右的时间，使装配式建筑占新建建筑面积的比例达到30%。在新建建筑和既有建筑改造中推广普及智能化应用，完善智能化系统运行维护机制，实现建筑舒适安全、节能高效。

（十五）提升建筑设计水平。建筑设计应体现地域特征、民族特点和时代风貌，突出建筑使用功能及节能、节水、节地、节材和环保等要求，提供功能适用、经济合理、安全可靠、技术先进、环境协调的建筑设计产品。健全适应建筑设计特点的招标投标制度，推行设计团队招标、设计方案招标等方式。促进国内外建筑设计企业公平竞争，培育有国际竞争力的建筑设计队伍。倡导开展建筑评论，促进建筑设计理念的融合和升华。

（十六）加强技术研发应用。加快先进建造设备、智能设备的研发、制造和推广应用，提升各类施工机具的性能和效率，提高机械化施工程度。限制和淘汰落后、危险工艺工法，保障生产施工安全。积极支持建筑业科研工作，大幅提高技术创新对产业发展的贡献率。加快推进建筑信息模型（BIM）技术在规划、勘察、设计、施工和运营维护全过程的集成应用，实现工程建设项目全生命周期数据共享和信息化管理，为项目方案优化和科学决策提供依据，促进建筑业提质增效。

（十七）完善工程建设标准。整合精简强制性标准，适度提高安全、质量、性能、健康、节能等强制性指标要求，逐步提高标准水平。积极培育团体标准，鼓励具备相应能力的行业协会、产业联盟等主体共同制定满足市场和创新需要的标准，建立强制性标准与团体标准相结合的标准供给体制，增加标准有效供给。及时开展标准复审，加快标准修订，提高标准的时效性。加强科技研发与标准制定的信息沟通，建立全国工程建设标准专家委员会，为工程建设标准化工作提供技术支撑，提高标准的质量和水平。

八、加快建筑业企业"走出去"

（十八）加强中外标准衔接。积极开展中外标准对比研究，适应国际通行的标准内容结构、要素指标和相关术语，缩小中国标准与国外先进标准的技术差距。加大中国标准外文版翻译和宣传推广力度，以"一带一路"战略为引领，优先在对外投资、技术输出和援建工程项目中推广应用。积极参加国际标准认证、交流等活动，开展工程技术标准的双边合作。到 2025 年，实现工程建设国家标准全部有外文版。

（十九）提高对外承包能力。统筹协调建筑业"走出去"，充分发挥我国建筑业企业在高铁、公路、电力、港口、机场、油气长输管道、高层建筑等工程建设方面的比较优势，有目标、有重点、有组织地对外承包工程，参与"一带一路"建设。建筑业企业要加大对国际标准的研究力度，积极适应国际标准，加强对外承包工程质量、履约等方面管理，在援外住房等民生项目中发挥积极作用。鼓励大企业带动中小企业、沿海沿边地区企业合作"出海"，积极有序开拓国际市场，避免恶性竞争。引导对外承包工程企业向项目融资、设计咨询、后续运营维护管理等高附加值的领域有序拓展。推动企业提高属地化经营水平，实现与所在国家和地区互利共赢。

（二十）加大政策扶持力度。加强建筑业"走出去"相关主管部门间的沟通协调和信息共享。到 2025 年，与大部分"一带一路"沿线国家和地区签订双边工程建设合作备忘录，同时争取在双边自贸协定中纳入相关内容，推进建设领域执业资格国际互认。综合发挥各类金融工具的作用，重点支持对外经济合作中建筑领域的重大战略项目。借鉴国际通行的项目融资模式，按照风险可控、商业可持续原则，加大对建筑业"走出去"的金融支持力度。

各地区、各部门要高度重视深化建筑业改革工作，健全工作机制，明确任务分工，及时研究解决建筑业改革发展中的重大问题，完善相关政策，确保按期完成各项改革任务。加快推动修订建筑法、招标投标法等法律，完善相关法律法规。充分发挥协会商会熟悉行业、贴近企业的优势，及时反映企业诉求，反馈政策落实情况，发挥好规范行业秩序、建立从业人员行为准则、促进企业诚信经营等方面的自律作用。

国务院办公厅
2017 年 2 月 21 日

国务院办公厅关于印发强制性标准整合精简工作方案的通知

(国办发〔2016〕3号)

强制性标准事关人身健康和生命财产安全、国家安全和生态环境安全,是经济社会运行的底线要求。强制性标准整合精简工作是标准化改革的重中之重,是建立新型强制性国家标准体系的首要任务。按照《国务院关于印发深化标准化工作改革方案的通知》(国发〔2015〕13号)和《国务院办公厅关于印发贯彻实施〈深化标准化工作改革方案〉行动计划(2015—2016年)的通知》(国办发〔2015〕67号)的要求,制定本工作方案。

一、工作目标

按照强制性标准制定原则和范围,对现行强制性国家标准、行业标准和地方标准及制修订计划开展清理评估。2016年底前,提出整合精简工作结论,不再适用的予以废止,不宜强制的转化为推荐性标准,确需强制的提出继续有效或整合修订的建议,同时研究提出各领域强制性国家标准体系框架。通过废止一批、转化一批、整合一批、修订一批,逐步解决现行强制性标准存在的交叉重复矛盾、超范围制定等主要问题,为构建结构合理、规模适度、内容科学的新型强制性国家标准体系奠定基础,实现"一个市场、一条底线、一个标准"。

二、工作范围

强制性标准整合精简工作的范围包括现行强制性国家标准、强制性行业标准、强制性地方标准,以及已经立项、正在制定过程中的强制性国家标准、强制性行业标准、强制性地方标准制修订计划项目。

三、工作原则

(一)统一管理,分工负责。在国务院标准化协调推进部际联席会议(以下简称联席会议)的统一部署下,按照统一的工作程序、技术方法和时间进度,组织开展强制性标准的整合精简工作。国务院有关部门依据相关法律法规,分工负责各自职责范围内的整合精简工作。充分发挥有关标准化技术委员会、行业协会和技术专家的作用。积极做好跨部门、跨领域标准的协调,形成工作合力。各省级人民政府负责本行政区域内的整合精简工作,充分发挥省级标准化协调推进机制的作用。

(二)平稳推进,兼顾应用。全面掌握强制性标准的应用实施情况,充分考虑标准与相关法律法规、产业政策、监管制度的衔接,有效保障相关标准间的协同配套。在新标准制定发布前，确保原标准正常实施和发挥作用，不造成监管真空，不降低安全底线。

（三）试点引领，点面结合。国务院有关部门和各省级人民政府在不影响总体进度的情况下，可选择典型领域先行开展强制性标准整合精简试点工作，充分发挥试点工作的引领作用，及时总结试点工作经验，改进整合精简的组织实施工作，点面结合，确保顺利有序开展。

四、职责分工

（一）联席会议及其办公室。强制性标准整合精简工作中需协调的重大问题和整合精简结论，报请联席会议审定。联席会议办公室按照联席会议要求，督促指导国务院有关部门和各省级人民政府开展工作，负责确定强制性标准整合精简的范围和责任部门，开发强制性标准整合精简工作平台，审核国务院有关部门和各省级人民政府提出的整合精简结论并提交联席会议审定。

（二）专家咨询组。设立专家咨询组，为整合精简工作提供技术指导，必要时为联席会议提供咨询意见。专家咨询组由国家标准委、国务院有关部门和各省级人民政府推荐的专家组成。

（三）国务院有关部门。国务院有关部门负责对本部门职责范围内的强制性国家标准、强制性行业标准进行整合精简，提出整合精简结论及本领域强制性国家标准体系框架。可根据需要成立强制性标准整合精简工作组（以下简称工作组）。可依据本方案制定整合精简工作实施细则，并报联席会议办公室备案。根据整合精简工作需要，可成立由专家组成的一个或多个专业组，对强制性国家标准、强制性行业标准逐项进行评估，提出废止、转化、整合、修订或继续有效的建议，提出本专业领域强制性国家标准体系框架建议。专业组由涉及的标准化技术委员会、行业协会和科研机构的专家组成。

（四）省级人民政府。省级人民政府负责对本行政区域内强制性地方标准进行整合精简，提出整合精简结论。可依据实际需要成立工作组，并充分发挥地方标准化协调推进机制的作用。可依据本方案制定整合精简工作实施细则，并报联席会议办公室备案。根据整合精简工作需要，可成立由专家组成的一个或多个专业组，对强制性地方标准逐项进行评估，提出废止、转化、整合、修订或继续有效的建议。

（五）协调机制。整合精简过程中，部门内跨领域标准协调问题，由本部门负责；跨部门的协调问题，由相关部门先行协调，协调不一致的，由联席会议办公室负责协调，必要时提交联席会议协调。地方标准的协调应充分发挥地方标准化协调推进机制的作用。

五、进度安排

（一）准备阶段（2016年1月—2月）。

1. 成立组织机构。国家标准委会同相关部门成立专家咨询组，国务院有关部门和各省级人民政府根据需要成立工作组和专业组。

2. 摸底调查。国家标准委、国务院有关部门和各省级人民政府分别对现行有效的强制性国家标准、强制性行业标准、强制性地方标准进行摸底,分别提供强制性标准目录和标准全文(对于强制性标准制修订计划项目,提供标准草案或标准大纲),提出负责整合精简的责任部门建议,报送联席会议办公室。除涉密内容外,上述信息统一上传至强制性标准整合精简工作平台。

3. 协调确定责任部门。国务院有关部门依据职责提出整合精简责任部门的调整建议,联席会议办公室协调确定需整合精简的强制性标准清单和责任部门。

4. 培训工作人员。国家标准委组织对国务院有关部门和各省级人民政府整合精简工作人员进行培训,以统一工作尺度和要求。

(二)评估阶段(2016年3月—5月)。

1. 开展评估。国务院有关部门和各省级人民政府首先要对强制性标准的现状、问题以及应用实施情况进行充分调查研究,包括强制性标准是否被法律法规、规章及政府文件引用,是否有明确的实施监督部门和执行措施,以及在相关行业领域的应用情况等;其次依据《强制性标准整合精简评估方法》(由国家标准委印发)对强制性标准开展技术评估;最后提出废止、转化、整合、修订或继续有效的结论。国务院有关部门同时研究提出本领域强制性国家标准体系框架。整合精简结论应在强制性标准整合精简工作平台填报。

2. 报送强制性国家标准制修订建议。其中,对于现有强制性地方标准中可在全国范围内统一的技术要求,省级人民政府可提出强制性国家标准的制修订建议,说明制修订强制性国家标准的必要性和强制内容,报送联席会议办公室,由联席会议办公室按职责分工转国务院有关部门处理。

3. 形成文字记录。国务院有关部门和各省级人民政府在组织开展强制性标准评估时,对评估过程、评估依据、评估结论、参加评估人员均应有文字记录,形成会议纪要或工作报告。

4. 协调处理意见。对于建议废止的标准,责任部门要与相关应用部门充分沟通,避免出现与现行法律法规、政策文件不衔接的情况。对于省级人民政府提出的强制性国家标准制修订建议,国务院有关部门应统筹考虑,及时反馈处理意见。

(三)结论处理阶段(2016年6月—11月)。

1. 联席会议办公室确认。联席会议办公室要对国务院有关部门和各省级人民政府报送的强制性标准整合精简结论和强制性国家标准体系框架进行汇总。其中,国务院有关部门对所负责的工程建设强制性标准提出的整合精简结论,由住房城乡建设部统一协调审核后,报送联席会议办公室。

2. 征求意见。联席会议办公室将整合精简结论送国务院有关部门和各省级人民政府征求意见。

3. 社会公示。征求意见结束后,联席会议办公室将拟废止、转化的强制性国家标准、行业标准清单向社会公示60天。拟废止、转化的强制性地方标准,由省级人民政府在本行政区域内向社会公示60天。涉及国家安全和秘密的强制性标准,可结合实际情况在适当范围内公示。

（四）审定发布阶段（2016年12月）。

1. 联席会议审定。国务院有关部门和各省级人民政府协调处理各方意见后，形成强制性标准整合精简工作报告，由联席会议办公室审核后报联席会议审定。

2. 发布。联席会议审定后，对于需废止、转化的强制性标准，由原发布主体或负责整合精简工作的责任部门在规定期限内各自发布废止、转化公告，需转化的按照推荐性标准制修订程序进行转化；对于需整合、修订的强制性标准，由国家标准委对外发布结果，并据此安排新的强制性标准制修订计划。

六、保障措施

（一）人员保障。国家标准委、国务院有关部门和各省级人民政府应根据方案要求和实际需要，安排专人具体负责此项工作。充分依托标准化专业机构为整合精简工作提供技术支撑。

（二）平台保障。国家标准委在整合精简工作方案的基础上，组织开发统一的强制性标准整合精简工作平台，为国务院有关部门和各省级人民政府的数据报送、信息查询、汇总统计、交流反馈提供信息化支撑。

（三）经费投入。国务院有关部门和各省级人民政府要加大整合精简工作的经费投入，确保整合精简工作顺利开展。

（四）其他要求。在整合精简工作期间，除法律法规另有规定或《国务院关于印发深化标准化工作改革方案的通知》已明确按照或暂时按照现有模式管理的领域外，停止新的强制性行业标准和强制性地方标准立项。除符合标准体系、经济社会发展和国际贸易急需的项目外，原则上不再下达新的强制性国家标准制修订计划。已立项的强制性国家标准在符合标准体系和归口部门同意的情况下，可以继续批准发布。

国务院办公厅关于政府向社会力量购买服务的指导意见

(国办发〔2013〕96号)

各省、自治区、直辖市人民政府，国务院各部委、各直属机构：

党的十八大强调，要加强和创新社会管理，改进政府提供公共服务方式。新一届国务院对进一步转变政府职能、改善公共服务作出重大部署，明确要求在公共服务领域更多利用社会力量，加大政府购买服务力度。经国务院同意，现就政府向社会力量购买服务提出以下指导意见。

一、充分认识政府向社会力量购买服务的重要性

改革开放以来，我国公共服务体系和制度建设不断推进，公共服务提供主体和提供方式逐步多样化，初步形成了政府主导、社会参与、公办民办并举的公共服务供给模式。同时，与人民群众日益增长的公共服务需求相比，不少领域的公共服务存在质量效率不高、规模不足和发展不平衡等突出问题，迫切需要政府进一步强化公共服务职能，创新公共服务供给模式，有效动员社会力量，构建多层次、多方式的公共服务供给体系，提供更加方便、快捷、优质、高效的公共服务。政府向社会力量购买服务，就是通过发挥市场机制作用，把政府直接向社会公众提供的一部分公共服务事项，按照一定的方式和程序，交由具备条件的社会力量承担，并由政府根据服务数量和质量向其支付费用。近年来，一些地方立足实际，积极开展向社会力量购买服务的探索，取得了良好效果，在政策指导、经费保障、工作机制等方面积累了不少好的做法和经验。

实践证明，推行政府向社会力量购买服务是创新公共服务提供方式、加快服务业发展、引导有效需求的重要途径，对于深化社会领域改革，推动政府职能转变，整合利用社会资源，增强公众参与意识，激发经济社会活力，增加公共服务供给，提高公共服务水平和效率，都具有重要意义。地方各级人民政府要结合当地经济社会发展状况和人民群众的实际需求，因地制宜、积极稳妥地推进政府向社会力量购买服务工作，不断创新和完善公共服务供给模式，加快建设服务型政府。

二、正确把握政府向社会力量购买服务的总体方向

(一)指导思想。

以邓小平理论、"三个代表"重要思想、科学发展观为指导，深入贯彻落实党的十八大精神，牢牢把握加快转变政府职能、推进政事分开和政社分开、在改善民生和创新管理中加

强社会建设的要求,进一步放开公共服务市场准入,改革创新公共服务提供机制和方式,推动中国特色公共服务体系建设和发展,努力为广大人民群众提供优质高效的公共服务。

(二)基本原则。

——积极稳妥,有序实施。立足社会主义初级阶段基本国情,从各地实际出发,准确把握社会公共服务需求,充分发挥政府主导作用,有序引导社会力量参与服务供给,形成改善公共服务的合力。

——科学安排,注重实效。坚持精打细算,明确权利义务,切实提高财政资金使用效率,把有限的资金用在刀刃上,用到人民群众最需要的地方,确保取得实实在在的成效。

——公开择优,以事定费。按照公开、公平、公正原则,坚持费随事转,通过竞争择优的方式选择承接政府购买服务的社会力量,确保具备条件的社会力量平等参与竞争。加强监督检查和科学评估,建立优胜劣汰的动态调整机制。

——改革创新,完善机制。坚持与事业单位改革相衔接,推进政事分开、政社分开,放开市场准入,释放改革红利,凡社会能办好的,尽可能交给社会力量承担,有效解决一些领域公共服务产品短缺、质量和效率不高等问题。及时总结改革实践经验,借鉴国外有益成果,积极推动政府向社会力量购买服务的健康发展,加快形成公共服务提供新机制。

(三)目标任务。

"十二五"时期,政府向社会力量购买服务工作在各地逐步推开,统一有效的购买服务平台和机制初步形成,相关制度法规建设取得明显进展。到2020年,在全国基本建立比较完善的政府向社会力量购买服务制度,形成与经济社会发展相适应、高效合理的公共服务资源配置体系和供给体系,公共服务水平和质量显著提高。

三、规范有序开展政府向社会力量购买服务工作

(一)购买主体。

政府向社会力量购买服务的主体是各级行政机关和参照公务员法管理、具有行政管理职能的事业单位。纳入行政编制管理且经费由财政负担的群团组织,也可根据实际需要,通过购买服务方式提供公共服务。

(二)承接主体。

承接政府购买服务的主体包括依法在民政部门登记成立或经国务院批准免予登记的社会组织,以及依法在工商管理或行业主管部门登记成立的企业、机构等社会力量。承接政府购买服务的主体应具有独立承担民事责任的能力,具备提供服务所必需的设施、人员和专业技术的能力,具有健全的内部治理结构、财务会计和资产管理制度,具有良好的社会和商业信誉,具有依法缴纳税收和社会保险的良好记录,并符合登记管理部门依法认定的其他条件。承接主体的具体条件由购买主体会同财政部门根据购买服务项目的性质和质量要求确定。

(三)购买内容。

政府向社会力量购买服务的内容为适合采取市场化方式提供、社会力量能够承担的公共服务,突出公共性和公益性。教育、就业、社保、医疗卫生、住房保障、文化体育及残疾人

服务等基本公共服务领域，要逐步加大政府向社会力量购买服务的力度。非基本公共服务领域，要更多更好地发挥社会力量的作用，凡适合社会力量承担的，都可以通过委托、承包、采购等方式交给社会力量承担。对应当由政府直接提供、不适合社会力量承担的公共服务，以及不属于政府职责范围的服务项目，政府不得向社会力量购买。各地区、各有关部门要按照有利于转变政府职能，有利于降低服务成本，有利于提升服务质量水平和资金效益的原则，在充分听取社会各界意见基础上，研究制定政府向社会力量购买服务的指导性目录，明确政府购买的服务种类、性质和内容，并在总结试点经验基础上，及时进行动态调整。

（四）购买机制。

各地要按照公开、公平、公正原则，建立健全政府向社会力量购买服务机制，及时、充分向社会公布购买的服务项目、内容以及对承接主体的要求和绩效评价标准等信息，建立健全项目申报、预算编报、组织采购、项目监管、绩效评价的规范化流程。购买工作应按照政府采购法的有关规定，采用公开招标、邀请招标、竞争性谈判、单一来源、询价等方式确定承接主体，严禁转包行为。购买主体要按照合同管理要求，与承接主体签订合同，明确所购买服务的范围、标的、数量、质量要求，以及服务期限、资金支付方式、权利义务和违约责任等，按照合同要求支付资金，并加强对服务提供全过程的跟踪监管和对服务成果的检查验收。承接主体要严格履行合同义务，按时完成服务项目任务，保证服务数量、质量和效果。

（五）资金管理。

政府向社会力量购买服务所需资金在既有财政预算安排中统筹考虑。随着政府提供公共服务的发展所需增加的资金，应按照预算管理要求列入财政预算。要严格资金管理，确保公开、透明、规范、有效。

（六）绩效管理。

加强政府向社会力量购买服务的绩效管理，严格绩效评价机制。建立健全由购买主体、服务对象及第三方组成的综合性评审机制，对购买服务项目数量、质量和资金使用绩效等进行考核评价。评价结果向社会公布，并作为以后年度编制政府向社会力量购买服务预算和选择政府购买服务承接主体的重要参考依据。

四、扎实推进政府向社会力量购买服务工作

（一）加强组织领导。

推进政府向社会力量购买服务，事关人民群众切身利益，是保障和改善民生的一项重要工作。地方各级人民政府要把这项工作列入重要议事日程，加强统筹协调，立足当地实际认真制定并逐步完善政府向社会力量购买服务的政策措施和实施办法，并抄送上一级政府财政部门。财政部要会同有关部门加强对各地开展政府向社会力量购买服务工作的指导和监督，总结推广成功经验，积极推动相关制度法规建设。

（二）健全工作机制。

政府向社会力量购买服务，要按照政府主导、部门负责、社会参与、共同监督的要求，确保工作规范有序开展。地方各级人民政府可根据本地区实际情况，建立"政府统一领导，

财政部门牵头，民政、工商管理以及行业主管部门协同，职能部门履职，监督部门保障"的工作机制，拟定购买服务目录，确定购买服务计划，指导监督购买服务工作。相关职能部门要加强协调沟通，做到各负其责、齐抓共管。

（三）严格监督管理。

各地区、各部门要严格遵守相关财政财务管理规定，确保政府向社会力量购买服务资金规范管理和使用，不得截留、挪用和滞留资金。购买主体应建立健全内部监督管理制度，按规定公开购买服务相关信息，自觉接受社会监督。承接主体应当健全财务报告制度，并由具有合法资质的注册会计师对财务报告进行审计。财政部门要加强对政府向社会力量购买服务实施工作的组织指导，严格资金监管，监察、审计等部门要加强监督，民政、工商管理以及行业主管部门要按照职能分工将承接政府购买服务行为纳入年检、评估、执法等监管体系。

（四）做好宣传引导。

地方各级人民政府和国务院有关部门要广泛宣传政府向社会力量购买服务工作的目的、意义、目标任务和相关要求，做好政策解读，加强舆论引导，主动回应群众关切，充分调动社会参与的积极性。

国务院办公厅
2013 年 9 月 26 日

国务院办公厅关于改革完善中央财政科研经费管理的若干意见

(国办发〔2021〕32号)

各省、自治区、直辖市人民政府，国务院各部委、各直属机构：

党的十八大以来，党中央、国务院出台了《关于进一步完善中央财政科研项目资金管理等政策的若干意见》、《关于优化科研管理提升科研绩效若干措施的通知》等一系列优化科研经费管理的政策文件和改革措施，有力地激发了科研人员的创造性和创新活力，促进了科技事业发展。但在科研经费管理方面仍然存在政策落实不到位、项目经费管理刚性偏大、经费拨付机制不完善、间接费用比例偏低、经费报销难等问题。为有效解决这些问题，更好贯彻落实党中央、国务院决策部署，进一步激励科研人员多出高质量科技成果、为实现高水平科技自立自强作出更大贡献，经国务院同意，现就改革完善中央财政科研经费管理提出如下意见：

一、扩大科研项目经费管理自主权

（一）简化预算编制。进一步精简合并预算编制科目，按设备费、业务费、劳务费三大类编制直接费用预算。直接费用中除50万元以上的设备费外，其他费用只提供基本测算说明，不需要提供明细。计算类仪器设备和软件工具可在设备费科目列支。合并项目评审和预算评审，项目管理部门在项目评审时同步开展预算评审。预算评审工作重点是项目预算的目标相关性、政策相符性、经济合理性，不得将预算编制细致程度作为评审预算的因素。（项目管理部门负责落实）

（二）下放预算调剂权。设备费预算调剂权全部下放给项目承担单位，不再由项目管理部门审批其预算调增。项目承担单位要统筹考虑现有设备配置情况、科研项目实际需求等，及时办理调剂手续。除设备费外的其他费用调剂权全部由项目承担单位下放给项目负责人，由项目负责人根据科研活动实际需要自主安排。（项目管理部门、项目承担单位负责落实）

（三）扩大经费包干制实施范围。在人才类和基础研究类科研项目中推行经费包干制，不再编制项目预算。项目负责人在承诺遵守科研伦理道德和作风学风诚信要求、经费全部用于与本项目研究工作相关支出的基础上，自主决定项目经费使用。鼓励有关部门和地方在从事基础性、前沿性、公益性研究的独立法人科研机构开展经费包干制试点。（项目管理部门、项目承担单位、财政部、单位主管部门负责落实）

二、完善科研项目经费拨付机制

（四）合理确定经费拨付计划。项目管理部门要根据不同类型科研项目特点、研究进度、资金需求等,合理制定经费拨付计划并及时拨付资金。首笔资金拨付比例要充分尊重项目负责人意见,切实保障科研活动需要。(项目管理部门负责落实)

(五)加快经费拨付进度。财政部、项目管理部门可在部门预算批复前预拨科研经费。项目管理部门要加强经费拨付与项目立项的衔接,在项目任务书签订后30日内,将经费拨付至项目承担单位。项目牵头单位要根据项目负责人意见,及时将经费拨付至项目参与单位。(财政部、项目管理部门、项目承担单位负责落实)

(六)改进结余资金管理。项目完成任务目标并通过综合绩效评价后,结余资金留归项目承担单位使用。项目承担单位要将结余资金统筹安排用于科研活动直接支出,优先考虑原项目团队科研需求,并加强结余资金管理,健全结余资金盘活机制,加快资金使用进度。(项目管理部门、项目承担单位负责落实)

三、加大科研人员激励力度

(七)提高间接费用比例。间接费用按照直接费用扣除设备购置费后的一定比例核定,由项目承担单位统筹安排使用。其中,500万元以下的部分,间接费用比例为不超过30%,500万元至1000万元的部分为不超过25%,1000万元以上的部分为不超过20%;对数学等纯理论基础研究项目,间接费用比例进一步提高到不超过60%。项目承担单位可将间接费用全部用于绩效支出,并向创新绩效突出的团队和个人倾斜。(项目管理部门、项目承担单位负责落实)

(八)扩大稳定支持科研经费提取奖励经费试点范围。将稳定支持科研经费提取奖励经费试点范围扩大到所有中央级科研院所。允许中央级科研院所从基本科研业务费、中科院战略性先导科技专项经费、有关科研院所创新工程等稳定支持科研经费中提取不超过20%作为奖励经费,由单位探索完善科研项目资金激励引导机制,激发科研人员创新活力。奖励经费的使用范围和标准由试点单位自主决定,在单位内部公示。(中央级科研院所负责落实)

(九)扩大劳务费开支范围。项目聘用人员的劳务费开支标准,参照当地科学研究和技术服务业从业人员平均工资水平,根据其在项目研究中承担的工作任务确定,其由单位缴纳的社会保险补助、住房公积金等纳入劳务费科目列支。(项目承担单位、项目管理部门负责落实)

(十)合理核定绩效工资总量。中央高校、科研院所、企业结合本单位发展阶段、类型定位、承担任务、人才结构、所在地区、现有绩效工资实际发放水平(主要依据上年度事业单位工资统计年报数据确定)、财务状况特别是财政科研项目可用于支出人员绩效的间接费用等实际情况,向主管部门申报动态调整绩效工资水平,主管部门综合考虑激发科技创新活力、保障基础研究人员稳定工资收入、调控不同单位(岗位、学科)收入差距等因素审批后报人力资源社会保障、财政部门备案。分配绩效工资时,要向承担国家科研任务较多、成效突出的科研人员倾斜。借鉴承担国家关键领域核心技术攻关任务科研人员年薪制的经验,探索对急需紧缺、业内认可、业绩突出的极少数高层次人才实行年薪制。(人力资源社会保障部、科技部、财政部、国务院国资委、单位主管部门负责落实)

（十一）加大科技成果转化激励力度。各单位要落实《中华人民共和国促进科技成果转化法》等相关规定，对持有的科技成果，通过协议定价、在技术交易市场挂牌交易、拍卖等市场化方式进行转化。科技成果转化所获收益可按照法律规定，对职务科技成果完成人和为科技成果转化作出重要贡献的人员给予奖励和报酬，剩余部分留归项目承担单位用于科技研发与成果转化等相关工作，科技成果转化收益具体分配方式和比例在充分听取本单位科研人员意见基础上进行约定。科技成果转化现金奖励计入所在单位绩效工资总量，但不受核定的绩效工资总量限制，不作为核定下一年度绩效工资总量的基数。（科技部、人力资源社会保障部、财政部等有关部门负责落实）

四、减轻科研人员事务性负担

（十二）全面落实科研财务助理制度。项目承担单位要确保每个项目配有相对固定的科研财务助理，为科研人员在预算编制、经费报销等方面提供专业化服务。科研财务助理所需人力成本费用（含社会保险补助、住房公积金），可由项目承担单位根据情况通过科研项目经费等渠道统筹解决。（项目承担单位负责落实）

（十三）改进财务报销管理方式。项目承担单位因科研活动实际需要，邀请国内外专家、学者和有关人员参加由其主办的会议等，对确需负担的城市间交通费、国际旅费，可在会议费等费用中报销。允许项目承担单位对国内差旅费中的伙食补助费、市内交通费和难以取得发票的住宿费实行包干制。（项目承担单位负责落实）

（十四）推进科研经费无纸化报销试点。选择部分电子票据接收、入账、归档处理工作量比较大的中央高校、科研院所、企业，纳入电子入账凭证会计数据标准推广范围，推动科研经费报销数字化、无纸化。（财政部、税务总局、单位主管部门等负责落实）

（十五）简化科研项目验收结题财务管理。合并财务验收和技术验收，在项目实施期末实行一次性综合绩效评价。完善项目验收结题评价操作指南，细化明确预算调剂、设备管理、人员费用等财务、会计、审计方面具体要求，避免有关机构和人员在项目验收和检查中理解执行政策出现偏差。选择部分创新能力和潜力突出、创新绩效显著、科研诚信状况良好的中央高校、科研院所、企业作为试点单位，由其出具科研项目经费决算报表作为结题依据，取消科研项目结题财务审计。试点单位对经费决算报表内容的真实性、完整性、准确性负责，项目管理部门适时组织抽查。（科技部、财政部、项目管理部门负责落实）

（十六）优化科研仪器设备采购。中央高校、科研院所、企业要优化和完善内部管理规定，简化科研仪器设备采购流程，对科研急需的设备和耗材采用特事特办、随到随办的采购机制，可不进行招标投标程序。项目承担单位依法向财政部申请变更政府采购方式的，财政部实行限时办结制度，对符合要求的申请项目，原则上自收到变更申请之日起5个工作日内办结。有关部门要研究推动政府采购、招标投标等有关法律法规修订工作，进一步明确除外条款。（单位主管部门、项目承担单位、司法部、财政部负责落实）

（十七）改进科研人员因公出国（境）管理方式。对科研人员因公出国（境）开展国际合作与交流的管理应与行政人员有所区别，对为完成科研项目任务目标、从科研经费中列支费用的国际合作与交流按业务类别单独管理，根据需要开展工作。从科研经费中列支的国际合作与交流费用不纳入"三公"经费统计范围，不受零增长要求限制。（单位主管部门、财政部负责落实）

五、创新财政科研经费投入与支持方式

（十八）拓展财政科研经费投入渠道。发挥财政经费的杠杆效应和导向作用，引导企业参与，发挥金融资金作用，吸引民间资本支持科技创新创业。优化科技创新类引导基金使用，推动更多具有重大价值的科技成果转化应用。拓宽基础研究经费投入渠道，促进基础研究与需求导向良性互动。（财政部、科技部、人民银行、银保监会、证监会等负责落实）

（十九）开展顶尖领衔科学家支持方式试点。围绕国家重大战略需求和前沿科技领域，遴选全球顶尖的领衔科学家，给予持续稳定的科研经费支持，在确定的重点方向、重点领域、重点任务范围内，由领衔科学家自主确定研究课题，自主选聘科研团队，自主安排科研经费使用；3至5年后采取第三方评估、国际同行评议等方式，对领衔科学家及其团队的研究质量、原创价值、实际贡献，以及聘用领衔科学家及其团队的单位服务保障措施落实情况等进行绩效评价，形成可复制可推广的改革经验。（项目管理部门、项目承担单位负责落实）

（二十）支持新型研发机构实行"预算+负面清单"管理模式。鼓励地方对新型研发机构采用与国际接轨的治理结构和市场化运行机制，实行理事会领导下的院（所）长负责制。创新财政科研经费支持方式，给予稳定资金支持，探索实行负面清单管理，赋予更大经费使用自主权。组织开展绩效评价，围绕科研投入、创新产出质量、成果转化、原创价值、实际贡献、人才集聚和培养等方面进行评估。除特殊规定外，财政资金支持产生的科技成果及知识产权由新型研发机构依法取得、自主决定转化及推广应用。（科技部、财政部负责指导）

六、改进科研绩效管理和监督检查

（二十一）健全科研绩效管理机制。项目管理部门要进一步强化绩效导向，从重过程向重结果转变，加强分类绩效评价，对自由探索型、任务导向型等不同类型科研项目，健全差异化的绩效评价指标体系；强化绩效评价结果运用，将绩效评价结果作为项目调整、后续支持的重要依据。项目承担单位要切实加强绩效管理，引导科研资源向优秀人才和团队倾斜，提高科研经费使用效益。（项目管理部门、项目承担单位负责落实）

（二十二）强化科研项目经费监督检查。加强审计监督、财会监督与日常监督的贯通协调，增强监督合力，严肃查处违纪违规问题。加强事中事后监管，创新监督检查方式，实行随机抽查、检查，推进监督检查数据汇交共享和结果互认。减少过程检查，充分利用大数据等信息技术手段，提高监督检查效率。强化项目承担单位法人责任，项目承担单位要动态监管经费使用并实时预警提醒，确保经费合理规范使用；对项目承担单位和科研人员在科研经费管理使用过程中出现的失信情况，纳入信用记录管理，对严重失信行为实行追责和惩戒。探索制定相关负面清单，明确科研项目经费使用禁止性行为，有关部门要根据法律法规和负

面清单进行检查、评审、验收、审计,对尽职无过错科研人员免予问责。(审计署、财政部、项目管理部门、单位主管部门负责落实)

七、组织实施

(二十三)及时清理修改相关规定。有关部门要聚焦科研经费管理相关政策和改革举措落地"最后一公里",加快清理修改与党中央、国务院有关文件精神不符的部门规定和办法,科技主管部门要牵头做好督促落实工作。项目承担单位要落实好科研项目实施和科研经费管理使用的主体责任,严格按照国家有关政策规定和权责一致的要求,强化自我约束和自我规范,及时完善内部管理制度,确保科研自主权接得住、管得好。(有关部门、项目承担单位负责落实)

(二十四)加大政策宣传培训力度。有关部门和单位要通过门户网站、新媒体等多种渠道以及开设专栏等多种方式,加强中央财政科研经费管理相关政策宣传解读,提高社会知晓度。同时,加大对科研人员、财务人员、科研财务助理、审计人员等的专题培训力度,不断提高经办服务能力水平。(科技部、财政部会同有关部门负责落实)

(二十五)强化政策落实督促指导。有关部门要加快职能转变,提高服务意识,加强跟踪指导,适时组织开展对项目承担单位科研经费管理政策落实情况的检查,及时发现并协调解决有关问题,推动改革落地见效,国务院办公厅要加强督查。要适时对有关试点政策举措进行总结评估,及时总结推广行之有效的经验和做法。(财政部、科技部会同有关部门负责落实)

财政部、中央级社科类科研项目主管部门要结合社会科学研究的规律和特点,参照本意见尽快修订中央级社科类科研项目资金管理办法。

各地区要参照本意见精神,结合实际,改革完善本地区财政科研经费管理。

国务院办公厅
2021 年 8 月 5 日

强制性国家标准管理办法

(国家市场监督管理总局令第25号)

第一条 为了加强强制性国家标准管理，规范强制性国家标准的制定、实施和监督，根据《中华人民共和国标准化法》，制定本办法。

第二条 强制性国家标准的制定（包括项目提出、立项、组织起草、征求意见、技术审查、对外通报、编号、批准发布）、组织实施以及监督工作，适用本办法。

第三条 对保障人身健康和生命财产安全、国家安全、生态环境安全以及满足经济社会管理基本需要的技术要求，应当制定强制性国家标准。

第四条 制定强制性国家标准应当坚持通用性原则，优先制定适用于跨领域跨专业的产品、过程或者服务的标准。

第五条 制定强制性国家标准应当在科学技术研究成果和社会实践经验的基础上，深入调查论证，保证标准的科学性、规范性、时效性。

第六条 制定强制性国家标准应当结合国情采用国际标准。

第七条 制定强制性国家标准应当公开、透明，按照便捷有效的原则采取多种方式，广泛听取各方意见。

第八条 强制性国家标准应当有明确的标准实施监督管理部门，并能够依据法律、行政法规、部门规章的规定对违反强制性国家标准的行为予以处理。

第九条 国务院标准化行政主管部门统一管理全国标准化工作，负责强制性国家标准的立项、编号和对外通报。国务院有关行政主管部门依据职责负责强制性国家标准的项目提出、组织起草、征求意见和技术审查。强制性国家标准由国务院批准发布或者授权批准发布。

县级以上人民政府标准化行政主管部门和有关行政主管部门依据法定职责，对强制性国家标准的实施进行监督检查。

第十条 省、自治区、直辖市人民政府标准化行政主管部门可以向国务院标准化行政主管部门提出强制性国家标准的立项建议，由国务院标准化行政主管部门会同国务院有关行政主管部门研究决定。确有必要制定强制性国家标准的，国务院标准化行政主管部门应当明确项目提出部门，无需立项的应当说明理由。

社会团体、企业事业组织以及公民可以向国务院标准化行政主管部门提出强制性国家标准的立项建议，国务院标准化行政主管部门认为需要立项的，会同国务院有关行政主管部门研究决定。确有必要制定强制性国家标准的，国务院标准化行政主管部门应当明确项目提出部门，无需立项的应当说明理由。

第十一条 国务院有关行政主管部门依据职责向国务院标准化行政主管部门提出强制性

国家标准项目。

涉及两个以上国务院有关行政主管部门的强制性国家标准项目，可以由牵头部门会同有关部门联合提出。

第十二条 国务院有关行政主管部门提出强制性国家标准项目前，应当充分征求国务院其他有关行政主管部门的意见，调查企业事业组织、社会团体、消费者和教育、科研机构等方面的实际需求，对项目的必要性和可行性进行论证评估。

第十三条 国务院有关行政主管部门提出强制性国家标准项目时，应当报送项目申报书和标准立项草案。项目申报书应当包括下列内容：

（一）制定强制性国家标准的必要性、可行性；

（二）主要技术要求；

（三）国内相关强制性标准和配套推荐性标准制定情况；

（四）国际标准化组织、其他国家或者地区相关法律法规和标准制定情况；

（五）强制性国家标准的实施监督管理部门以及对违反强制性国家标准行为进行处理的有关法律、行政法规、部门规章依据；

（六）强制性国家标准所涉及的产品、过程或者服务目录；

（七）征求国务院有关部门意见的情况；

（八）经费预算以及进度安排；

（九）需要申报的其他事项。

第十四条 国务院标准化行政主管部门应当按照下列要求对强制性国家标准项目进行审查：

（一）是否符合本办法第三条和第四条规定的原则；

（二）是否符合有关法律、行政法规的规定，是否与有关强制性标准的技术要求协调衔接；

（三）是否符合本办法第十二条和第十三条的要求；

（四）需要审查的其他内容。

第十五条 国务院标准化行政主管部门应当将符合本办法第十四条规定的强制性国家标准项目在全国标准信息公共服务平台向社会公开征求意见。

征求意见期限不得少于三十日。紧急情况下可以缩短征求意见期限，但一般不得少于七日。

第十六条 对于公众提出的意见，国务院标准化行政主管部门根据需要可以组织专家论证、召开会议进行协调或者反馈项目提出部门予以研究处理。

第十七条 国务院标准化行政主管部门应当根据审查意见以及协调情况，决定是否立项。

决定予以立项的，国务院标准化行政主管部门应当下达项目计划，明确组织起草部门和报送批准发布时限。涉及两个以上国务院有关行政主管部门的，还应当明确牵头组织起草部门。

决定不予立项的，国务院标准化行政主管部门应当以书面形式告知项目提出部门不予立项的理由。

第十八条 组织起草部门可以委托相关标准化技术委员会承担起草工作。

未组成标准化技术委员会的，组织起草部门应当成立起草专家组承担强制性国家标准起草工作。涉及两个以上国务院有关行政主管部门的强制性国家标准项目，牵头组织起草部门应当会同其他组织起草部门成立起草专家组。起草专家组应当具有权威性和代表性。

第十九条 强制性国家标准的技术要求应当全部强制，并且可验证、可操作。

强制性国家标准编写应当遵守国家有关规定，并在前言中载明组织起草部门信息，但不得涉及具体的起草单位和起草人信息。

第二十条 强制性国家标准应当对相关事项进行调查分析、实验、论证。

有关技术要求需要进行试验验证的，应当委托具有相应能力的技术单位开展。

第二十一条 起草强制性国家标准应当同时编写编制说明。编制说明应当包括下列内容：

（一）工作简况，包括任务来源、起草人员及其所在单位、起草过程等；

（二）编制原则、强制性国家标准主要技术要求的依据（包括验证报告、统计数据等）及理由；

（三）与有关法律、行政法规和其他强制性标准的关系，配套推荐性标准的制定情况；

（四）与国际标准化组织、其他国家或者地区有关法律法规和标准的比对分析；

（五）重大分歧意见的处理过程、处理意见及其依据；

（六）对强制性国家标准自发布日期至实施日期之间的过渡期（以下简称过渡期）的建议及理由，包括实施强制性国家标准所需要的技术改造、成本投入、老旧产品退出市场时间等；

（七）与实施强制性国家标准有关的政策措施，包括实施监督管理部门以及对违反强制性国家标准的行为进行处理的有关法律、行政法规、部门规章依据等；

（八）是否需要对外通报的建议及理由；

（九）废止现行有关标准的建议；

（十）涉及专利的有关说明；

（十一）强制性国家标准所涉及的产品、过程或者服务目录；

（十二）其他应当予以说明的事项。

第二十二条 组织起草部门应当以书面形式向涉及的有关行政主管部门以及企业事业组织、社会团体、消费者组织和教育、科研机构等方面征求意见。

书面征求意见的有关行政主管部门应当包括强制性国家标准的实施监督管理部门。

第二十三条 组织起草部门应当将强制性国家标准征求意见稿、编制说明以及拟订的过渡期，通过本部门门户网站和全国标准信息公共服务平台向社会公开征求意见。

公开征求意见期限不少于六十日。紧急情况下可以缩短公开征求意见期限，但一般不得少于三十日。

第二十四条 对于涉及面广、关注度高的强制性国家标准，组织起草部门可以采取座谈会、论证会、听证会等多种形式听取意见。

第二十五条 对于不采用国际标准或者与有关国际标准技术要求不一致，并且对世界贸易组织（WTO）其他成员的贸易有重大影响的强制性国家标准，组织起草部门应当按照要求将强制性国家标准征求意见稿和中英文通报表送国务院标准化行政主管部门。

国务院标准化行政主管部门应当按照世界贸易组织（WTO）的要求对外通报，并将收到的意见反馈组织起草部门。

第二十六条 制定中的强制性国家标准有关技术要求发生重大变化的，应当再次向社会公开征求意见。需要对外通报的，还应当再次对外通报。

第二十七条 组织起草部门应当根据各方意见修改形成强制性国家标准送审稿。

第二十八条 组织起草部门可以委托相关标准化技术委员会承担对强制性国家标准送审稿的技术审查工作。

未组成标准化技术委员会的，组织起草部门应当成立审查专家组承担强制性国家标准送审稿的技术审查。涉及两个以上国务院有关行政主管部门的强制性国家标准项目，牵头组织起草部门应当会同其他组织起草部门成立审查专家组。审查专家组应当具有权威性和代表性，人数不得少于十五人。

起草人员不得承担技术审查工作。

第二十九条 技术审查应当采取会议形式，重点审查技术要求的科学性、合理性、适用性、规范性，与相关政策要求的符合性，以及与其他强制性标准的协调性。

审查会议应当形成会议纪要，并经与会全体专家签字。会议纪要应当真实反映审查情况，包括会议时间地点、会议议程、专家名单、具体的审查意见、审查结论等。

第三十条 组织起草部门根据技术审查意见决定报送批准发布的，应当形成报批稿，送国务院标准化行政主管部门统一编号。

两个以上国务院有关行政主管部门联合起草的，牵头组织起草部门应当经其他组织起草部门同意后，送国务院标准化行政主管部门统一编号。

第三十一条 组织起草部门应当提供下列材料，并对强制性国家标准报批稿的内容负责：

（一）报送公文；

（二）强制性国家标准报批稿；

（三）编制说明；

（四）征求意见汇总处理表；

（五）审查会议纪要；

（六）需要报送的其他材料。

报送公文应当包括过渡期的建议。

第三十二条 强制性国家标准不能按照项目计划规定时限报送的，组织起草部门应当提前三十日向国务院标准化行政主管部门说明情况，并申请延长期限。

延长的期限不得超过一年。

第三十三条 强制性国家标准报送编号前，组织起草部门认为相关技术要求存在重大问题或者出现政策性变化的，可以重新组织起草或者向国务院标准化行政主管部门提出项目终止建议。

第三十四条　国务院标准化行政主管部门应当对符合下列要求的强制性国家标准予以编号：

（一）制定程序规范、报送材料齐全；

（二）符合本办法第三条和第四条规定的原则；

（三）符合有关法律、行政法规的规定，并与有关强制性标准的技术要求协调衔接；

（四）妥善处理重大分歧意见。

第三十五条　强制性国家标准的编号由强制性国家标准代号（GB）、顺序号和年代号构成。

第三十六条　国务院标准化行政主管部门依据国务院授权批准发布强制性国家标准。强制性国家标准应当以国务院标准化行政主管部门公告的形式发布。

第三十七条　国务院标准化行政主管部门应当自发布之日起二十日内在全国标准信息公共服务平台上免费公开强制性国家标准文本。

第三十八条　强制性国家标准从项目计划下达到报送强制性国家标准报批稿的期限一般不得超过两年，国务院标准化行政主管部门从收到强制性国家标准报批稿到授权批准发布的期限一般不得超过两个月。

第三十九条　强制性国家标准发布后实施前，企业可以选择执行原强制性国家标准或者新强制性国家标准。

新强制性国家标准实施后，原强制性国家标准同时废止。

第四十条　强制性国家标准发布后，起草单位和起草人信息可以通过全国标准信息公共服务平台予以查询。

第四十一条　强制性国家标准发布后，有下列情形之一的，由国务院标准化行政主管部门依据国务院授权解释：

（一）强制性国家标准的规定需要进一步明确具体含义的；

（二）出现新的情况，需要明确适用强制性国家标准依据的；

（三）需要解释的其他事项。

强制性国家标准解释草案由组织起草部门研究提出并报国务院标准化行政主管部门。

强制性国家标准的解释与标准具有同等效力。解释发布后，国务院标准化行政主管部门应当自发布之日起二十日内在全国标准信息公共服务平台上免费公开解释文本。

属于强制性国家标准实施过程中有关具体问题的咨询，由组织起草部门研究答复。

第四十二条　国务院标准化行政主管部门应当通过全国标准信息公共服务平台接收社会各方对强制性国家标准实施情况的意见建议，并及时反馈组织起草部门。

第四十三条　组织起草部门应当收集强制性国家标准实施效果和存在问题，及时研究处理，并对实施情况进行跟踪评估。

强制性国家标准的实施监督管理部门与组织起草部门为不同部门的，监督管理部门应当将行政检查、行政处罚以及其他有关信息及时反馈组织起草部门。

第四十四条 强制性国家标准实施后，组织起草部门应当定期组织对强制性国家标准实施情况进行统计分析，形成实施情况统计分析报告并送国务院标准化行政主管部门。

强制性国家标准实施情况统计分析报告应当包括强制性国家标准实施情况总体评估以及具体实施效果、存在的问题、改进建议等。

第四十五条 组织起草部门应当根据反馈和评估情况，对强制性国家标准进行复审，提出继续有效、修订或者废止的结论，并送国务院标准化行政主管部门。

复审周期一般不得超过五年。

第四十六条 复审结论为修订强制性国家标准的，组织起草部门应当在报送复审结论时提出修订项目。

强制性国家标准的修订，按照本办法规定的强制性国家标准制定程序执行；个别技术要求需要调整、补充或者删减，采用修改单方式予以修订的，无需经国务院标准化行政主管部门立项。

第四十七条 复审结论为废止强制性国家标准的，由国务院标准化行政主管部门通过全国标准信息公共服务平台向社会公开征求意见，并以书面形式征求强制性国家标准的实施监督管理部门意见。公开征求意见一般不得少于三十日。

无重大分歧意见或者经协调一致的，由国务院标准化行政主管部门依据国务院授权以公告形式废止强制性国家标准。

第四十八条 强制性国家标准制定实施中出现争议的，由国务院标准化行政主管部门组织协商；经协商未形成一致意见的，提交国务院标准化协调推进部际联席会议研究解决。

第四十九条 任何单位或者个人有权向标准化行政主管部门、有关行政主管部门举报、投诉违反本办法规定的行为。

标准化行政主管部门、有关行政主管部门依据职责予以处理，对于实名举报人或者投诉人，应当告知处理结果，为举报人保密，并按照国家有关规定对举报人给予奖励。

第五十条 强制性国家标准制定过程中涉及国家秘密的，应当遵守有关保密规定。

第五十一条 强制性国家标准涉及专利的，应当按照国家标准涉及专利的有关管理规定执行。

制定强制性国家标准参考相关国际标准的，应当遵守相关国际标准化组织的版权政策。

第五十二条 本办法所称企业包括内资企业和外商投资企业。强制性国家标准对内资企业和外商投资企业平等适用。外商投资企业依法和内资企业平等参与强制性国家标准的制定、修订工作。

第五十三条 本办法所称日为公历日。

第五十四条 法律、行政法规和国务院决定对强制性标准的制定另有规定的，从其规定。

第五十五条 本办法自2020年6月1日起施行。有关部门规章中涉及强制性国家标准管理的内容与本办法规定不一致的，以本办法规定为准。

实施工程建设强制性标准监督规定

(中华人民共和国建设部令第81号)

第一条 为加强工程建设强制性标准实施的监督工作，保证建设工程质量，保障人民的生命、财产安全，维护社会公共利益，根据《中华人民共和国标准化法》《中华人民共和国标准化法实施条例》和《建设工程质量管理条例》，制定本规定。

第二条 在中华人民共和国境内从事新建、扩建、改建等工程建设活动，必须执行工程建设强制性标准。

第三条 本规定所称工程建设强制性标准是指直接涉及工程质量、安全、卫生及环境保护等方面的工程建设标准强制性条文。

国家工程建设标准强制性条文由国务院建设行政主管部门会同国务院有关行政主管部门确定。

第四条 国务院建设行政主管部门负责全国实施工程建设强制性标准的监督管理工作。

国务院有关行政主管部门按照国务院的职能分工负责实施工程建设强制性标准的监督管理工作。

县级以上地方人民政府建设行政主管部门负责本行政区域内实施工程建设强制性标准的监督管理工作。

第五条 工程建设中拟采用的新技术、新工艺、新材料，不符合现行强制性标准规定的，应当由拟采用单位提请建设单位组织专题技术论证，报批准标准的建设行政主管部门或者国务院有关主管部门审定。

工程建设中采用国际标准或者国外标准，现行强制性标准未作规定的，建设单位应当向国务院建设行政主管部门或者国务院有关行政主管部门备案。

第六条 建设项目规划审查机关应当对工程建设规划阶段执行强制性标准的情况实施监督。

施工图设计文件审查单位应当对工程建设勘察、设计阶段执行强制性标准的情况实施监督。

建筑安全监督管理机构应当对工程建设施工阶段执行施工安全强制性标准的情况实施监督。

工程质量监督机构应当对工程建设施工、监理、验收等阶段执行强制性标准的情况实施监督。

第七条 建设项目规划审查机关、施工图设计文件审查单位、建筑安全监督管理机构、工程质量监督机构的技术人员必须熟悉、掌握工程建设强制性标准。

第八条　工程建设标准批准部门应当定期对建设项目规划审查机关、施工图设计文件审查单位、建筑安全监督管理机构、工程质量监督机构实施强制性标准的监督进行检查，对监督不力的单位和个人，给予通报批评，建议有关部门处理。

第九条　工程建设标准批准部门应当对工程项目执行强制性标准情况进行监督检查。监督检查可以采取重点检查、抽查和专项检查的方式。

第十条　强制性标准监督检查的内容包括：

（一）有关工程技术人员是否熟悉、掌握强制性标准；

（二）工程项目的规划、勘察、设计、施工、验收等是否符合强制性标准的规定；

（三）工程项目采用的材料、设备是否符合强制性标准的规定；

（四）工程项目的安全、质量是否符合强制性标准的规定；

（五）工程中采用的导则、指南、手册、计算机软件的内容是否符合强制性标准的规定。

第十一条　工程建设标准批准部门应当将强制性标准监督检查结果在一定范围内公告。

第十二条　工程建设强制性标准的解释由工程建设标准批准部门负责。

有关标准具体技术内容的解释，工程建设标准批准部门可以委托该标准的编制管理单位负责。

第十三条　工程技术人员应当参加有关工程建设强制性标准的培训，并可以计入继续教育学时。

第十四条　建设行政主管部门或者有关行政主管部门在处理重大工程事故时，应当有工程建设标准方面的专家参加；工程事故报告应当包括是否符合工程建设强制性标准的意见。

第十五条　任何单位和个人对违反工程建设强制性标准的行为有权向建设行政主管部门或者有关部门检举、控告、投诉。

第十六条　建设单位有下列行为之一的，责令改正，并处以20万元以上50万元以下的罚款：

（一）明示或者暗示施工单位使用不合格的建筑材料、建筑构配件和设备的；

（二）明示或者暗示设计单位或者施工单位违反工程建设强制性标准，降低工程质量的。

第十七条　勘察、设计单位违反工程建设强制性标准进行勘察、设计的，责令改正，并处以10万元以上30万元以下的罚款。

有前款行为，造成工程质量事故的，责令停业整顿，降低资质等级；情节严重的，吊销资质证书；造成损失的，依法承担赔偿责任。

第十八条　施工单位违反工程建设强制性标准的，责令改正，处工程合同价款2%以上4%以下的罚款；造成建设工程质量不符合规定的质量标准的，负责返工、修理，并赔偿因此造成的损失；情节严重的，责令停业整顿，降低资质等级或者吊销资质证书。

第十九条　工程监理单位违反强制性标准规定，将不合格的建设工程以及建筑材料、建筑构配件和设备按照合格签字的，责令改正，处50万元以上100万元以下的罚款，降低资质等级或者吊销资质证书；有违法所得的，予以没收；造成损失的，承担连带赔偿责任。

第二十条　违反工程建设强制性标准造成工程质量、安全隐患或者工程事故的，按照《建设工程质量管理条例》有关规定，对事故责任单位和责任人进行处罚。

第二十一条　有关责令停业整顿、降低资质等级和吊销资质证书的行政处罚，由颁发资质证书的机关决定；其他行政处罚，由建设行政主管部门或者有关部门依照法定职权决定。

第二十二条　建设行政主管部门和有关行政主管部门工作人员，玩忽职守、滥用职权、徇私舞弊的，给予行政处分；构成犯罪的，依法追究刑事责任。

第二十三条　本规定由国务院建设行政主管部门负责解释。

第二十四条　本规定自发布之日起施行。

工程建设国家标准管理办法

(中华人民共和国建设部令第 24 号)

第一章 总 则

第一条 为了加强工程建设国家标准的管理，促进技术进步，保证工程质量，保障人体健康和人身、财产安全，根据《中华人民共和国标准化法》《中华人民共和国标准化法实施条例》和国家有关工程建设的法律、行政法规，制定本办法。

第二条 对需要在全国范围内统一的下列技术要求，应当制定国家标准：

（一）工程建设勘察、规划、设计、施工（包括安装）及验收等通用的质量要求；

（二）工程建设通用的有关安全、卫生和环境保护的技术要求；

（三）工程建设通用的术语、符号、代号、量与单位、建筑模数和制图方法；

（四）工程建设通用的试验、检验和评定等方法；

（五）工程建设通用的信息技术要求；

（六）国家需要控制的其他工程建设通用的技术要求。

法律另有规定的，依照法律的规定执行。

第三条 国家标准分为强制性标准和推荐性标准。

下列标准属于强制性标准：

（一）工程建设勘察、规划、设计、施工（包括安装）及验收等通用的综合标准和重要的通用的质量标准；

（二）工程建设通用的有关安全、卫生和环境保护的标准；

（三）工程建设通用的术语、符号、代号、量与单位、建筑模数和制图方法标准；

（四）工程建设重要的通用的试验、检验和评定方法等标准；

（五）工程建设重要的通用的信息技术标准；

（六）国家需要控制的其他工程建设通用的标准。

强制性标准以外的标准是推荐性标准。

第二章 国家标准的计划

第四条 国家标准的计划分为五年计划和年度计划。五年计划是编制年度计划的依据；年度计划是确定工作任务和组织编制标准的依据。

第五条 编制国家标准的计划，应当遵循下列原则：

（一）在国民经济发展的总目标和总方针的指导下进行，体现国家的技术、经济政策；

（二）适应工程建设和科学技术发展的需要；

（三）在充分做好调查研究和认真总结经验的基础上，根据工程建设标准体系表的要求，综合考虑相关标准之间的构成和协调配套；

（四）从实际出发，保证重点，统筹兼顾，根据需要和可能，分别轻重缓急，做好计划的综合平衡。

第六条 五年计划由计划编制纲要和计划项目两部分组成。其内容应当符合下列要求：

（一）计划编制纲要包括计划编制的依据、指导思想、预期目标、工作重点和实施计划的主要措施等；

（二）计划项目的内容包括标准名称、制订或修订、适用范围及其主要技术内容、主编部门、主编单位和起始年限等。

第七条 列入五年计划的国家标准制订项目应当落实主编单位。主编单位应当具备下列条件：

（一）承担过与该国家标准项目相应的工程建设勘察、规划、设计、施工或科研任务的企业、事业单位；

（二）具有较丰富的工程建设经验、较高的技术水平和组织管理水平，能组织解决国家标准编制中的重大技术问题。

第八条 列入五年计划的国家标准修订项目，其主编单位一般由原国家标准的管理单位承担。

第九条 五年计划的编制工作应当按下列程序进行：

（一）国务院工程建设行政主管部门根据国家编制国民经济和社会发展五年计划的原则和要求，统一部署编制国家标准五年计划的任务；

（二）国务院有关行政主管部门和省、自治区、直辖市工程建设行政主管部门，根据国务院工程建设行政主管部门统一部署的要求，提出五年计划建议草案，报国务院工程建设行政主管部门；

（三）国务院工程建设行政主管部门对五年计划建议草案进行汇总，在与各有关方面充分协商的基础上进行综合平衡，并提出五年计划草案，报国务院计划行政主管部门批准下达。

第十条 年度计划由计划编制的简要说明和计划项目两部分组成。计划项目的内容包括标准名称、制订或修订、适用范围及其主要技术内容、主编部门和主编单位、参加单位、起止年限、进度要求等。

第十一条 年度计划应当在五年计划的基础上进行编制。国家标准项目在列入年度计划之前由主编单位做好年度计划的前期工作，并提出前期工作报告，前期工作报告应当包括：国家标准项目名称、目的和作用、技术条件和成熟程度、与各类现行标准的关系、预期的经济效益和社会效益、建议参编单位和起止年限。

第十二条 列入年度计划的国家标准项目，应当具备下列条件：

（一）有年度计划的前期工作报告；

（二）有生产和建设的实践经验；

（三）相应的科研成果经过鉴定和验证，具备推广应用的条件；

（四）不与相关的国家标准重复或矛盾；

（五）参编单位已落实。

第十三条 年度计划的编制工作应当按下列程序进行：

（一）国务院有关行政主管部门和省、自治区、直辖市工程建设行政主管部门，应当根据五年计划的要求，分期分批地安排各国家标准项目的主编单位进行年度计划的前期工作。由主编单位提出的前期工作报告和年度计划项目表，报主管部门审查；

（二）国务院有关行政主管部门和省、自治区、直辖市工程建设行政主管部门，根据国务院工程建设行政主管部门当年的统一部署，做好所承担年度计划项目的落实工作并在规定期限前报国务院工程建设行政主管部门；

（三）国务院工程建设行政主管部门根据各主管部门提出的计划项目，经综合平衡后，编制工程建设国家标准的年度计划草案，在规定期限前报国务院计划行政主管部门批准下达。

第十四条 列入年度计划国家标准项目的主编单位应当按计划要求组织实施。在计划执行中遇有特殊情况，不能按原计划实施时，应当向主管部门提交申请变更计划的报告。各主管部门可根据实际情况提出调整计划的建议，经国务院工程建设行政主管部门批准后，按调整的计划组织实施。

第十五条 国务院各有关行政主管部门和省、自治区、直辖市工程建设行政主管部门对主管的国家标准项目计划执行情况负有监督和检查的责任，并负责协调解决计划执行中的重大问题。各主编单位在每年年底前将本年度计划执行情况和下年度的工作安排报行政主管部门，并报国务院工程建设行政主管部门备案。

第三章　国家标准的制订

第十六条 制订国家标准必须贯彻执行国家的有关法律、法规和方针、政策，密切结合自然条件，合理利用资源，充分考虑使用和维修的要求，做到安全适用、技术先进、经济合理。

第十七条 制订国家标准，对需要进行科学试验或测试验证的项目，应当纳入各级主管部门的科研计划，认真组织实施，写出成果报告。凡经过行政主管部门或受委托单位鉴定，技术上成熟，经济上合理的项目应当纳入标准。

第十八条 制订国家标准应当积极采用新技术、新工艺、新设备、新材料，纳入标准的新技术、新工艺、新设备、新材料，应当经有关主管部门或受委托单位鉴定，有完整的技术文件，且经实践检验行之有效。

第十九条 制订国家标准要积极采用国际标准和国外先进标准，凡经过认真分析论证或测试验证，并且符合我国国情的，应当纳入国家标准。

第二十条 制订国家标准，其条文规定应当严谨明确，文句简练，不得模棱两可；其内容深度、术语、符号、计量单位等应当前后一致，不得矛盾。

第二十一条 制订国家标准必须做好与现行相关标准之间的协调工作。对需要与现行工程建设国家标准协调的，应当遵守现行工程建设国家标准的规定；确有充分依据对其内容进行更改的，必须经过国务院工程建设行政主管部门审批，方可另行规定。凡属于产品标准方面的内容，不得在工程建设国家标准中加以规定。

第二十二条 制订国家标准必须充分发扬民主。对国家标准中有关政策性问题，应当认真研究、充分讨论、统一认识；对有争论的技术性问题，应当在调查研究、试验验证或专题讨论的基础上，经过充分协商，恰如其分地做出结论。

第二十三条 制订国家标准的工作程序按准备、征求意见、送审和报批四个阶段进行。

第二十四条 准备阶段的工作应当符合下列要求：

（一）主编单位根据年度计划的要求，进行编制国家标准的筹备工作。落实国家标准编制组成员，草拟制订国家标准的工作大纲。工作大纲包括国家标准的主要章节内容、需要调查研究的主要问题、必要的测试验证项目、工作进度计划及编制组成员分工等内容；

（二）主编单位筹备工作完成后，由主编部门或由主编部门委托主编单位主持召开编制组第一次工作会议。其内容包括：宣布编制组成员。学习工程建设标准工作的有关文件、讨论通过工作大纲和会议纪要。会议纪要印发国家标准的参编部门和单位，并报国务院工程建设行政主管部门备案。

第二十五条 征求意见阶段的工作应当符合下列要求：

（一）编制组根据制订国家标准的工作大纲开展调查研究工作。调查对象应当具有代表性和典型性。调查研究工作结束后，应当及时提出调查研究报告，并将整理好的原始调查和收集到的国内外有关资料由编制组统一归档；

（二）测试验证工作在编制组统一计划下进行，落实负责单位，制订测试验证工作大纲。确定统一的测试验证方法等。测试验证结果，应当由项目的负责单位组织有关专家进行鉴定。鉴定成果及有关的原始资料由编制组统一归档；

（三）编制组对国家标准中的重大问题或有分歧的问题，应当根据需要召开专题会议。专题会议邀请有代表性和有经验的专家参加，并应当形成会议纪要。会议纪要及会议记录等由编制组统一归档；

（四）编制组在做好上述各项工作的基础上，编写标准征求意见稿及其条文说明、主编单位对标准征求意见稿及其条文说明的内容全面负责；

（五）主编部门对主编单位提出的征求意见稿及其条文说明根据本办法制订标准的原则进行审核。审核的主要内容：国家标准的适用范围与技术内容协调一致；技术内容体现国家的技术经济政策；准确反映生产、建设的实践经验；标准的技术数据和参数有可靠的依据，并与相关标准相协调；对有分歧和争论的问题，编制组内取得一致意见；国家标准的编写符合工程建设国家标准编写的统一规定；

（六）征求意见稿及其条文说明应由主编单位印发国务院有关行政主管部门、各有关省、自治区、直辖市工程建设行政主管部门和各单位征求意见。征求意见的期限一般为两个月。必要时，对其中的重要问题，可以采取走访或召开专题会议的形式征求意见。

第二十六条 送审阶段的工作应当符合下列要求：

（一）编制组将征求意见阶段收集到的意见，逐条归纳整理，在分析研究的基础上提出处理意见，形成国家标准送审稿及其条文说明。对其中有争议的重大问题可以视具体情况进行补充的调查研究、测试验证或召开专题会议，提出处理意见。

（二）当国家标准需要进行全面的综合技术经济比较时，编制组要按国家标准送审稿组织试设计或施工试用。试设计或施工试用应当选择有代表性的工程进行。试设计或施工试用结束后应当提出报告。

（三）国家标准送审的文件一般应当包括：国家标准送审稿及其条文说明。送审报告、主要问题的专题报告、试设计或施工试用报告等。送审报告的内容主要包括：制订标准任务的来源。制订标准过程中所作的主要工作，标准中重点内容确定的依据及其成熟程度。与国外相关标准水平的对比，标准实施后的经济效益和社会效益以及对标准的初步总评价。标准中尚存在主要问题和今后需要进行的主要工作等。

（四）国家标准送审文件应当在开会之前一个半月发至各主管部门和有关单位。

（五）国家标准送审稿的审查，一般采取召开审查会议的形式。经国务院工程建设行政主管部门同意后，也可以采取函审和小型审定会议的形式。

（六）审查会议应由主编部门主持召开。参加会议的代表应包括国务院有关行政主管部门的代表、有经验的专家代表、相关的国家标准编制组或管理组的代表。

审查会议可以成立会议领导小组，负责研究解决会议中提出的重大问题。会议由代表和编制组成员共同对标准送审稿进行审查，对其中重要的或有争议的问题应当进行充分讨论和协商，集中代表的正确意见；对有争议并不能取得一致意见的问题，应当提出倾向性审查意见。

审查会议应当形成会议纪要。其内容一般包括：审查会议概况、标准送审稿中的重点内容及分歧较大问题的审查意见、对标准送审稿的评价、会议代表和领导小组成员名单等。

（七）采取函审和小型审定会议对标准送审稿进行审查时，由主编部门印发通知。参加函审的单位和专家，应经国务院工程建设行政主管部门审查同意，主编部门在函审的基础上主持召开小型审定会议，对标准中的重大问题和有分歧的问题提出审查意见，形成会议纪要，印发各有关部门和单位并报国务院工程建设行政主管部门。

第二十七条 报批阶段的工作应当符合下列要求：

（一）编制组根据审查会议或函审和小型审定会议的审查意见，修改标准送审稿及其条文说明，形成标准报批稿及其条文说明、标准的报批文件经主编单位审查后报主编部门。报批文件一般包括标准报批稿及其条文说明、报批报告、审查或审定会议纪要、主要问题的专题报告、试设计或施工试用报告等。

（二）主编部门应当对标准报批文件进行全面审查，并会同国务院工程建设行政主管部门共同对标准报批稿进行审核。主编部门将共同确认的标准报批文件一式三份报国务院工程建设行政主管部门审批。

第四章 国家标准的审批、发布

第二十八条 国家标准由国务院工程建设行政主管部门审查批准,由国务院标准化行政主管部门统一编号,由国务院标准化行政主管部门和国务院工程建设行政主管部门联合发布。

第二十九条 国家标准的编号由国家标准代号、发布标准的顺序号和发布标准的年号组成,并应当符合下列统一格式:

(一)强制性国家标准的编号为:

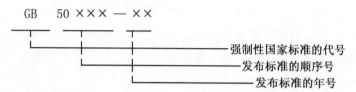

(二)推荐性国家标准的编号为:

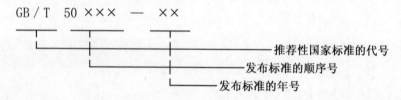

第三十条 国家标准的出版由国务院工程建设行政主管部门负责组织。国家标准的出版印刷应当符合工程建设标准出版印刷的统一要求。

第三十一条 国家标准属于科技成果。对技术水平高、取得显著经济效益或社会效益的国家标准,应当纳入各级科学技术进步奖励范围,予以奖励。

第五章 国家标准的复审与修订

第三十二条 国家标准实施后,应当根据科学技术的发展和工程建设的需要,由该国家标准的管理部门适时组织有关单位进行复审。复审一般在国家标准实施后五年进行一次。

第三十三条 国家标准复审的具体工作由国家标准管理单位负责。复审可以采取函审或会议审查,一般由参加过该标准编制或审查的单位或个人参加。

第三十四条 国家标准复审后,标准管理单位应当提出其继续有效或者予以修订、废止的意见,经该国家标准的主管部门确认后报国务院工程建设行政主管部门批准。

第三十五条 对确认继续有效的国家标准,当再版或汇编时,应在其封面或扉页上的标准编号下方增加"××××年×月确认继续有效"。对确认继续有效或予以废止的国家标准,由国务院工程建设行政主管部门在指定的报刊上公布。

第三十六条 对需要全面修订的国家标准,由其管理单位做好前期工作。国家标准修订的准备阶段工作应在管理阶段进行，其他有关的要求应当符合制订国家标准的有关规定。

第三十七条　凡属下列情况之一的国家标准应当进行局部修订：

（一）国家标准的部分规定已制约了科学技术新成果的推广应用；

（二）国家标准的部分规定经修订后可取得明显的经济效益、社会效益、环境效益；

（三）国家标准的部分规定有明显缺陷或与相关的国家标准相抵触；

（四）需要对现行的国家标准做局部补充规定。

第三十八条　国家标准局部修订的计划和编制程序，应当符合工程建设技术标准局部修订的统一规定。

第六章　国家标准的日常管理

第三十九条　国家标准发布后，由其管理单位组建国家标准管理组，负责国家标准的日常管理工作。

第四十条　国家标准管理组设专职或兼职若干人。其人员组成，经国家标准管理单位报该国家标准管理部门审定后报国务院工程建设行政主管部门备案。

第四十一条　国家标准日常管理的主要任务是：

（一）根据主管部门的授权负责国家标准的解释；

（二）对国家标准中遗留的问题，负责组织调查研究、必要的测试验证和重点科研工作；

（三）负责国家标准的宣传贯彻工作；

（四）调查了解国家标准的实施情况，收集和研究国内外有关标准、技术信息资料和实践经验，参加相应的国际标准化活动；

（五）参与有关工程建设质量事故的调查和咨询；

（六）负责开展标准的研究和学术交流活动；

（七）负责国家标准的复审、局部修订和技术档案工作。

第四十二条　国家标准管理人员在该国家标准管理部门和管理单位的领导下工作。管理单位应当加强对其的领导，进行经常性的督促检查，定期研究和解决国家标准日常管理工作中的问题。

第七章　附　　则

第四十三条　推荐性国家标准可由国务院工程建设行政主管部门委托中国工程建设标准化协会等单位编制计划、组织制订。

第四十四条　本办法由国务院工程建设行政主管部门负责解释。

第四十五条　本办法自发布之日起施行。

工程建设行业标准管理办法

(中华人民共和国建设部令第 25 号)

第一条 为加强工程建设行业标准的管理，根据《中华人民共和国标准化法》《中华人民共和国标准化法实施条例》和国家有关工程建设的法律、行政法规，制定本办法。

第二条 对没有国家标准而需要在全国某个行业范围内统一的下列技术要求，可以制定行业标准：

（一）工程建设勘察、规划、设计、施工（包括安装）及验收等行业专用的质量要求；

（二）工程建设行业专用的有关安全、卫生和环境保护的技术要求；

（三）工程建设行业专用的术语、符号、代号、量与单位和制图方法；

（四）工程建设行业专用的试验、检验和评定等方法；

（五）工程建设行业专用的信息技术要求；

（六）其他工程建设行业专用的技术要求。

第三条 行业标准分为强制性标准和推荐性标准。

下列标准属于强制性标准：

（一）工程建设勘察、规划、设计、施工（包括安装）及验收等行业专用的综合性标准和重要的行业专用的质量标准；

（二）工程建设行业专用的有关安全、卫生和环境保护的标准；

（三）工程建设重要的行业专用的术语、符号、代号、量与单位和制图方法标准；

（四）工程建设重要的行业专用的试验、检验和评定方法等标准；

（五）工程建设重要的行业专用的信息技术标准；

（六）行业需要控制的其他工程建设标准。

强制性标准以外的标准是推荐性标准。

第四条 国务院有关行政主管部门根据《中华人民共和国标准化法》和国务院工程建设行政主管部门确定的行业标准管理范围，履行行业标准的管理职责。

第五条 行业标准的计划根据国务院工程建设行政主管部门的统一部署由国务院有关行政主管部门组织编制和下达，并报国务院工程建设行政主管部门备案。

与两个以上国务院行政主管部门有关的行业标准，其主编部门由相关的行政主管部门协商确定或由国务院工程建设行政主管部门协调确定，其计划由被确定的主编部门下达。

第六条 行业标准不得与国家标准相抵触。有关行业标准之间应当协调、统一、避免重复。

第七条 制订、修订行业标准的工作程序，可以按准备、征求意见、送审和报批四个阶段进行。

第八条 行业标准的编写应当符合工程建设标准编写的统一规定。

第九条 行业标准由国务院有关行政主管部门审批、编号和发布。

其中，两个以上部门共同制订的行业标准，由有关的行政主管部门联合审批、发布，并由其主编部门负责编号。

第十条 行业标准的某些规定与国家标准不一致时，必须有充分的科学依据和理由，并经国家标准的审批部门批准。

行业标准在相应的国家标准实施后，应当及时修订或废止。

第十一条 行业标准实施后，该标准的批准部门应当根据科学技术的发展和工程建设的实际需要适时进行复审，确认其继续有效或予以修订、废止。一般五年复审一次，复审结果报国务院工程建设行政主管部门备案。

第十二条 行业标准的编号由行业标准的代号、标准发布的顺序号和批准标准的年号组成，并应当符合下列统一格式。

（一）强制性行业标准的编号：

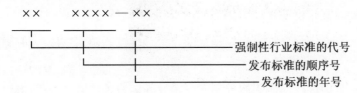

（二）推荐性行业标准的编号：

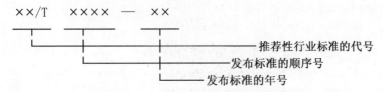

第十三条 行业标准发布后，应当报国务院工程建设行政主管部门备案。

第十四条 行业标准由标准的批准部门负责组织出版，并应当符合工程建设标准出版印刷的统一规定。

第十五条 行业标准属于科技成果。对技术水平高，取得显著经济效益、社会效益和环境效益的行业标准，应当纳入各级科学技术进步奖励范围，并予以奖励。

第十六条 国务院有关行政主管部门可以根据《中华人民共和国标准化法》《中华人民共和国标准化法实施条例》和本办法制定本行业的工程建设行业标准管理细则。

第十七条 本办法由国务院工程建设行政主管部门负责解释。

第十八条 本办法自发布之日起实施，原《工程建设专业标准规范管理暂行办法》同时废止。

政府购买服务管理办法

(中华人民共和国财政部令第102号)

第一章 总 则

第一条 为规范政府购买服务行为,促进转变政府职能,改善公共服务供给,根据《中华人民共和国预算法》《中华人民共和国政府采购法》《中华人民共和国合同法》等法律、行政法规的规定,制定本办法。

第二条 本办法所称政府购买服务,是指各级国家机关将属于自身职责范围且适合通过市场化方式提供的服务事项,按照政府采购方式和程序,交由符合条件的服务供应商承担,并根据服务数量和质量等因素向其支付费用的行为。

第三条 政府购买服务应当遵循预算约束、以事定费、公开择优、诚实信用、讲求绩效原则。

第四条 财政部负责制定全国性政府购买服务制度,指导和监督各地区、各部门政府购买服务工作。

县级以上地方人民政府财政部门负责本行政区域政府购买服务管理。

第二章 购买主体和承接主体

第五条 各级国家机关是政府购买服务的购买主体。

第六条 依法成立的企业、社会组织(不含由财政拨款保障的群团组织),公益二类和从事生产经营活动的事业单位,农村集体经济组织,基层群众性自治组织,以及具备条件的个人可以作为政府购买服务的承接主体。

第七条 政府购买服务的承接主体应当符合政府采购法律、行政法规规定的条件。

购买主体可以结合购买服务项目的特点规定承接主体的具体条件,但不得违反政府采购法律、行政法规,以不合理的条件对承接主体实行差别待遇或者歧视待遇。

第八条 公益一类事业单位、使用事业编制且由财政拨款保障的群团组织,不作为政府购买服务的购买主体和承接主体。

第三章 购买内容和目录

第九条 政府购买服务的内容包括政府向社会公众提供的公共服务,以及政府履职所需辅助性服务。

第十条 以下各项不得纳入政府购买服务范围：

（一）不属于政府职责范围的服务事项；

（二）应当由政府直接履职的事项；

（三）政府采购法律、行政法规规定的货物和工程，以及将工程和服务打包的项目；

（四）融资行为；

（五）购买主体的人员招、聘用，以劳务派遣方式用工，以及设置公益性岗位等事项；

（六）法律、行政法规以及国务院规定的其他不得作为政府购买服务内容的事项。

第十一条 政府购买服务的具体范围和内容实行指导性目录管理，指导性目录依法予以公开。

第十二条 政府购买服务指导性目录在中央和省两级实行分级管理，财政部和省级财政部门分别制定本级政府购买服务指导性目录，各部门在本级指导性目录范围内编制本部门政府购买服务指导性目录。

省级财政部门根据本地区情况确定省以下政府购买服务指导性目录的编制方式和程序。

第十三条 有关部门应当根据经济社会发展实际、政府职能转变和基本公共服务均等化、标准化的要求，编制、调整指导性目录。

编制、调整指导性目录应当充分征求相关部门意见，根据实际需要进行专家论证。

第十四条 纳入政府购买服务指导性目录的服务事项，已安排预算的，可以实施政府购买服务。

第四章 购买活动的实施

第十五条 政府购买服务应当突出公共性和公益性，重点考虑、优先安排与改善民生密切相关，有利于转变政府职能、提高财政资金绩效的项目。

政府购买的基本公共服务项目的服务内容、水平、流程等标准要素，应当符合国家基本公共服务标准相关要求。

第十六条 政府购买服务项目所需资金应当在相关部门预算中统筹安排，并与中期财政规划相衔接，未列入预算的项目不得实施。

购买主体在编报年度部门预算时，应当反映政府购买服务支出情况。政府购买服务支出应当符合预算管理有关规定。

第十七条 购买主体应当根据购买内容及市场状况、相关供应商服务能力和信用状况等因素，通过公平竞争择优确定承接主体。

第十八条 购买主体向个人购买服务，应当限于确实适宜实施政府购买服务并且由个人承接的情形，不得以政府购买服务名义变相用工。

第十九条 政府购买服务项目采购环节的执行和监督管理，包括集中采购目录及标准、采购政策、采购方式和程序、信息公开、质疑投诉、失信惩戒等，按照政府采购法律、行政法规和相关制度执行。

第二十条　购买主体实施政府购买服务项目绩效管理，应当开展事前绩效评估，定期对所购服务实施情况开展绩效评价，具备条件的项目可以运用第三方评价评估。

财政部门可以根据需要，对部门政府购买服务整体工作开展绩效评价，或者对部门实施的资金金额和社会影响大的政府购买服务项目开展重点绩效评价。

第二十一条　购买主体及财政部门应当将绩效评价结果作为承接主体选择、预算安排和政策调整的重要依据。

第五章　合同及履行

第二十二条　政府购买服务合同的签订、履行、变更，应当遵循《中华人民共和国合同法》的相关规定。

第二十三条　购买主体应当与确定的承接主体签订书面合同，合同约定的服务内容应当符合本办法第九条、第十条的规定。

政府购买服务合同应当明确服务的内容、期限、数量、质量、价格，资金结算方式，各方权利义务事项和违约责任等内容。

政府购买服务合同应当依法予以公告。

第二十四条　政府购买服务合同履行期限一般不超过1年；在预算保障的前提下，对于购买内容相对固定、连续性强、经费来源稳定、价格变化幅度小的政府购买服务项目，可以签订履行期限不超过3年的政府购买服务合同。

第二十五条　购买主体应当加强政府购买服务项目履约管理，开展绩效执行监控，及时掌握项目实施进度和绩效目标实现情况，督促承接主体严格履行合同，按照合同约定向承接主体支付款项。

第二十六条　承接主体应当按照合同约定提供服务，不得将服务项目转包给其他主体。

第二十七条　承接主体应当建立政府购买服务项目台账，依照有关规定或合同约定记录保存并向购买主体提供项目实施相关重要资料信息。

第二十八条　承接主体应当严格遵守相关财务规定，规范管理和使用政府购买服务项目资金。

承接主体应当配合相关部门对资金使用情况进行监督检查与绩效评价。

第二十九条　承接主体可以依法依规使用政府购买服务合同向金融机构融资。

购买主体不得以任何形式为承接主体的融资行为提供担保。

第六章　监督管理和法律责任

第三十条　有关部门应当建立健全政府购买服务监督管理机制。购买主体和承接主体应当自觉接受财政监督、审计监督、社会监督以及服务对象的监督。

第三十一条 购买主体、承接主体及其他政府购买服务参与方在政府购买服务活动中，存在违反政府采购法律法规行为的，依照政府采购法律法规予以处理处罚；存在截留、挪用和滞留资金等财政违法行为的，依照《中华人民共和国预算法》《财政违法行为处罚处分条例》等法律法规追究法律责任；涉嫌犯罪的，移送司法机关处理。

第三十二条 财政部门、购买主体及其工作人员，存在违反本办法规定的行为，以及滥用职权、玩忽职守、徇私舞弊等违法违纪行为的，按照《中华人民共和国预算法》《中华人民共和国公务员法》《中华人民共和国监察法》《财政违法行为处罚处分条例》等国家有关规定追究相应责任；涉嫌犯罪的，移送司法机关处理。

第七章 附 则

第三十三条 党的机关、政协机关、民主党派机关、承担行政职能的事业单位和使用行政编制的群团组织机关使用财政性资金购买服务的，参照本办法执行。

第三十四条 涉密政府购买服务项目的实施，按照国家有关规定执行。

第三十五条 本办法自 2020 年 3 月 1 日起施行。财政部、民政部、工商总局 2014 年 12 月 15 日颁布的《政府购买服务管理办法（暂行）》（财综〔2014〕96 号）同时废止。

交通运输标准化管理办法

（中华人民共和国交通运输部令2019年第12号）

第一章 总 则

第一条 为规范交通运输标准化工作，提升产品和服务质量，促进交通运输行业高质量发展，依据《中华人民共和国标准化法》，制定本办法。

第二条 在中华人民共和国境内从事综合交通运输、铁路、公路、水路、民航、邮政领域的标准（统称为交通运输标准）制定、实施、监督等相关活动，除遵守相关法律、行政法规外，还应当遵守本办法。

第三条 交通运输标准包括国家标准、行业标准、地方标准、团体标准和企业标准。国家标准分为强制性标准、推荐性标准，行业标准、地方标准是推荐性标准。

第四条 涉及铁路、公路、水路、民航、邮政两种及以上领域需要协调衔接和共同使用的技术要求，应当制定综合交通运输标准。

铁路、公路、水路、民航、邮政领域的标准应当与综合交通运输标准协调衔接。

第五条 国家对标准化工作实行国务院标准化行政主管部门统一管理与国务院有关行政主管部门分工管理相结合的工作机制。

交通运输部负责综合交通运输和公路、水路领域标准化相关管理工作。

国家铁路局、中国民用航空局、国家邮政局按照各自职责分别负责铁路、民航、邮政领域标准化相关管理工作。

县级以上地方人民政府标准化行政主管部门会同交通运输主管部门按照职责负责本行政区域内交通运输标准化相关管理工作。

第六条 交通运输部标准化管理委员会负责指导交通运输标准技术体系建设，统筹协调衔接综合交通运输、铁路、公路、水路、民航、邮政领域标准，研究审核交通运输标准化发展重大政策和重要事项等工作。

第七条 鼓励组织和参与制定国际标准，持续推进交通运输标准的外文翻译和出版工作，加强与世界各国在交通运输标准方面的交流与合作。

第二章 标准化规划

第八条 交通运输标准化规划应当符合国家标准化体系建设规划、交通运输行业规划，充分考虑新技术、新业态发展趋势，经交通运输部标准化管理委员会审核后，报请交通运输部发布。

第九条 交通运输标准体系应当依据交通运输标准化规划制定，由交通运输部发布。

综合交通运输标准体系应当经交通运输部标准化管理委员会审核后，报请交通运输部发布。

标准体系实行动态管理，根据需要及时进行调整。

第十条 交通运输标准化年度计划应当依据标准体系并结合行业发展需要制定，由交通运输部发布。

第十一条 国家铁路局、中国民用航空局、国家邮政局可以根据工作需要制定本领域标准化规划、标准体系和年度计划。

第三章 标 准 制 定

第十二条 拟制定交通运输国家标准的项目，应当按照有关规定报国务院标准化行政主管部门立项；拟制定交通运输行业标准的项目，由交通运输部立项，其中铁路、民航、邮政领域的行业标准分别由国家铁路局、中国民用航空局、国家邮政局立项。

有关单位和个人可以向前款规定的立项单位提出标准项目立项建议。

第十三条 交通运输国家或者行业推荐性标准的起草、技术审查工作，应当由专业标准化技术委员会（以下简称标委会）承担；强制性标准的起草、技术审查工作，可以委托标委会承担。

标委会可以由生产者、经营者、使用者、消费者以及有关行政主管部门、科研院所、检测机构、社会团体等相关方组成。

未成立标委会的，应当成立专家组承担国家标准、行业标准的起草、技术审查工作。标委会和专家组的组成应当具有广泛代表性。

第十四条 标委会或者专家组应当在广泛调研、深入研讨、试验论证的基础上，起草标准征求意见稿。

标委会或者专家组可以组织科研机构、大专院校、社会团体和企业具体参与或者承担标准起草的相关工作，并全过程跟踪指导。

第十五条 交通运输标准应当采取多种方式征求行业内外有关部门、协会、企业以及相关生产、使用、管理、科研和检测等单位的意见。综合交通运输标准涉及铁路、民航、邮政领域的标准，还应当征求国家铁路局、中国民用航空局、国家邮政局意见。

第十六条 标委会或者专家组根据意见征集情况对标准征求意见稿及时进行修改完善，形成标准送审稿，并按照标准审查有关规定对标准送审稿及时进行技术审查。

技术审查可以采用会议审查、书面审查或者网络电子投票审查方式。强制性标准应当采用会议审查。对技术、经济和社会意义重大以及涉及面广、分歧意见多的推荐性标准，原则上应当采用会议审查。

第十七条 交通运输国家标准报国务院标准化行政主管部门按照有关规定发布；行业标准由交通运输部编号、发布，其中铁路、民航、邮政领域的行业标准分别由国家铁路局、中国民用航空局、国家邮政局编号、发布，报国务院标准化行政主管部门备案。

交通运输国家标准、行业标准按照国务院标准化行政主管部门制定的编号规则进行编号。

第十八条 交通运输国家标准、行业标准发布后，县级以上人民政府交通运输主管部门、相关标委会应当积极组织开展标准宣传实施等工作，传播标准化理念，推广标准化经验，推动全行业运用标准化方式组织生产、经营、管理和服务。

第十九条 交通运输国家标准、行业标准制定过程中形成的有关资料，应当按照标准档案管理相关规定的要求归档。

第二十条 交通运输地方标准、团体标准、企业标准的制定按照国务院标准化行政主管部门有关规定执行。

第四章 标准实施与监督

第二十一条 交通运输强制性标准应当严格执行。鼓励积极采用交通运输推荐性标准。不符合交通运输强制性标准的产品、服务，不得生产、销售、进口或者提供。

第二十二条 交通运输强制性标准应当免费向社会公开。推动交通运输推荐性标准免费向社会公开。鼓励团体标准、企业标准通过标准信息公开服务平台向社会公开。

第二十三条 企业应当依法公开其执行的交通运输标准的编号和名称，并按照标准组织生产经营活动；执行自行制定的企业标准的，还应当公开产品、服务的功能指标和产品的性能指标。企业研制新产品、改进产品或者进行技术改造，应当符合标准化要求。

第二十四条 县级以上人民政府交通运输主管部门应当依据法定职责，对交通运输标准实施情况进行监督检查。强制性标准实施情况应当作为监督检查的重点。

第二十五条 县级以上人民政府交通运输主管部门应当建立举报投诉制度，公开举报投诉方式。接到举报投诉的，应当按照规定及时处理。

第二十六条 交通运输部应当建立交通运输标准实施信息反馈和评估机制，根据技术进步情况和行业发展需要适时进行实施效果评估，并对其制定的标准进行复审。复审结果应当作为修订、废止相关标准的依据。复审周期一般不超过 5 年。

铁路、民航、邮政领域的标准实施信息反馈和评估机制分别由国家铁路局、中国民用航空局、国家邮政局依据前款规定执行。

鼓励有关单位和个人向县级以上地方人民政府交通运输主管部门或者标准化行政主管部门反馈标准实施情况。

第二十七条 县级以上人民政府交通运输主管部门应当加强计量、检验检测、认证认可基础能力建设，完善相关制度，提升技术水平，增强标准化工作监督检查及服务能力。

第二十八条 交通运输企事业单位违反本办法有关规定的，依照有关法律、行政法规的规定予以处罚。

第五章 附 则

第二十九条 国家铁路局、中国民用航空局、国家邮政局可以依据本办法制定铁路、民航、邮政领域标准化具体管理规定。

第三十条 法律、行政法规和国务院决定对工程建设强制性标准的制定另有规定的，从其规定。

第三十一条 本办法自2019年7月1日起施行。

关于深化工程建设标准化工作改革的意见

(建标〔2016〕166号)

我国工程建设标准(以下简称标准)经过60余年发展,国家、行业和地方标准已达7000余项,形成了覆盖经济社会各领域、工程建设各环节的标准体系,在保障工程质量安全、促进产业转型升级、强化生态环境保护、推动经济提质增效、提升国际竞争力等方面发挥了重要作用。但与技术更新变化和经济社会发展需求相比,仍存在着标准供给不足、缺失滞后,部分标准老化陈旧、水平不高等问题,需要加大标准供给侧改革,完善标准体制机制,建立新型标准体系。

一、总体要求

(一)指导思想。

贯彻落实党的十八大和十八届二中、三中、四中、五中全会精神,按照《国务院关于印发深化标准化工作改革方案的通知》(国发〔2015〕13号)等有关要求,借鉴国际成熟经验,立足国内实际情况,在更好发挥政府作用的同时,充分发挥市场在资源配置中的决定性作用,提高标准在推进国家治理体系和治理能力现代化中的战略性、基础性作用,促进经济社会更高质量、更有效率、更加公平、更可持续发展。

(二)基本原则。

坚持放管结合。转变政府职能,强化强制性标准,优化推荐性标准,为经济社会发展"兜底线、保基本"。培育发展团体标准,搞活企业标准,增加标准供给,引导创新发展。

坚持统筹协调。完善标准体系框架,做好各领域、各建设环节标准编制,满足各方需求。加强强制性标准、推荐性标准、团体标准,以及各层级标准间的衔接配套和协调管理。

坚持国际视野。完善标准内容和技术措施,提高标准水平。积极参与国际标准化工作,推广中国标准,服务我国企业参与国际竞争,促进我国产品、装备、技术和服务输出。

(三)总体目标。

标准体制适应经济社会发展需要,标准管理制度完善、运行高效,标准体系协调统一、支撑有力。按照政府制定强制性标准、社会团体制定自愿采用性标准的长远目标,到2020年,适应标准改革发展的管理制度基本建立,重要的强制性标准发布实施,政府推荐性标准得到有效精简,团体标准具有一定规模。到2025年,以强制性标准为核心、推荐性标准和团体标准相配套的标准体系初步建立,标准有效性、先进性、适用性进一步增强,标准国际影响力和贡献力进一步提升。

二、任务要求

（一）改革强制性标准。

加快制定全文强制性标准，逐步用全文强制性标准取代现行标准中分散的强制性条文。新制定标准原则上不再设置强制性条文。

强制性标准具有强制约束力，是保障人民生命财产安全、人身健康、工程安全、生态环境安全、公众权益和公共利益，以及促进能源资源节约利用、满足社会经济管理等方面的控制性底线要求。强制性标准项目名称统称为技术规范。

技术规范分为工程项目类和通用技术类。工程项目类规范，是以工程项目为对象，以总量规模、规划布局，以及项目功能、性能和关键技术措施为主要内容的强制性标准。通用技术类规范，是以技术专业为对象，以规划、勘察、测量、设计、施工等通用技术要求为主要内容的强制性标准。

（二）构建强制性标准体系。

强制性标准体系框架，应覆盖各类工程项目和建设环节，实行动态更新维护。体系框架由框架图、项目表和项目说明组成。框架图应细化到具体标准项目，项目表应明确标准的状态和编号，项目说明应包括适用范围、主要内容等。

国家标准体系框架中未有的项目，行业、地方根据特点和需求，可以编制补充性标准体系框架，并制定相应的行业和地方标准。国家标准体系框架中尚未编制国家标准的项目，可先行编制行业或地方标准。国家标准没有规定的内容，行业标准可制定补充条款。国家标准、行业标准或补充条款均没有规定的内容，地方标准可制定补充条款。

制定强制性标准和补充条款时，通过严格论证，可以引用推荐性标准和团体标准中的相关规定，被引用内容作为强制性标准的组成部分，具有强制效力。鼓励地方采用国家和行业更高水平的推荐性标准，在本地区强制执行。

强制性标准的内容，应符合法律和行政法规的规定但不得重复其规定。

（三）优化完善推荐性标准。

推荐性国家标准、行业标准、地方标准体系要形成有机整体，合理界定各领域、各层级推荐性标准的制定范围。要清理现行标准，缩减推荐性标准数量和规模，逐步向政府职责范围内的公益类标准过渡。

推荐性国家标准重点制定基础性、通用性和重大影响的专用标准，突出公共服务的基本要求。推荐性行业标准重点制定本行业的基础性、通用性和重要的专用标准，推动产业政策、战略规划贯彻实施。推荐性地方标准重点制定具有地域特点的标准，突出资源禀赋和民俗习惯，促进特色经济发展、生态资源保护、文化和自然遗产传承。

推荐性标准不得与强制性标准相抵触。

（四）培育发展团体标准。

改变标准由政府单一供给模式，对团体标准制定不设行政审批。鼓励具有社团法人资格和相应能力的协会、学会等社会组织，根据行业发展和市场需求，按照公开、透明、协商一致原则，主动承接政府转移的标准，制定新技术和市场缺失的标准，供市场自愿选用。

团体标准要与政府标准相配套和衔接，形成优势互补、良性互动、协同发展的工作模式。要符合法律、法规和强制性标准要求。要严格团体标准的制定程序，明确制定团体标准的相关责任。

团体标准经合同相关方协商选用后，可作为工程建设活动的技术依据。鼓励政府标准引用团体标准。

（五）全面提升标准水平。

增强能源资源节约、生态环境保护和长远发展意识，妥善处理好标准水平与固定资产投资的关系，更加注重标准先进性和前瞻性，适度提高标准对安全、质量、性能、健康、节能等强制性指标要求。

要建立倒逼机制，鼓励创新，淘汰落后。通过标准水平提升，促进城乡发展模式转变，提高人居环境质量；促进产业转型升级和产品更新换代，推动中国经济向中高端发展。

要跟踪科技创新和新成果应用，缩短标准复审周期，加快标准修订节奏。要处理好标准编制与专利技术的关系，规范专利信息披露、专利实施许可程序。要加强标准重要技术和关键性指标研究，强化标准与科研互动。

根据产业发展和市场需求，可制定高于强制性标准要求的推荐性标准，鼓励制定高于国家标准和行业标准的地方标准，以及具有创新性和竞争性的高水平团体标准。鼓励企业结合自身需要，自主制定更加细化、更加先进的企业标准。企业标准实行自我声明，不需报政府备案管理。

（六）强化标准质量管理和信息公开。

要加强标准编制管理，改进标准起草、技术审查机制，完善政策性、协调性审核制度，规范工作规则和流程，明确工作要求和责任，避免标准内容重复矛盾。对同一事项做规定的，行业标准要严于国家标准，地方标准要严于行业标准和国家标准。

充分运用信息化手段，强化标准制修订信息共享，加大标准立项、专利技术采用等标准编制工作透明度和信息公开力度，严格标准草案网上公开征求意见，强化社会监督，保证标准内容及相关技术指标的科学性和公正性。

完善已发布标准的信息公开机制，除公开出版外，要提供网上免费查询。强制性标准和推荐性国家标准，必须在政府官方网站全文公开。推荐性行业标准逐步实现网上全文公开。团体标准要及时公开相关标准信息。

（七）推进标准国际化。

积极开展中外标准对比研究，借鉴国外先进技术，跟踪国际标准发展变化，结合国情和经济技术可行性，缩小中国标准与国外先进标准技术差距。标准的内容结构、要素指标和相关术语等，要适应国际通行做法，提高与国际标准或发达国家标准的一致性。

要推动中国标准"走出去"，完善标准翻译、审核、发布和宣传推广工作机制，鼓励重要标准与制修订同步翻译。加强沟通协调，积极推动与主要贸易国和"一带一路"沿线国家之间的标准互认、版权互换。

鼓励有关单位积极参加国际标准化活动，加强与国际有关标准化组织交流合作，参与国际标准化战略、政策和规则制定，承担国际标准和区域标准制定，推动我国优势、特色技术标准成为国际标准。

三、保障措施

（一）强化组织领导。

各部门、各地方要高度重视标准化工作，结合本部门、本地区改革发展实际，将标准化工作纳入本部门、本地区改革发展规划。要完善统一管理、分工负责、协同推进的标准化管理体制，充分发挥行业主管部门和技术支撑机构作用，创新标准化管理模式。要坚持整体推进与分步实施相结合，逐步调整、不断完善，确保各项改革任务落实到位。

（二）加强制度建设。

各部门、各地方要做好相关文件清理，有计划、有重点地调整标准化管理规章制度，加强政策与前瞻性研究，完善工作机制和配套措施。积极配合《标准化法》等相关法律法规修订，进一步明确标准法律地位，明确标准管理相关方的权利、义务和责任。要加大法律法规、规章、政策引用标准力度，充分发挥标准对法律法规的技术支撑和补充作用。

（三）加大资金保障。

各部门、各地方要加大对强制性和基础通用标准的资金支持力度，积极探索政府采购标准编制服务管理模式，严格资金管理，提高资金使用效率。要积极拓展标准化资金渠道，鼓励社会各界积极参与支持标准化工作，在保证标准公正性和不损害公共利益的前提下，合理采用市场化方式筹集标准编制经费。

工程建设标准培训管理办法

(建标〔2014〕162号)

第一条 为推动工程建设标准有效实施，规范工程建设标准（以下简称标准）培训活动，保证培训质量，依据《中华人民共和国标准化法》《中华人民共和国标准化法实施条例》和《实施工程建设强制性标准监督规定》等法律法规，制定本办法。

第二条 本办法适用于各级住房城乡建设主管部门和国务院有关主管部门组织开展的标准培训活动。

第三条 国务院住房城乡建设主管部门负责全国的标准培训活动管理。国务院有关主管部门负责本部门、本行业的标准培训活动管理。地方各级住房城乡建设主管部门负责本行政区域内的标准培训活动管理。

第四条 各级住房城乡建设主管部门和国务院有关主管部门的工程建设标准化管理机构（以下简称"标准管理机构"），负责制定标准培训计划，有重点、有组织地开展培训活动。

第五条 标准培训计划应根据国家和地区经济社会发展的决策部署、建设工作重点，并结合上级或有关行业的标准培训计划，按年度制定。

第六条 标准培训项目由标准管理机构、标准化专业委员会、主编单位、有关行业协会等单位提出，经统筹协调后确定，并可根据需要进行补充或调整。对于有关业务主管部门提出的标准培训项目，应及时纳入相应的培训计划。

第七条 标准培训计划应当包括：标准名称、培训对象、培训内容、培训时间、责任单位、项目负责人及联系电话等信息。

第八条 标准培训计划应按有关规定及时向社会公布，作为确定培训任务、组织开展培训活动和有关单位及人员参加培训的依据。

第九条 工程技术人员和管理人员应当参加相关标准的培训活动。其所在单位应为相关人员参加标准培训活动提供必要的条件和支持。

标准管理机构可根据本行业或本地区的需要，组织技术人员或师资人员参加上级标准管理机构组织开展的标准培训活动。

第十条 负责继续教育培训的单位，应将标准作为专业技术人员继续教育的重点内容，并组织师资人员参加标准培训。

第十一条 标准主编单位或技术依托单位应积极承担标准培训工作，并为列入培训计划的标准培训提供技术支持。标准主要起草人员应当承担该标准的讲解、师资培训、辅导教材编写和审定等工作。

第十二条 标准培训责任单位应按照标准培训计划组织开展标准培训活动，严格执行国家关于培训办班的管理规定，承担标准培训教材准备、授课人员选聘、课程安排、学员管理和考核与发证等工作，并对标准培训的质量负责。

第十三条 标准培训的授课人员应是该标准主要起草人员或经标准管理机构培训合格的师资人员。

第十四条 标准培训内容应当与标准条文及条文说明相一致。标准培训学时应根据标准内容确定，关联性强的标准，可以联合开展培训。培训结束后，可根据情况进行考试或考核，合格的可颁发相应的标准培训合格证明。

第十五条 标准管理机构应对培训活动进行监督管理，对违反国家相关规定、不能保证培训质量的标准培训责任单位，予以通报批评。

第十六条 标准管理机构应适时对年度标准培训计划执行情况进行总结和评估，作为确定下一年度标准培训计划的依据。

第十七条 省级住房城乡建设主管部门和国务院有关主管部门可根据本办法，制定本行业、本地区标准培训管理细则。

第十八条 本办法由住房城乡建设部负责解释。

第十九条 本办法自印发之日起实施。

工程建设标准解释管理办法

(建标〔2014〕65号)

第一条 为加强工程建设标准实施管理,规范工程建设标准解释工作,根据《标准化法》《标准化法实施条例》和《实施工程建设强制性标准监督规定》(建设部令第81号)等有关规定,制定本办法。

第二条 工程建设标准解释(以下简称标准解释)是指具有标准解释权的部门(单位)按照解释权限和工作程序,对标准规定的依据、含义以及适用条件等所作的书面说明。

第三条 本办法适用于工程建设国家标准、行业标准和地方标准的解释工作。

第四条 国务院住房城乡建设主管部门负责全国标准解释的管理工作,国务院有关主管部门负责本行业标准解释的管理工作,省级住房城乡建设主管部门负责本行政区域标准解释的管理工作。

第五条 标准解释应按照"谁批准、谁解释"的原则,做到科学、准确、公正、规范。

第六条 标准解释由标准批准部门负责。

对涉及强制性条文的,标准批准部门可指定有关单位出具意见,并做出标准解释。

对涉及标准具体技术内容的,可由标准主编单位或技术依托单位出具解释意见。当申请人对解释意见有异议时,可提请标准批准部门作出标准解释。

第七条 申请标准解释应以书面形式提出,申请人应提供真实身份、姓名和联系方式。

第八条 符合本办法第七条规定的标准解释申请应予受理,但下列情况除外:

(一)不属于标准规定的内容;

(二)执行标准的符合性判定;

(三)尚未发布的标准。

第九条 标准解释申请受理后,应在15个工作日内给予答复。对于情况复杂或需要技术论证,在规定期限内不能答复的,应及时告知申请人延期理由和答复时间。

第十条 标准解释应以标准条文规定为准,不得扩展或延伸标准条文的规定,如有必要可组织专题论证。办理答复前,应听取标准主编单位或主要起草人员的意见和建议。

第十一条 标准解释应加盖负责部门(单位)的公章。

第十二条 标准解释过程中的全部资料和记录,应由负责解释的部门(单位)存档。对申请人提出的问题及答复情况应定期进行分析、整理和汇总。

第十三条 对标准解释中的共性问题及答复内容,经标准批准部门同意,可在相关专业期刊、官方网站上予以公布。

第十四条 标准修订后,原已作出的标准解释不适用于新标准。

第十五条 本办法由住房城乡建设部负责解释。

第十六条 本办法自印发之日起实施。

住房城乡建设部关于进一步加强工程建设标准实施监督工作的指导意见

(建标〔2014〕32号)

国务院有关部门，各省、自治区住房城乡建设厅，直辖市建委（建交委、规委），新疆生产建设兵团建设局，有关行业协会，有关单位：

为进一步加强工程建设标准实施监督工作，推动标准全面有效实施，充分发挥标准在落实国家方针政策、保证工程质量安全、维护人民群众利益等方面的引导约束作用，提出以下意见。

一、推动重点领域标准实施

按照国家经济社会发展的决策部署，围绕经济结构调整、产业转型升级、节能减排、保障民生等重点领域，明确本行业、本地区标准实施的重点目标和任务。借鉴高强钢筋推广应用、无障碍环境建设等经验做法，标准先行，加强政策引导、技术服务、督促协调，建立部门合作、专家支撑、上下联动工作机制，充分发挥重点标准实施的试点、示范和引领作用。

二、完善强制性标准监督检查机制

按照《实施工程建设强制性标准监督规定》（建设部令第81号），建立工程建设标准化管理机构和相关监管机构共同参与、协同配合的工作机制，以强制性标准为重点，制定年度监督检查计划，开展标准实施情况专项检查或抽查，依法对违反强制性标准的行为进行处罚，及时通报监督检查结果，实现标准监督检查工作常态化。

三、建立标准实施信息反馈机制

畅通标准实施信息反馈渠道，广泛收集建设活动各方责任主体、相关监管机构和社会公众对标准实施的意见、建议，及时进行分类整理，提出处理意见。对涉及标准咨询解释的，由相应标准的解释单位处理。对涉及标准贯彻执行的，由相关监督机构处理。对涉及标准内容调整或制订、修订的，由相应标准的批准部门处理。处理结果要及时反馈。要定期开展综合分析，重点对标准制定提出建议，形成标准制定、实施和监督的联动机制。

四、加强标准解释咨询工作

按照"谁批准，谁解释"的原则，完善标准解释咨询程序，规范本地区、本行业批准标准的解释咨询管理。对涉及标准具体技术内容的解释，可由主编单位或技术依托单位负责。对涉及强制性条文或标准最终解释，由标准批准部门负责，也可指定有关单位负责，解释内容应经标准批准部门审定。按照政务信息公开要求，及时公开标准的批准发布、出版发行和强制性条文内容等信息，拓展标准咨询服务手段，提高标准实施监督的服务水平。

五、推动标准实施监督信息化工作

在有条件的地区或行业，开展标准实施监督信息化工作试点，利用信息化手段，在标准实施过程和关键环节，探索标准实施的达标判断、实时监控、责任绑定和追溯。将各方责任主体执行强制性标准情况记入单位和个人诚信档案，作为评定个人和企业（单位）从事工程建设活动诚信的重要依据。

六、加大标准宣贯培训力度

加强标准宣贯培训工作，制定年度宣贯培训计划，发挥标准主编单位和技术依托单位的主渠道作用，采取宣贯会、培训班、远程教育等形式，积极开展标准的宣贯培训。将标准培训纳入执业人员继续教育和专业人员岗位教育范畴，提高工程技术人员、管理人员实施标准的水平。利用报刊、电视、网络等途径，扩大标准化知识宣传，增强全社会标准化意识。

七、规范标准备案管理

按照《工程建设行业标准管理办法》和《工程建设地方标准化工作管理规定》，落实备案程序和要求，含有强制性条文的标准应在批准发布前向住房城乡建设部申请备案，不含强制性条文的标准应在批准发布30日内备案，备案标准名称及备案号应面向社会公开。积极开展工程建设企业标准备案试点，充分发挥企业标准在工程建设活动中的积极作用。

八、逐步建立标准实施情况评估制度

按照标准实施评价规范的要求，在节能减排、工程质量安全、环境保护等重点领域，对已实施标准的先进性、科学性、协调性和可操作性开展评估。以政府投资工程为重点，对工程项目执行标准的全面、有效和准确程度开展评估。选择有条件的规划、设计、施工等企业，对标准体系建设、标准培训及实施管理等企业标准化工作情况开展评估。

九、加强施工现场标准员管理

按照《关于贯彻实施住房和城乡建设领域现场专业人员职业标准的意见》和《建筑与市政工程施工现场专业人员职业标准》相关要求，开展标准员岗位培训，规范考核评价和证书管理。落实标准员岗位职责，积极推进标准员岗位设置，构建标准员继续教育、监督管理等制度，充分发挥标准员在标准实施、监督检查、信息收集和反馈等方面的作用。

各地、各部门应当进一步健全工程建设标准化管理机构，强化其在标准实施监督工作中的指导、推进、协调、服务职责，积极发挥标准化协会、技术委员会、编制组及专家的作用，利用各类媒体，加强舆论监督和社会监督，全面提升工程建设标准实施监督水平。

住房城乡建设部

2014 年 3 月 3 日

工程建设标准翻译出版工作管理办法

(建标〔2008〕123号)

第一章 总 则

第一条 为适应经济全球化发展需要,加强国际贸易、经济、技术交流与合作,提升我国工程建设标准的国际化水平,规范工程建设标准翻译出版工作,制定本办法。

第二条 本办法适用于工程建设标准的翻译及出版发行。

第三条 工程建设标准翻译出版工作,由国务院住房和城乡建设主管部门统一管理。

第四条 工程建设国家标准的翻译出版工作,由住房和城乡建设部标准定额司统一组织,中国工程建设标准化协会负责有关具体工作。工程建设行业标准、地方标准的翻译出版工作,可由标准的批准部门委托中国工程建设标准化协会或其他有关单位组织开展。

第五条 工程建设标准的翻译出版,应当根据工程建设标准化工作规划和计划,分期分批组织实施。

第六条 工程建设标准翻译出版工作的经费,可以从财政补贴、科研经费、企业资助、发行收入等渠道筹措解决。

第七条 工程建设标准外文版应与中文版保持一致,出现异议时,以中文版为准。

第二章 管理机构、工作机构及职责

第八条 住房和城乡建设部标准定额司负责牵头成立工程建设标准翻译出版工作领导小组(以下简称领导小组)。

领导小组由有关的行业、地方工程建设标准化管理机构及有关单位的负责人组成。其工作职责是:组织制订工程建设标准翻译出版工作规划;协调工作中的重大问题和重要事项。

第九条 领导小组下设工程建设标准翻译出版工作办公室(以下简称翻译出版办公室)。翻译出版办公室设在中国工程建设标准化协会。

翻译出版办公室的工作职责是:负责翻译出版的日常工作,包括项目计划的汇总、编制和报批;组织计划项目的实施;协调翻译出版有关具体事宜;承办领导小组交办的其他事项。

各行业、地方工程建设标准化管理机构应明确具体人员作为翻译出版办公室的联络员,负责日常联络工作。

第十条 根据翻译年度计划,组建相应的翻译组、审核组。翻译组的工作职责是,负责工程建设标准的翻译工作。审核组的工作职责是,负责工程建设标准翻译稿的审核工作。

第三章 工程建设标准翻译计划

第十一条 工程建设标准的翻译计划，应按照实际需要、配套完善、保证重点、分步实施的原则确定。

第十二条 符合下列条件的工程建设标准优先列入翻译计划：

（一）工程建设强制性标准；

（二）国际贸易、经济、技术交流需要的重要标准；

（三）与以上标准相配套的标准。

第十三条 凡属下列情况之一的工程建设标准不得列入翻译计划：

（一）未正式批准的工程建设标准；

（二）已废止的工程建设标准；

（三）未经备案的工程建设行业标准、地方标准；

（四）其他不应翻译的工程建设标准。

第十四条 翻译计划的编制工作应当按下列程序进行：

（一）翻译出版办公室在征求有关工程建设标准化管理机构和单位意见的基础上编制翻译计划项目草案；

（二）领导小组对翻译计划项目草案进行审查，由住房和城乡建设部标准定额司批准；

（三）各行业、地方工程建设标准翻译计划由相应的管理机构批准并及时向翻译出版办公室通报。

第四章 工程建设标准的翻译

第十五条 工程建设标准的翻译必须忠于原文，并符合完整、准确、规范、统一的原则。

第十六条 翻译出版办公室应根据工程建设标准翻译计划，落实翻译单位和人员，组建翻译组。翻译组原则上应有该标准编制组的成员参加。

第十七条 工程建设标准翻译人员应具备以下条件：

（一）有被认可的外语水平；

（二）有独立的笔译能力及相关专业工作经验；

（三）熟悉工程建设标准的有关规定。

第十八条 工程建设标准的翻译，应由翻译出版办公室下达任务书。任务书应包括项目名称、主要工作内容、翻译人员组成、进度计划和质量要求等。

第十九条 工程建设标准的翻译应符合下列要求：

（一）标准译文应当完整。标准的前引部分、正文部分、补充部分均应全文翻译，不得误译、缺译、漏译、跳译。

（二）标准译文应当准确，术语和符号应当统一，确保外文译本内容与中文版本一致。

（三）强制性条文译文必须采用黑体字。

（四）对我国特有、直译较难的词、句的翻译，可加译注。

（五）符合《工程建设标准英文版翻译细则》的有关要求。

第二十条 翻译组完成翻译工作后，应提交下列文件：

（一）翻译稿 2 份及其电子文本 1 份；

（二）翻译人员名单。

第五章 工程建设标准翻译稿的审核

第二十一条 翻译出版办公室组建审核组，落实审核人员。

第二十二条 审核人员应具备以下条件：

（一）有被认可的外语水平；

（二）有独立的审核能力及相关专业工作经验；

（三）熟悉工程建设标准编写规定。

第二十三条 工程建设标准翻译稿的审核实行主审负责制。由多人组成的审核组，应明确一名主审。

第二十四条 工程建设标准翻译稿的审核，一般采取函审方式，必要时可召开小型审核会议。

第二十五条 工程建设标准翻译审核任务书由翻译出版办公室下达。

第二十六条 工程建设标准翻译稿的审核内容包括：

（一）译文是否完整；

（二）内容是否准确，术语和符号是否统一；

（三）语法和修辞是否正确，用语是否恰当；

（四）译注是否贴切；

（五）译文格式、标点符号是否符合惯例。

第二十七条 工程建设标准翻译稿的审核工作应当符合下列要求：

（一）标准原文和翻译稿应对照审核；

（二）对数值、公式、图表、计量单位、强制性条文应重点审核；

（三）审核修改意见应标记明显，以示区别。

第二十八条 审核工作完成后，审核组应向翻译出版办公室报送下列文件：

（一）由主审人员签字的审核意见书；

（二）带审核标记的工程建设标准翻译稿或带审核修订标注的电子文本。

第六章 工程建设标准翻译文本的报批

第二十九条 翻译组根据审核组的审核意见，对翻译稿修改完善后，形成最终翻译文本。

第三十条 工程建设标准翻译文本经翻译小组组长签字后，连同其他报批文件报送翻译出版办公室。

第三十一条 工程建设标准翻译文本的报批文件应包括翻译文本、工作报告、审核意见各一式两份，以及电子文本一份。

第七章 工程建设标准翻译文本的批准公告

第三十二条 工程建设标准翻译文本由其中文版的批准部门批准公告。纳入住房和城乡建设部工程建设标准翻译工作计划的行业标准和地方标准，批准公告后报住房和城乡建设部备案。

第三十三条 工程建设标准翻译文本批准后，其公告由批准部门在政府公报及指定媒体上公布。

第八章 工程建设标准外文版的出版发行

第三十四条 工程建设标准英文版的出版印刷应符合《工程建设标准英文版出版印刷规定》；其他语种可参照《工程建设标准英文版出版印刷规定》出版印刷。

第三十五条 工程建设标准翻译文本应当由中国工程建设标准化协会统一组织出版发行。由行业、地方工程建设标准化管理机构自行组织的翻译文本，可由其相应的管理机构组织出版发行。

第三十六条 工程建设标准外文版的出版应选择标准批准部门指定的正式出版单位出版。

第三十七条 工程建设标准外文版的版权归该外文版标准的批准部门所有。

第三十八条 未经批准，任何单位和个人不得出版和发行工程建设标准外文版。

第九章 工程建设标准外文版的修订

第三十九条 工程建设标准中文版修订或局部修订后，相应的工程建设标准外文版也应及时进行修订或局部修订，并予以公告。

第四十条 工程建设标准外文版的修订或局部修订，除应符合本办法的有关规定外，尚应符合以下要求：

（一）工程建设标准外文版修订后，应及时出版发行。

（二）工程建设标准外文版局部修订后，应在政府公报及指定媒体上公布修订内容。该标准外文版再版时，应将局部修订内容及时纳入并在封面或文本中予以标注。

第十章 工程建设标准外文版的日常管理

第四十一条 翻译出版办公室负责工程建设标准外文版的日常管理，履行下列职责：
（一）搜集、汇总工程建设标准外文版的翻译出版信息；
（二）根据中文版的修订情况，及时组织相应标准外文版的修订或局部修订；
（三）处理外文版使用过程中遇到的有关问题；
（四）及时搜集、整理工程建设标准外文版使用过程中的意见和建议；
（五）开展与国外有关标准化机构标准文本的交流与合作；
（六）负责工程建设标准外文版样书的管理。

第四十二条 应当从工程建设标准外文版发行收入中提取适当比例，作为翻译出版专项经费，推动工程建设标准翻译出版工作持续开展。

第十一章 附 则

第四十三条 《工程建设标准英文版翻译细则（试行）》《工程建设标准英文版出版印刷规定》另行制定。

第四十四条 本办法由住房和城乡建设部标准定额司负责解释。

第四十五条 本办法自发布之日起实施。

工程建设标准英文版翻译细则（试行）

（建标标函〔2008〕79号）

为规范工程建设标准英文版的翻译工作，根据《工程建设标准翻译出版工作管理办法》，制定本细则。

1 翻译质量及技术要求

1.1 基本要求

1）工程建设标准的翻译必须忠于原文，并遵守完整、准确、规范、统一的原则。一旦出现异议时，以中文版为准。

2）标准的译文应当完整。标准的前引部分、正文部分、补充部分都应全文翻译；脚注、附录、图、表、公式以及相应的文字都应翻译并完整地反映在译文中，不得误译、漏译。

3）强制性条文的翻译必须审慎处理，不存在歧义，准确反映原文要求，译文用黑体字注明。

4）译文的内容、术语应当准确，语法应当恰当，行文流畅，符合国际主流英文标准的习惯表达。

5）标准中的重复语句、典型语句、术语、常用短语、计量单位、专业词汇应当前后统一。

6）标准翻译稿的幅面、版面、格式、字体等应当规范并符合《工程建设标准英文版出版印刷规定》，图表、公式的编号应与原文相一致。

1.2 具体要求

1）数字表示应符合英文表达习惯。

2）标准中的符号、代号、计量单位、公式应直接引用原文，时间、货币、标点符号可按英文惯例翻译或表达。

3）标准中的公文代号，应用英文全拼大写表示，如"建标函〔2008〕79号"表示为JIANBIAOHAN〔2008〕No.79。

4）日期按译文语言，应采用公历，按月、日、年顺序排列（例如，December 1, 2006，或Dec 1, 2006）。

5）术语的英文翻译，应以中文版中的英文术语为准。如果中文版中英文术语表达不准确或出现错误，翻译人员应参考类似国际标准寻找对等表达，并与编制组共同商议后做出必要修正，并在译文中注明；对来自于英语技术标准的中文术语，应恢复其英语表述。

6）标准名称应以中文版的英文译名为准。如果中文版标准名称的英文译文不准确，翻译人员可向翻译出版办公室提出书面修改建议。

7）人员的中文姓名译成英文时，采用标准汉语拼音，姓大写。外籍人员的姓名应按其原姓名或相应的英文姓名表达。地名、团体名、机构名，使用惯用译名。无惯用译名的，可自行翻译，必要时附注原文。

8）法律、法规、规范性文件等名称应采用官方或既定译法，其他文件、著作、文献名称采用既定译法。

9）缩写词在正文首次出现时，应全称译文，后附缩写词，如聚氯乙烯翻译为polyvinyl chloride（PVC），后文则可以在译文中直接使用缩写词。

10）译文的章节条款项的编号，应与中文版一致。

11）对我国独有的直译较难的词，可以意译，也可采用汉语拼音，必要时可加附注，如"雀替"（中国古建筑的特色构件之一，额枋与柱相交处，自柱内伸出，承托额枋之部件）可表达为queti（like the shape of sparrow, usually built between two gate posts and under the eave for the ancient Chinese architecture）。附注可采用两种方法，一是在第一次译出处附注，二是在译文的适当地方统一附注。

12）译文的句式结构或修辞方式应符合国际主流英文标准的表达习惯。

13）封面中标准名称的翻译，应全部使用大写字母。

2 典型用语的翻译

2.1 封面用语

1）中华人民共和国国家标准

NATIONAL STANDARD OF THE PEOPLE'S REPUBLIC OF CHINA

2）中华人民共和国行业标准

PROFESSIONAL STANDARD OF THE PEOPLE'S REPUBLIC OF CHINA

3）×××工程建设地方标准

PROVINCIAL CONSTRUCTION STANDARD OF ×××

4）××××××规范

混凝土结构设计规范

CODE FOR DESIGN OF CONCRETE STRUCTURES

5）×××发布

Issued by ×××

例如：Issued by the Ministry of Construction of the People's Republic of China

6）中华人民共和国建设部、国家质量监督检验检疫总局联合发布

Jointly issued by the Ministry of Construction（MOC）and the General Administration of Quality Supervision, Inspection and Quarantine（AQSIQ）of the People's Republic of China

7）中华人民共和国住房和城乡建设部、国家质量监督检验检疫总局联合发布

Jointly issued by the Ministry of Housing and Urban-Rural Development（MOHURD）and the General Administration of Quality Supervision, Inspection and Quarantine（AQSIQ）of the People's Republic of China

8）××××-××-××发布（例如，2006年5月23日发布）

Issued on M D, Y (Issued on May 23, 2006)

9）××××-××-××实施（例如：2006年5月23日实施）

Implemented on M D, Y (Implemented on May 23, 2006)

10）×××版

×××edition

11）代替 supersedes

例如

GB 50030—2013 代替 GB50030—91

GB 50030—2013 supersedes GB50030—91

2.2 扉页用语

1）主编部门

Developed by

2）主编单位

Prepared by

3）批准部门

Approved by

4）施行日期

Implementation Date

2.3 发布通知或公告用语

1）中华人民共和国建设部公告

Announcement of the Ministry of Construction of the People's Republic of China

2）中华人民共和国住房和城乡建设部公告

Announcement of the Housing and Urban-Rural Development of the People's Republic of China

3）关于发布国家标准×××的通知

Notice on Publishing the National Standard of "×××"

4）关于发布国家标准×××局部修订的公告

Announcement of Publishing the Partial Revision of National Standard "×××"

5）现批准×××为国家标准，标准编号为×××，自××××年××月××日起实施。

"×××" has been approved as a national standard with a serial number of ×××, and will be implemented on ×× ××, ××××.

6）×××为强制性条文，必须严格执行

××× is (are) mandatory one (ones) and must be implemented strictly

7）原×××同时废止

The former ××× will be cancelled and replaced accordingly

8）本规范由×××组织×××出版发行

Authorized by ×××, this code is published and distributed by ×××

9）继续有效

Remains valid

10）复审

Review

11）备案

Record

12）备案号

Record No.

13）附加说明

Additional Explanation

2.4 前言用语

1）前言

Foreword

2）根据住房和城乡建设部建标〔×××〕×××号《关于印发"×××年工程建设标准制订、修订计划"的通知》的要求

According to the requirements of Document JIANBIAO〔×××〕No. ××× issued by The Ministry of Housing and Urban-Rural Development（MOHURD）- "Notice on Printing and Distributing 'the Development and Revision Plan of National Engineering Construction Standards in ×××'"

3）本规范以黑体字标志的条文为强制性条文，必须严格执行

The provision（s）printed in bold type is（are）mandatory one（ones）and must be implemented strictly

4）本国家标准等同采用 IEC（ISO）××××标准：

This standard is identical to IEC（ISO）××××

本国家标准修改（等效）采用 IEC（ISO）××××标准：

This standard is modified in relation to IEC（ISO）××××

本国家标准非等效采用 IEC（ISO）××××标准：

This standard is modified based upon IEC（ISO）××××

本国家标准对先前版本技术内容作了下述重要修改

There have been some significant changes in this national standard over its previous edition in the following technical aspects

本国家标准与所采用国际标准的主要技术差异

The main technical differences between the national standard and the international standard adopted

5）请各单位在执行本标准过程中，注意总结经验，积累资料，随时将有关意见和建议寄交×××

All relevant organizations are kindly invited to summarize and accumulate actual experiences when implementing this code. Relevant comments and recommendations, whenever necessary, Should be submitted to ×××

6）本标准（规范）共分××章，其主要内容为

The standard (code) consists of ×× chapters, covering:

7）本标准（规范）由建设部负责管理和对强制性条文的解释

This standard (code) is under the jurisdiction of, and its mandatory provisions are interpreted by the Ministry of Construction

8）由×××负责具体技术内容的解释

××× is in charge of the explanation of technical specifications

9）本国家标准由××××提出

This national standard was proposed by ××××

本国家标准由××××归口

This national standard is under the jurisdiction of ××××

本国家标准由××××起草

This national standard was drafted by ××××

10）参编单位

Co-Development Organizations

11）参加单位

Participating Development Organizations

12）主要起草人

Chief Drafter

13）主要审查人

Chief Reviewer

14）日常管理

Routine management

15）具体解释

Specific interpretation

2.5 目次用语

1）目次（目录）

Contents

2）总则

General provisions

3）术语和符号

Terminologies and symbols

4）附录

Appendix

5）用词说明

Wording Explanation

2.6 总则用语

1）为了×××，制定本规范

This code is prepared with a view to ×××

2）安全适用

Safety and applicability

3）经济合理

Cost-effectiveness

4）本标准（规范）适用于……

This standard (code) is applicable to ……

5）本标准（规范）不适用于……

This standard (code) is not applicable to ……

6）新建、扩建、改建

New Construction, extension and renovation

7）除应符合本标准（规范）要求外，尚应符合国家现行有关标准（规范）的规定

In addition to the requirements stipulated in this standard (code), those stipulated in the current relevant standards of the nation shall be complied with

8）本标准规定……的尺寸

This standard specifies the dimensions of ……

9）本标准规定……的方法

This standard specifies a method of ……

10）本标准规定……的性能

This standard specifies the characteristics of ……

11）本标准规定……的系统

This standard establishes a system for ……

12）本标准规定……的基本原理

This standard establishes general principles for……

2.7 引用标准 Normative References

下列文件对于本文件的应用是必不可少的。凡是注日期的引用文件，仅注日期的版本适用于本文件。凡是不注日期的引用文件，其最新版本（包括所有的修改单）适用于本文件。

The following documents for the application of this document is essential. Any dated reference, just dated edition applies to this document. For undated references, the latest edition (including any amendments) applies to this document.

2.8 术语和定义 Terminologies and Definitions

1）以下及××××给出的术语和定义适用于本标准

For the purposes of this standard, the terminologies and definitions given in ×××× and the following apply.

2）下列术语和定义适用于本规范

For the purposes of this standard, the following terminologies and definitions apply.

2.9 正文用语

1）必须

Must

2）严禁

Must not

3）应

Shall

4）不应

Shall not

5）宜

Should

6）不宜

Should not

7）可

May

8）不可

May not

9）符合下列规定（要求）Be in accordance with the following requirements

10）应符合×××的规定（要求）

Shall meet the requirements of ×××

11）应按×××执行

Shall comply with ×××

12）遵守下列规定（要求）

Be in compliance with the following requirements

13）符合表×××的规定（要求）Be in accordance with those specified in Table ×××

14）按照表×××的规定（要求）确定

Be determined according to those specified in Table ×××

15）符合图×××的规定（要求）

Be in accordance with those specified in Figure ×××

16）按下式计算

Be calculated according to the following formula

17）按下列公式计算

Be calculated according to the following formula

18）符合下列情况之一的，应……

Under one of the following cases, …… shall ……

19）式中

Where

20）注

Note

21）图

Figure

22）大于

Be larger than

23）小于

Be less than

24）等于

Be equal

25）超过

Exceed

26）国家现行有关标准

Current relevant standard of the nation

27）现行国家标准

Current national standard

28）一般规定（要求）

General requirement

29）基本规定（要求）

Basic requirement

30）特殊规定（要求）

Particular requirement

31）当……时

In case of, 或 where

32）引用标准名录

Quoted Standard List

2.10 本规范用词用语说明（译者按下列翻译）

原文内容：

1 为了便于在执行本规范条文时区别对待，对要求严格程度不同的用词说明如下：

1）表示很严格，非这样做不可的：

正面词采用"必须"，反面词采用"严禁"。

2）表示严格，在正常情况均应这样做的：

正面词采用"应"，反面词采用"不应"或"不得"。

3）表示允许稍有选择，在条件许可时首先应这样做的：

正面词采用"宜"，反面词采用"不宜"；

4）表示有选择，在一定条件下可以这样做的，采用"可"。

2 规范中指定应按其他有关标准、规范执行时，写法为："应符合……的规定"或"应按……执行"。

英文翻译：

1. Words used for different degrees of strictness are explained as follows in order to mark the differences in implementing the requirements of this code.

1) Words denoting a very strict or mandatory requirement:

"Must" is used for affirmation; "must not" for negation.

2) Words denoting a strict requirement under normal conditions:

"Shall" is used for affirmation; "shall not" for negation.

3) Words denoting a permission of a slight choice or an indication of the most suitable choice when conditions permit:

"Should" is used for affirmation; "should not" for negation.

4) "May" is used to express the option available, sometimes with the conditional permit.

2. "Shall comply with…" or "shall meet the requirements of…" is used in this code to indicate that it is necessary to comply with the requirements stipulated in other relative standards and codes.

3 标准化常用词的翻译

3.1 标准化及标准文件

1）标准化 standardization

2）国际标准 international standard

3）国家标准 national standard

4）行业标准 professional standard

5）地方标准 provincial standard

6）企业标准 company standard

7）规范 code

8）技术规范 technical code

9）通则 general rule

10）规程 specification

11）规则 rule

12）强制性标准 mandatory standard

13）推荐性标准 voluntary standard

14）法规 regulation

15）技术法规 technical regulation

16）强制性条文 mandatory provisions

3.2 标准文件的结构

1）目次 content

2）前言 foreword

3）范围 scope

4）引用标准 normative references

5）术语 terminologies

6）符号 symbol

7）测试 testing

8）试验 test

9）试验方法 test method

10）试验报告 test report

11）分类 classification

12）附录 appendix

3.3 标准文件的层次划分

1）章 chapter

2）节 section

3）条 article

4）款 item

工程建设标准英文版出版印刷规定

(建标标函〔2008〕78号)

第一条 为了统一工程建设标准英文版（简称英文版标准）的幅面大小和出版印刷的格式、字体、字号，提高出版印刷质量，制定本规定。

第二条 本规定适用于工程建设国家标准、行业标准、地方标准英文版的出版印刷。

第三条 英文版标准的出版印刷除应符合本规定的要求外，尚应遵守《工程建设标准翻译出版工作管理办法》的有关规定。

第四条 英文版标准的幅面尺寸为787mm×1092mm的1/16（小16开），允许偏差±1mm。当出版印刷标准汇编本时，可采用其他幅面尺寸。

第五条 英文版标准的封面颜色采用C100M80蓝色，封面纸张采用250克铜版纸亚光压膜，正文纸张采用100克胶版纸。

第六条 当英文版标准中的图样、表格等不能缩小时，标准幅面可按实际需要延长或加宽，倍数不限。但在装订时应小于本规定的幅面尺寸。

第七条 英文版标准的字号和字体应符合附件一的规定。

第八条 封面格式和扉页格式应符合附件二的规定。

第九条 标准编号中的标准代号与顺序号之间不应空字。

第十条 英文译名的主体单词第一个字母应采用大写英文字母排版，其他一律采用小写英文字母排版。

第十一条 目次和正文中的每个章、附件及用词说明应另起一页排版。"章""节"必须有标题。"章""节"号后空一个字加标题居中排版："条"号应从左起顶格排版；"款"号从左起空两字排版；条文内容应在编号后空一字排版，以下各行均应顶格排版。当条文同要分段时，每段第一行均应从左起空两字排版，"项"号从左起空三字排版，其内容应在编号后接写，换行时应与首字对齐。

第十二条 附录的编号应采用大写拉丁字母排版从"A"起连续编号。编号应排列在"附录"后面，空一字加标题居中排版。

第十三条 正文中的"注"应采用1、2、3…序号编写，"注"的排版格式应另起一行列于所属条文下方，左起空两字排版，在"注"字后面加冒号，接排注释内容，每条注移行排版时应与上一行注释的第一个字对齐。中间各条注释结束后加分号或句号，最后一条注释结束后加句号。

第十四条 术语的定义另起一行排版，左端空两字书写，回行时应顶格排版。

第十五条 公式应另起一行居中排版，复杂而冗长的公式宜在等号处转行，当做不到时，应在运算符号处转行。公式下面的"式中"两字另行左起顶格排版，所要注释的符号应按公式中的先后顺序排版，破折号应一律对齐。

第十六条　所有插图均采用中文版原大排版。

第十七条　英文版标准后应附有该标准的中文版。

第十八条　翻译文本的出版应符合下列规定：

（一）文本必须经过严格的审查定稿。

（二）技术内容的翻译应完整无误，图文齐全；章、节、条、款层次清楚。

（三）翻译文本中所有文字不得用铅笔书写；字迹应清楚完整。凡用铅笔勾画、涂改的部分，均不得作为定稿依据。

（四）英文版标准中的俄文、英文、希腊文、罗马数字以及阿拉伯数字等，须严格区分，并应按中文版严格区分文字类别及大小写、正斜体、上下角标等。

（五）翻译文本应同时交打印稿和电子文档。当打印稿内容与电子文档不同时，出版社应以打印稿为准。

附件1

英文版标准的字号和字体

序号	页别	位置	文字内容	字体和字号
1	封面	左第一行	UDC	14P 黑正
2	封面	第二、三行	中华人民共和国国家标准（英文）	16P 黑正
3	封面	第二、三行	中华人民共和国行业标准（英文）	16P 黑正
4	封面	第四行	中华人民共和国国家标准	16P 中黑
5	封面	第四行	中华人民共和国行业标准	15P 中黑
6	封面	右第四行	标准的标记符号	70P 黑正
7	封面	左第五行	P	14P 黑正
8	封面	右第五行	标准编号	14P 黑正
9	封面	第六行	标准英文名称	19P 黑正
10	封面	第七行	标准名称	21P 小标宋
11	封面	左第八行	发布日期	12P 黑正
12	封面	右第八行	实施日期	12P 黑正
13	封面	第九行	中华人民共和国建设部	12P 黑正
14	封面	第十行	中华人民共和国国家质量监督检验检疫总局	12P 黑正
15	扉页	第一、二行	中华人民共和国国家标准（英文）	16P 白正
16	扉页	第一、二行	中华人民共和国行业标准（英文）	16P 白正
17	扉页	第三行	中华人民共和国国家标准	16P 宋体
18	扉页	第三行	中华人民共和国行业标准	15P 宋体
19	扉页	第五行	标准英文名称	16P 白正
20	扉页	第六行	标准名称	18P 小标宋
21	扉页	第七行	标准编号	11P 黑正
22	扉页	第八行	主编部门	11P 白正
23	扉页	第九行	批准部门	11P 白正
24	扉页	第十行	施行日期	11P 白正
25	扉页	第十一行	出版社名称（英文）	16P 白正
26	扉页	第十二行	出版社名称（中文）	16P 行楷
27	扉页	第十三行	出版地点及时间	11P 黑正
28	翻译出版说明		Introduction	16P 小标宋
29	翻译出版说明		翻译出版说明正文	11P 白正
30	发布公告		中华人民共和国住房和城乡建设部公告	16P 小标宋
31	发布公告		公告编号	12P 白正
32	发布公告		公告内容	11P 白正
33	发布通知		批准部门	11P 白正
34	前言	第一行	前言	14P 小标宋
35	前言	正文	前言正文	11P 白正

续上表

序号	页 别	位 置	文 字 内 容	字体和字号
36	前言		本标准主编单位、参编单位和主要起草人	11P 白正
37			主编单位	11P 白正
			参编单位	11P 白正
38			主要起草人	11P 白正
39			翻译人	11P 白正
40	目次	第一行	目次	14P 黑正
41	目次	正文	目次正文	11P 白正
42	各页	正文	本标准（规范）用词说明	11P 白正
43	各页	正文	章的编写及标题	14P 黑正
44	各面	正文	节的编写及标题	11P 黑正
45	各页	正文	并列叙述条、款的编号	11）黑正
46	各页	正文	条文中的注、图注	8P 白正
		采用说明		
47	各页	正文	条文中的图名	9P 白正
48	各页	正文	表格中的文字	8P 白正
49	各面	正文	表题及表序号	9P 白正
50	各页	正文	图中的数字和文字	7.5P 白正
51	各页	正文	公式、方程式、物理量符号	11P 白正
52	第二章		术语、符号	14P 黑正
			术语和符号的定义	11P 黑正
53	附录	第一行	附录及其编写	14P 黑正
54	末页		本标准（规范）用词说明	14P 黑正

工程建设标准涉及专利管理办法

(建办标〔2017〕3号)

第一章 总 则

第一条 为规范工程建设标准涉及专利的管理，鼓励创新和合理采用新技术，保护公众和专利权人及相关权利人合法权益，依据标准化法、专利法等有关规定制定本办法。

第二条 本办法适用于工程建设国家标准、行业标准和地方标准（以下统称标准）的立项、编制、实施过程中涉及专利相关事项的管理。

本办法所称专利包括有效的专利和专利申请。

第三条 标准中涉及的专利应当是必要专利，并应经工程实践检验，在该项标准适用范围内具有先进性和适用性。必要专利是指实施该标准必不可少的专利。

第四条 强制性标准一般不涉及收费许可使用的专利。

第五条 标准涉及专利相关事项的管理，应当坚持科学、公开、公平、公正、统一的原则。

第六条 国务院有关部门和省、自治区、直辖市人民政府有关部门，负责对所批准标准涉及专利相关事项的管理。

第二章 专利信息披露

第七条 提交标准立项申请的单位在立项申请时，应同时提交所申请标准涉及专利的检索情况。

第八条 在标准的初稿、征求意见稿、送审稿封面上，应当标注征集潜在专利信息的提示。在标准的初稿、征求意见稿、送审稿、报批稿前言中，应当标注标准涉及专利的信息。

第九条 在标准制修订任何阶段，标准起草单位或者个人应当及时向标准第一起草单位告知其拥有或知悉的必要专利，同时提供专利信息及相应证明材料，并对其真实性负责。

第十条 鼓励未参与标准起草的单位或者个人，在标准制修订任何阶段披露其拥有和知悉的必要专利，同时将专利信息及相应的证明材料提交标准第一起草单位，并对其真实性负责。

第十一条 标准第一起草单位应当及时核实本单位拥有及获得的专利信息，并对专利的必要性、先进性、适用性进行论证。

第十二条 任何单位或者个人可以直接将其知悉的专利信息和相关材料，寄送标准批准部门。

第三章 专利实施许可

第十三条 标准在制修订过程中涉及专利的，标准第一起草单位应当及时联系专利权人或者专利申请人，告知本标准制修订预计完成时间和商请签署专利实施许可声明的要求，并请专利权人或者专利申请人按照下列选项签署书面专利实施许可声明：

（一）同意在公平、合理、无歧视基础上，免费许可任何单位或者个人在实施该标准时实施其专利；

（二）同意在公平、合理、无歧视基础上，收费许可任何单位或者个人在实施该标准时实施其专利。

第十四条　未获得专利权人或者专利申请人签署的专利实施许可声明的，标准内容不得包括基于该专利的条款。

第十五条　当标准修订导致已签署的许可声明不再适用时，应当按照本办法的规定重新签署书面专利实施许可声明。当标准废止时，已签署的专利实施许可声明同时终止。

第十六条　对于已经向标准第一起草单位提交实施许可声明的专利，专利权人或者专利申请人转让或者转移该专利时，应当保证受让人同意受该专利实施许可声明的约束，并将专利转让或转移情况及相应证明材料书面告知标准第一起草单位。

第四章　涉及专利标准的批准和实施

第十七条　涉及专利的标准报批时，标准第一起草单位应当同时提交涉及专利的证明材料、专利实施许可声明、论证报告等相关文件。标准批准部门应当对标准第一起草单位提交的有关文件进行审核。

第十八条　标准发布后，对涉及专利但没有专利实施许可声明的，标准批准部门应当责成标准第一起草单位在规定时间内，获得专利权人或者专利申请人签署的专利实施许可声明，并提交标准批准部门。未能在规定时间内获得专利实施许可声明的，标准批准部门视情况采取暂停实施该标准、启动标准修订或废止程序等措施。

第十九条　标准发布后，涉及专利的信息发生变化时，标准第一起草单位应当及时提出处置方案，经标准批准部门审核后对该标准进行相应处置。

第二十条　标准实施过程中，涉及专利实施许可费问题，由标准使用人与专利权人或者专利申请人依据签署的专利实施许可声明协商处理。

第五章　附　　则

第二十一条　在标准制修订过程中引用涉及专利的标准条款时，应当按照本办法第三章的规定，由标准第一起草单位办理专利实施许可声明。

第二十二条　工程建设团体标准的立项、编制、实施过程中涉及专利相关事项可参照本办法执行。

第二十三条　本办法由住房城乡建设部负责解释。

第二十四条　本办法自2017年6月1日起实施。

住房城乡建设部办公厅关于培育和发展工程建设团体标准的意见

(建办标〔2016〕57号)

国务院有关部门，各省、自治区住房和城乡建设厅，直辖市建委及有关部门，新疆生产建设兵团建设局，国家人防办，中央军委后勤保障部军事设施建设局，各有关协会：

为落实《国务院关于印发深化标准化工作改革方案的通知》（国发〔2015〕13号），促进社会团体批准发布的工程建设团体标准（以下简称团体标准）健康有序发展，建立工程建设国家标准、行业标准、地方标准（以下简称政府标准）与团体标准相结合的新型标准体系，提出以下意见。

一、总体要求

（一）指导思想。

贯彻党的十八大和十八届三中、四中、五中、六中全会精神，借鉴国际成熟经验，立足国内实际情况，以满足市场需求和创新发展为出发点，加大工程建设标准供给侧结构性改革，激发社会团体制定标准活力，解决标准缺失滞后问题，支撑保障工程建设持续健康发展。

（二）基本原则。

——坚持市场主导，政府引导。发挥市场对资源配置的决定性作用，通过竞争机制促进团体标准发展。政府积极培育团体标准，引导鼓励使用团体标准，为团体标准发展营造良好环境。

——坚持诚信自律，公平公开。加强团体标准制定主体的诚信体系和自律机制建设，提高团体标准公信力。团体标准制定应遵循公共利益优先原则，做到行为规范、程序完备。

——坚持创新驱动，国际接轨。团体标准制定要积极采用创新成果，促进科技成果市场化，推动企业转型升级。鼓励团体标准制定主体积极参与国际标准化活动，提升中国标准国际化水平，促进中国标准"走出去"。

（三）总体目标。

到2020年，培育一批具有影响力的团体标准制定主体，制定一批与强制性标准实施相配套的团体标准，团体标准化管理制度和工作机制进一步健全和完善。到2025年，团体标准化发展更为成熟，团体标准制定主体获得社会广泛认可，团体标准被市场广泛接受，力争在优势和特色领域形成一些具有国际先进水平的团体标准。

二、营造良好环境，增加团体标准有效供给

（一）放开团体标准制定主体。

团体标准是指由社会团体批准发布、服务于工程建设的标准。对团体标准制定主体资格，不得设置行政许可，鼓励具有社团法人资格、具备相应专业技术和标准化能力的协会、学会等社会团体制定团体标准，供社会自愿采用。发布的团体标准，不需行政备案。团体标准的著作权由团体标准制定主体享有，并自行组织出版。标准版式应与国际惯例接轨。

（二）扩大团体标准制定范围。

在没有国家标准、行业标准的情况下，鼓励团体标准制定主体及时制定团体标准，填补政府标准空白。根据市场需求，团体标准制定主体可通过制定团体标准，细化现行国家标准、行业标准的相关要求，明确具体技术措施，也可制定严于现行国家标准、行业标准的团体标准。团体标准包括各类标准、规程、导则、指南、手册等。

（三）推进政府推荐性标准向团体标准转化。

住房城乡建设主管部门原则上不再组织制定推荐性标准。政府标准批准部门要按照《关于深化工程建设标准化工作改革的意见》（建标〔2016〕166号），加强标准复审，全面清理现行标准，向社会公布可转化成团体标准的项目清单，对确需政府完善的标准，应进行局部修订或整合修订。鼓励有关社会团体主动承接可转化成团体标准的政府标准，对已根据实际情况修订为团体标准的，政府标准批准部门应及时废止相应标准，并向社会公布相关信息。

三、完善实施机制，促进团体标准推广应用

（一）推动使用团体标准。

团体标准经建设单位、设计单位、施工单位等合同相关方协商同意并订立合同采用后，即为工程建设活动的依据，必须严格执行。政府有关部门应发挥示范作用，在行政监督管理和政府投资工程项目中，积极采用更加先进、更加细化的团体标准，推动团体标准实施。鼓励社会第三方认证、检测机构积极采用团体标准开展认证、检测工作，提高认证、检测的可靠性和水平。

（二）鼓励引用团体标准。

政府相关部门在制定行业政策和标准规范时，可直接引用具有自主创新技术、具备竞争优势的团体标准。被强制性标准引用的团体标准应与该强制性标准同步实施。引用团体标准可全文引用或部分条文引用，同时要加强动态管理，增强责任意识，及时掌握被引用标准的时效性，做好引用与被引用规定的衔接，避免产生矛盾。

（三）加强团体标准宣传和信息服务。

团体标准制定主体要加强团体标准的宣传和推广工作，建立或优化现有信息平台，做好对已发布标准的信息公开，以及标准解释、咨询、培训、技术指导和人才培养等服务。鼓励团体标准制定主体在其他媒体上公布其批准发布的标准目录，以及各标准的编号、适用范

围、专利应用、主要技术内容等信息，供工程建设人员和社会公众查询。

四、规范编制管理，提高团体标准质量和水平

（一）加强团体标准制度建设。

团体标准制定主体应建立健全团体标准管理制度，明确标准编制程序、经费管理、技术审查、咨询解释、培训服务、实施评估等相关要求。团体标准编号遵循全国统一规则，依次由团体标准代号（T/）、社会团体代号、团体标准顺序号和年代号组成，其中社会团体代号应合法且唯一。

（二）严格团体标准编制管理。

团体标准制定主体应遵循开放、公平、透明和协商一致原则，吸纳利益相关方广泛参与。要切实加强标准起草、征求意见、审查、批准等过程管理，确保团体标准技术内容符合其适用地域范围内的法规规定和强制性标准要求。对标准的实施情况要跟踪评价，定期开展团体标准复审，及时开展标准的修订工作，对不符合行业发展和市场需要的团体标准应及时废止。

（三）提高团体标准技术含量。

团体标准在内容上应体现先进性。结合国家重大政策贯彻落实和科技专项推广应用，鼓励将具有应用前景和成熟先进的新技术、新材料、新设备、新工艺制定为团体标准，支持专利融入团体标准。对技术水平高、有竞争力的企业标准，在协商一致的前提下，鼓励将其制定为团体标准。鼓励团体标准制定主体借鉴国际先进经验，制定高水平团体标准，积极开展与主要贸易国的标准互认。

五、加强监督管理，严格团体标准责任追究

（一）加强内部监督。

团体标准制定主体要完善团体标准自主制定、自主管理、自我约束机制，落实各环节责任，强化责任追究。鼓励团体标准制定主体实施标准化良好行为规范和团体标准化良好行为指南，加强诚信自律建设，规范内部管理，及时回应和处理社会公众的意见和建议、投诉和举报，营造诚实、守信、自律的团体标准信用环境，以高标准、严要求开展标准化工作。

（二）强化社会监督。

鼓励团体标准制定主体将团体标准有关管理制度、工作信息向社会公开，接受社会监督。要在各自网站上设置社会公众参与监督窗口，畅通社会公众特别是团体标准使用者发表意见和建议、投诉和举报的渠道。对违反法律法规和强制性标准的团体标准，有关部门要严肃认真作出相应处理，并在政府门户网站公开处理结果。

中华人民共和国住房和城乡建设部办公厅
2016年11月15日

关于贯彻落实《中共中央 国务院关于全面实施预算绩效管理的意见》的通知

(财预〔2018〕167号)

党中央有关部门，国务院各部委、各直属机构，中央军委后勤保障部，武警各部门，全国人大常委会办公厅，政协全国委员会办公厅，高法院，高检院，各民主党派中央，有关人民团体，有关中央管理企业，各省、自治区、直辖市、计划单列市财政厅（局），新疆生产建设兵团财政局：

为深入贯彻落实《中共中央 国务院关于全面实施预算绩效管理的意见》（以下简称《意见》），加快建成全方位、全过程、全覆盖的预算绩效管理体系，提高财政资源配置效率和使用效益，增强政府公信力和执行力，现就有关事项通知如下：

一、充分认识全面实施预算绩效管理的重要意义

全面实施预算绩效管理是推进国家治理体系和治理能力现代化的内在要求，是深化财税体制改革、建立现代财政制度的重要内容，是优化财政资源配置、提升公共服务质量的关键举措，是推动党中央、国务院重大方针政策落地见效的重要保障。《意见》以习近平新时代中国特色社会主义思想为指导，全面贯彻党的十九大和十九届二中、三中全会精神，按照高质量发展要求，紧紧围绕统筹推进"五位一体"总体布局和协调推进"四个全面"战略布局，坚持以供给侧结构性改革为主线，聚焦解决当前预算绩效管理中存在的突出问题，对全面实施预算绩效管理进行统筹谋划和顶层设计，是新时期预算绩效管理工作的根本遵循。

全面实施预算绩效管理是政府治理方式的深刻变革，是一项长期的系统性工程，涉及面广、难度大。各地区各部门要切实把思想认识行动统一到党中央、国务院决策部署上来，深刻学习领会《意见》的精神实质，准确把握核心内涵，进一步增强责任感和紧迫感，把深入贯彻落实《意见》要求、全面实施预算绩效管理作为当前和今后一段时期财政预算工作的重点，真抓实干、常抓不懈，确保全面实施预算绩效管理各项改革任务落到实处，不断提高财政资源配置效率和使用效益。

二、结合实际制定贯彻落实方案

各地区各部门要深入分析本地区本部门预算绩效管理工作实际，对照《意见》要求，准确查找存在的差距和突出问题，抓紧研究制定具体、有针对性、可操作的贯彻落实方案，明确下一步全面实施预算绩效管理的时间表和路线图，着力抓重点、补短板、强弱项、提质

量，确保贯彻落实党中央、国务院决策部署不跑偏、不走样。各级财政部门要抓紧完善预算绩效管理制度办法，组织指导本级部门、单位和下级财政部门全面实施预算绩效管理工作，重点关注预算收支总量和结构，加强预算执行监管，推动财政预算管理水平明显提升。各部门各单位要切实履行预算绩效管理主体责任，健全预算绩效管理操作规范和实施细则，建立上下协调、部门联动、层层抓落实的工作责任制，将绩效管理责任分解落实到具体预算单位、明确到具体责任人，确保每一笔资金花得安全、用得高效。

到 2020 年底中央部门和省级层面要基本建成全方位、全过程、全覆盖的预算绩效管理体系，既要提高本级财政资源配置效率和使用效益，又要加强对下转移支付的绩效管理，防止财政资金损失浪费；到 2022 年底市县层面要基本建成全方位、全过程、全覆盖的预算绩效管理体系，做到"花钱必问效、无效必问责"，大幅提升预算管理水平和政策实施效果。

三、抓好预算绩效管理的重点环节

（一）预算编制环节突出绩效导向。将绩效关口前移，各部门各单位要对新出台重大政策、项目，结合预算评审、项目审批等开展事前绩效评估，评估结果作为申请预算的必备要件，防止"拍脑袋决策"，从源头上提高预算编制的科学性和精准性。加快实现本级政策和项目、对下共同事权分类分档转移支付、专项转移支付绩效目标管理全覆盖，加快设立部门和单位整体绩效目标。财政部门要严格绩效目标审核，未按要求设定绩效目标或审核未通过的，不得安排预算。

（二）预算执行环节加强绩效监控。按照"谁支出、谁负责"的原则，完善用款计划管理，对绩效目标实现程度和预算执行进度实行"双监控"，发现问题要分析原因并及时纠正。逐步建立重大政策、项目绩效跟踪机制，按照项目进度和绩效情况拨款，对存在严重问题的要暂缓或停止预算拨款。加强预算执行监测，科学调度资金，简化审核材料，缩短审核时间，推进国库集中支付电子化管理，切实提高预算执行效率。

（三）决算环节全面开展绩效评价。加快实现政策和项目绩效自评全覆盖，如实反映绩效目标实现结果，对绩效目标未达成或目标制定明显不合理的，要作出说明并提出改进措施。逐步推动预算部门和单位开展整体绩效自评，提高部门履职效能和公共服务供给质量。建立健全重点绩效评价常态机制，对重大政策和项目定期组织开展重点绩效评价，不断创新评价方法，提高评价质量。

（四）强化绩效评价结果刚性约束。健全绩效评价结果反馈制度和绩效问题整改责任制，形成反馈、整改、提升绩效的良性循环。各级财政部门要会同有关部门抓紧建立绩效评价结果与预算安排和政策调整挂钩机制，按照奖优罚劣的原则，对绩效好的政策和项目原则上优先保障，对绩效一般的政策和项目要督促改进，对低效无效资金一律削减或取消，对长期沉淀的资金一律收回，并按照有关规定统筹用于亟需支持的领域。

（五）推动预算绩效管理扩围升级。绩效管理要覆盖所有财政资金，延伸到基层单位和资金使用终端，确保不留死角。推动绩效管理覆盖"四本预算"，并根据不同预算资金的性质和特点统筹实施。加快对政府投资基金、主权财富基金、政府和社会资本合作（PPP）、政府购买服务、政府债务项目等各项政府投融资活动实施绩效管理，实现全过程跟踪问效。

积极推动绩效管理实施对象从政策和项目预算向部门和单位预算、政府预算拓展，稳步提升预算绩效管理层级，逐步增强整体性和协调性。

四、加强绩效管理监督问责

（一）硬化预算绩效责任约束。财政部门要会同审计部门加强预算绩效监督管理，重点对资金使用绩效自评结果的真实性和准确性进行复核，必要时可以组织开展再评价。财政部驻各地财政监察专员办事处要发挥就地就近优势，加强对本地区中央专项转移支付绩效目标和绩效自评结果的审核。对绩效监控、绩效评估评价结果弄虚作假，或预算执行与绩效目标严重背离的部门和单位及其责任人要提请有关部门进行追责问责。

（二）加大绩效信息公开力度。大力推动重大政策和项目绩效目标、绩效自评以及重点绩效评价结果随同预决算报送同级人大，并依法予以公开。探索建立部门和单位预算整体绩效报告制度，促使各部门各单位从"要我有绩效"向"我要有绩效"转变，提高预算绩效信息的透明度。

（三）推动社会力量有序参与。引导和规范第三方机构参与预算绩效管理，加强执业质量全过程跟踪和监管。搭建专家学者和社会公众参与绩效管理的途径和平台，自觉接受社会各界监督，促进形成全社会"讲绩效、用绩效、比绩效"的良好氛围。

五、健全工作协调机制

（一）财政部门加强组织协调。各级财政部门要赋予部门和资金使用单位更多的管理自主权，强化预算绩效管理工作考核，充实预算绩效管理机构和人员力量，加大宣传培训力度，指导部门和单位提高预算绩效管理水平。完善共性绩效指标框架，组织建立分行业、分领域、分层次的绩效指标体系，推动绩效指标和评价标准科学合理、细化量化、可比可测，夯实绩效管理基础。加快推进绩效管理信息化建设，逐步完善互联互通的预算绩效"大数据"系统，为全面实施预算绩效管理提供重要支撑。加强与人大、监察、审计等机构的协调配合，健全工作机制，形成改革合力，确保全面预算绩效管理工作顺利实施。

（二）各部门完善内部工作机制。各部门各单位要按照预算和绩效管理一体化要求，结合自身业务特点，优化预算管理流程，完善内控制度，明确部门内部绩效目标设置、监控、评价和审核的责任分工，加强部门财务与业务工作紧密衔接。建立健全本行业、本领域核心绩效指标体系，明确绩效标准，规范一级项目绩效目标设置，理顺二级项目绩效目标逐级汇总流程，推动全面实施预算绩效管理工作常态化、制度化、规范化。

（三）推进配套改革。加强预算绩效管理与机构和行政体制改革、政府职能转变、深化放管服改革等有效衔接，统筹推进中期财政规划、政府收支分类、项目支出标准体系、国库现金管理、权责发生制政府综合财务报告制度等财政领域相关改革，抓紧修改调整与预算绩效管理要求不相符的规章制度，切实提高改革的系统性和协同性。

财政部
2018年11月8日

交通运输科研项目经费管理暂行办法

(财建〔2011〕322号)

第一条 为进一步规范交通运输科研经费（以下简称：科研经费）的使用管理，提高资金的使用效益，根据《中华人民共和国预算法》和国家现行财政财务法规制度，结合交通运输科研工作实际，制定本办法。

第二条 本办法所称科研经费是指中央财政从车辆购置税和港口建设费中安排用于交通运输科学技术（包括科学成果试验）研究应用、发展战略（规划）研究、标准（定额）制订等研究工作的资金。

第三条 科研经费的安排使用原则。

（一）符合交通运输发展总体规划及相关专项规划的要求；

（二）有利于促进交通运输科技成果转化和高新技术的应用，以及交通运输行业总体科研能力和科技人员素质的提高；

（三）符合科学管理、突出重点、专款专用、讲求实效的要求；

（四）符合公平、公开、公正的办事程序。

第四条 科研经费的使用范围。

（一）交通运输行业发展战略、规划和政策的研究制订，经济运行统计、调查、分析；

（二）交通运输行业应用基础和软科学研究；

（三）交通运输行业建设与发展共性技术、重大关键技术的研究开发与推广应用，重点保障西部交通建设科研项目需要；

（四）综合运输标准体系、计量与质量体系的研究；

（五）公路、水运工程建设和维护定额、规范（程）的制定（修订）；

（六）与科研经费项目有关的招标、评审及其他管理费用的支出，评审及管理费用在经费总额的2%范围内据实列支；

（七）财政部批准的其他支出。

第五条 科研经费实行项目管理。

（一）由交通运输部会同财政部建立项目库，并对项目实行滚动管理；

（二）年度项目的安排，原则上从项目库中选取。根据党中央、国务院的部署，急需安排的项目除外；

（三）由交通运输部商财政部组织建立项目专家库；

（四）项目选定后，必须以项目任务书（合同）的方式明确交通运输部和项目承担单位的权利和义务，其中项目经费的具体数额不得突破财政部批复的预算金额；

（五）项目任务书（合同）签订后 30 日内，交通运输部相关项目主管部门应将项目经费支出预算录入项目库备查。

第六条　项目承担单位应具备的条件。

（一）具有法人资格；

（二）财务管理制度健全，具有良好的资信；

（三）具有相应的专业技术人员和必要的技术手段；

（四）从事过与拟承担的项目相近领域的技术、科研工作或取得过相关研究成果；

（五）根据有关项目特点应具备的其他条件。

第七条　项目承担单位的确定。

（一）项目承担单位的确定，原则上实行招标或专家评审方式；

（二）实行招标的项目，在交通运输部政府网站和中国交通报等媒体上发布招标公告，向社会公开招标确定项目承担单位；

（三）实行专家评审的项目，参加项目评审的专家原则上从专家库中随机抽取并不得少于 7 人，专家对项目的评审意见必须由专家本人签名后存档备查；

（四）与依托工程结合密切，且不宜进行公开招投标和专家评审的项目，由交通运输部商财政部根据实际建设需要研究确定项目承担单位；依托工程是指项目在实施过程中所依附的建设工程实体。

第八条　科研经费的预、决算管理。

（一）科研经费的预算申报，按其资金来源分别按照公共财政预算和政府性基金预算管理的相关规定报财政部审批；

（二）科研经费项目支出预算一经批准，不得随意变更。因特殊情况确需变更的，应按规定程序报批；

（三）科研经费的支付管理按照财政国库管理制度相关规定执行；

（四）科研经费的决算按照财政部有关规定办理。

第九条　科研经费只能用于项目本身所必须的支出，主要包括：人员经费、原材料、燃料动力、加工试验费用、其他直接费用和分摊费用以及外付费用等。

项目结（转）余资金按照财政拨款结转和结余资金现行管理规定执行。

第十条　科研经费的追踪问效和监督管理。

（一）科研项目完成后，应按规定程序组织验收。科研项目验收或项目成果发布 1 个月内，交通运输部相关项目主管部门应将项目文字性成果和项目经费使用情况录入项目库；

（二）交通运输部相关项目主管部门应注重科研成果的转化和推广应用。项目成果知识产权的管理及权属界定按照《国务院办公厅转发科技部财政部关于国家科研计划项目研究成果知识产权管理的若干规定的通知》（国办发 30 号文件）等相关规定执行；

（三）交通运输部财务主管部门应选择部分项目开展绩效评价，评价结果作为以后年度安排资金的重要依据；

（四）科研经费必须按规定使用，任何单位或个人不得截留、挤占、挪用科研经费。对于违反规定的，一经查出，将停止科研经费的拨款，除追缴被截留、挤占、挪用的科研经费外，还将视情况取消有关单位承担交通运输科研项目的资格，并通报批评；

（五）科研经费的使用单位应遵守国家财政财务规章制度和财经纪律，自觉接受国家财政、审计等部门的监督检查。

第十一条 本办法由财政部负责解释。

第十二条 本办法自印发之日起执行。此前有关规定与本办法不一致的，以本办法为准。

财政部 交通运输部关于推进交通运输领域政府购买服务的指导意见

(财建〔2016〕34号)

各省、自治区、直辖市、计划单列市财政厅(局)、交通运输厅(局),交通运输部部属单位:

为积极稳妥、规范有序地推进公路水路交通运输领域政府购买服务工作,更好地发挥市场在资源配置中的决定作用,根据《国务院办公厅关于政府向社会力量购买服务的指导意见》(国办发〔2013〕96号)、《政府购买服务管理办法(暂行)》(财综〔2014〕96号)等规定,结合公路水路交通运输领域实际,提出以下实施意见。

一、重要意义

推进政府购买服务是中央对进一步转变职能、创新管理、深化改革作出的重大部署。交通运输是政府提供公共服务的重要领域之一,具有服务内容广泛、服务事项繁多、服务投入大等显著特点。通过引入市场机制,将公路水路交通运输领域部分政府公共服务事项从"直接提供"转为"购买服务",按照一定的方式和程序交由社会力量承担,有利于促进转变政府职能,加快推进交通运输治理体系和治理能力现代化;有利于激发市场活力,实现公共资源配置效率最大化,提高财政资金的使用效率;有利于调动社会力量参与交通运输领域治理、提供交通运输服务的积极性,构建多层次、多方式公路水路交通运输服务市场供给体系。

二、指导思想、工作目标和基本原则

(一)指导思想。

深入贯彻落实党的十八大和十八届三中、四中、五中全会精神,按照国务院推进政府购买服务部署要求,围绕"综合交通、智慧交通、绿色交通、平安交通"建设,加快转变政府职能,推进政事分开和政社分开,进一步放开服务市场准入,引入市场竞争机制,创新服务提供机制和方式,提高财政资金的使用效益,提升公共服务的效率和水平,推动公路水路交通运输服务体系建设,完善交通运输现代市场体系,努力为人民群众提供安全便捷、畅通高效、绿色智能的交通运输服务。

(二)工作目标。

到2020年,基本建立比较完善的公路水路交通运输领域政府购买服务制度,形成与交通运输部门管理职能相匹配、与交通运输发展水平相适应、高效合理的交通运输服务资源配置体系和供给体系，服务质量和水平显著提高。

（三）基本原则。

公路水路交通运输领域政府购买服务工作应遵循以下原则：

——积极稳妥，有序实施。立足公路水路交通运输发展的阶段性特征，准确把握交通运输服务的需求特点、供给格局和承接能力，充分发挥政府主导作用，逐步扩大购买服务范围，有序引导社会力量参与服务供给。

——科学规范，注重实效。建立公路水路交通运输领域政府购买服务的制度，明确购买的主体、内容、程序和机制，科学谋划、精打细算，明确权利与义务、责任与风险，引入服务对象评价与反馈机制，保障政府购买服务的针对性和有效性。

——公开择优，动态调整。按照公开、公平、公正原则，通过竞争择优的方式选择承接政府购买服务的社会力量，确保具备条件的社会力量平等参与竞争。加强公路水路交通运输领域政府购买服务的监督检查和科学评估，建立优胜劣汰的动态调整机制。

——改革创新，总结提升。清理和废除妨碍公平竞争的制度障碍，注重与事业单位分类改革相衔接，有效解决公路水路交通运输领域存在的服务产品短缺、服务质量效率不高等问题。及时总结改革实践经验，不断提升公路水路交通运输领域政府购买服务的工作水平。

三、主要工作

（一）购买主体。

政府向社会力量购买公路水路交通运输服务的主体为各级交通运输行政单位和具有行政管理职能的事业单位。

（二）承接主体。

承接政府向社会力量购买公路水路交通运输服务的主体主要为具备提供公路水路交通运输服务能力，依法在登记管理部门登记或经国务院批准免予登记的社会组织、按事业单位分类改革应划入公益二类或转为企业的事业单位，依法在工商管理或行业主管部门登记成立的企业、机构等社会力量。购买主体要结合本地实际和购买公路水路交通运输服务的内容、特点、标准和要求等，按照公开、公平、公正原则，科学选定承接主体。

（三）购买内容。

除法律法规另有规定，或涉及国家安全、保密事项等不适合向社会力量购买或者应当由行政事业单位直接提供的服务项目外，下列公路水路交通运输服务事项可通过政府购买方式，逐步交由社会力量承担：

1. 公路服务事项。包括农村公路建设与养护、政府收费还贷（债）高速公路服务区经营管理、公路桥梁隧道定期检查和检测、公路信息服务等服务事项。

2. 水路服务事项。包括公共航道维护性疏浚、清障扫床、整治建筑物维护、航道设备（除航标外）保养维护和维修、港口公用基础设施检测维护、水路信息服务等服务事项。

3. 运输服务事项。包括公路客运场站运营管理、农村客运渡口渡运服务、城市客运场站枢纽运营管理、城市公共交通运输服务、农村道路旅客运输服务、出租汽车综合服务区运营管理、客运公交信息服务、货物物流公共信息服务、交通运输服务监督电话系统信息服务与运行管理等服务事项。

4. 事务管理事项。包括公路水路领域调查和统计分析、标准规范研究、战略和政策研究、规划编制、课题研究、政策标准实施后评估、公路水路重大建设项目后评估、法律服务、监督检查中的专业技术支持、绩效评价、信息化建设与维护、业务培训、技术咨询评估（审查）、重大交通运输政策宣传和舆情监测、机关后勤服务、外事综合服务等技术性、辅助性服务事项。

购买主体向社会力量购买公路水路交通运输服务的范围应当根据职能性质确定，并与本地区社会经济发展水平相适应。交通运输部门纳入当地政府购买服务范围的事项，不得再交由所属公益一类事业单位承担。

（四）购买程序。

购买主体应按照方式灵活、程序规范、竞争有序、讲求绩效的原则建立健全政府购买公路水路交通运输服务机制。

公路水路交通运输领域政府购买服务应按照政府采购有关法律规定，统一纳入政府采购管理。购买主体根据服务的内容和特点、社会力量市场发育程度、各单位实际等因素，依法采用公开招标、邀请招标、竞争性谈判、竞争性磋商、单一来源采购等方式确定承接主体，加强政府与社会力量和社会资本合作，严禁转包行为。通过多种渠道向社会公开服务需求信息，鼓励社会机构积极参与，选择最佳项目方案。

购买主体要按照合同管理要求，与承接主体签订合同，明确所购买服务的范围、标的、数量、质量要求，以及服务期限、资金支付方式、双方权利义务和违约责任等。对于采购需求具有相对固定性、延续性且价格变化幅度小的服务项目，在年度预算资金能够保障的前提下，购买主体可以签订不超过三年履行期限的政府采购合同。

建立健全以项目预算、信息发布、组织采购、合同签订、项目监管、绩效评价、费用支付等为主要内容的规范的服务购买流程。加强对承接主体服务提供全过程的跟踪监管及对履约情况和服务成果的检查验收，鼓励引入服务对象参与验收工作。

（五）资金管理。

政府向社会力量购买服务所需资金列入财政预算，从部门预算经费或经批准的专项资金等既有预算中统筹安排。购买主体根据交通运输服务需求及预算安排，在编制年度预算时提出政府购买服务项目，确定购买内容和数量，纳入政府采购预算管理。按照"应买尽买、能买尽买"原则，凡具备条件的、适合以购买服务实现的，原则上都要通过政府购买服务方式实施。

（六）绩效管理。

加强交通运输领域政府购买服务绩效管理，强化责任和效率意识，健全绩效评价机制。在购买合同中明确政府购买服务的绩效目标，清晰反映政府购买服务的预期产出、效果和服务对象满意度等内容，并细化、量化为具体绩效指标，分类制定操作性强、具有公路水路交通运输领域特色的绩效指标体系。购买主体应依据确定的绩效目标及时开展绩效监控，确保绩效目标如期实现。加强绩效评价和结果应用，购买主体应在合同约定的绩效指标基础上，制定全面完整、科学规范、细化量化、简便易行的绩效评价指标体系，组织开展年度或定期绩效评价，必要时可委托第三方具体实施。评价结果向社会公布，并作为结算购买服务资金、编制以后年度项目预算、选择承接主体等的参考依据。对绩效低下或无效的，应限制或禁止相应的承接主体再次参与公路水路交通运输领域政府购买服务工作。

四、组织管理

（一）加强组织领导，做好政策宣传。

切实落实国务院、财政部关于政府购买服务各项规定，把政府购买服务工作列入重要议事日程，统一思想，明确任务，制定措施，落实职责。要广泛宣传政府购买服务工作的目的意义、目标任务和相关要求，做好政策解读，加强舆论引导，主动回应群众关切，充分调动社会参与的积极性。

（二）推进相关改革，形成改革合力。

转变财政支出方式，协同推进政府购买服务与事业单位改革和行业协会商会脱钩改革，对以承接购买服务方式获得财政资金支持的事业单位和行业协会商会，相应减少财政直接拨款，推动符合市场属性的事业单位和行业协会商会转为社会组织或企业，促进公共服务承接主体培育和市场竞争。

（三）总结购买经验，逐步深入推进。

根据领域特点和人民群众实际需求，按照点面结合、整体推进、重点突破的工作思路，选择部分公益性强、购买意愿足、市场供给条件比较成熟、社会力量能够承担的项目，开展政府购买服务工作。购买主体要不断总结经验，查找不足，完善工作方式，推动政府购买服务工作机制建设，逐步扩大购买服务范围，将具备条件的事项逐步转由社会力量承担。对于暂不具备实施条件的项目，通过转变政府职能、培育发展市场等方式积极创造实施条件，待条件具备后，转由社会力量承担。对于应当由政府直接提供、不适合社会力量承担的服务项目，以及不属于政府职责范围的服务事项，不得向社会力量购买。

（四）提高透明度，推进信息公开。

按照政府采购信息公开的有关规定，购买主体应及时在财政部门指定的媒体上公开采购项目公告、采购文件、采购项目预算金额、采购结果等相关信息。购买主体在确定公共服务项目采购需求时，还应当征求社会公众的意见。购买活动结束后，应将验收结果于验收结束之日起2个工作日内向社会公告，自觉接受社会监督。

（五）严格执行规定，加强监督管理。

严格遵守有关规定，规范政府购买服务资金的管理和使用，建立健全内部监督管理制度。购买主体要积极联合有关部门，建立公路水路交通运输领域承接主体承接政府购买服务行为信用档案，实行联合惩戒制度。对在购买服务实施过程中，发现承接主体不符合资质要求、歪曲服务主旨、弄虚作假、骗取冒领财政资金等违法违规行为的，应依据相关法律法规进行处罚，对造成重大恶劣社会影响的，应当禁止其再次参与公路水路交通运输领域政府购买服务工作。此外，承接主体应严格遵守有关保密规定，不得对外泄露涉及国家秘密、商业秘密、个人隐私的信息。

财政部　交通运输部
2016 年 2 月 22 日

国家标准制修订经费管理办法

(财行〔2019〕447号)

第一章 总 则

第一条 为规范和加强国家标准制修订经费的管理,提高资金使用效益,保证国家标准制修订任务的完成,根据《中华人民共和国预算法》《中华人民共和国标准化法》等法律法规及预算管理制度规定,制定本办法。

第二条 国家标准制修订经费(以下称标准经费),是中央财政设立的用于补助国家标准制修订工作的专项经费。

标准经费原则上对国家标准制修订工作成本进行补助。国家标准制修订项目承担单位(以下称项目承担单位)应当保证落实必要的配套资金。

标准经费列入国家市场监督管理总局(以下称市场监管总局)部门预算,由市场监管总局组织实施。

第三条 标准经费的管理和使用应当遵循下列原则:

(一)科学安排,规范使用。应当按照经济社会发展需要和国家标准计划,科学合理安排标准经费,规范标准经费的使用,保障国家标准制修订工作有效开展。

(二)突出重点,分类支持。标准经费重点支持经济社会发展急需的重要标准,主要包括强制性国家标准以及推荐性国家标准中的基础通用类、与强制性国家标准配套的标准,并按照"重大""基础通用"和"一般"三种类别进行补助。

(三)专款专用,追踪问效。项目承担单位收到标准经费后,应当纳入项目承担单位财务统一管理,单独核算,专款专用。标准经费的管理和使用应当建立面向结果的追踪问效机制。

第四条 标准经费相关部门和单位的职责如下:

(一)财政部负责标准经费年度预算草案的审核以及预算的批复,并对标准经费执行情况进行监督;

(二)市场监管总局负责标准经费年度预算草案的组织编制、审查、上报,以及预算的批复和下达,并对项目承担单位执行情况和标准经费使用情况进行监督检查;

(三)项目承担单位负责实施国家标准制修订项目,落实配套经费,接受监督检查,按照要求报送项目执行情况和标准经费使用情况。

第五条 项目承担单位是指负责国家标准的起草、技术审查工作的单位或技术组织,包括国务院有关行政主管部门、标准化技术委员会或专家组等。

制修订国家标准应当充分发挥企业、社会团体和教育、科研机构等的作用。

第二章　标准经费的使用范围

第六条　标准经费的使用范围包括：

（一）国家标准立项及报批的审查、论证评估；

（二）国际标准和国外先进标准的购置、翻译和跟踪采用；

（三）国家标准的起草、征求意见、试验验证、技术审查；

（四）国家标准样品的研制和复制；

（五）国家标准的审批、发布和公告；

（六）强制性国家标准文本的印制和信息发布；

（七）国家标准的宣传、推广和外文版翻译；

（八）国家标准复审；

（九）对标准化技术委员会的管理、考核工作，以及标准化技术委员会与国家标准制修订直接相关的组织、管理工作；

（十）与国家标准制修订直接相关的其他工作。

第七条　标准经费的开支项目包括资料费、设备费、试验验证费、差旅费、会议费、劳务费、专家咨询费、公告费、印刷费、宣传推广费、其他费用。各项开支具体如下：

（一）资料费。包括制修订国家标准过程中需要支出的书刊、资料、复印等费用以及购置国际标准、国外先进标准和目录等文本或软件资料等必须支出的费用。

（二）设备费。包括制修订国家标准过程中购置或租赁试验仪器设备而发生的费用。

（三）试验验证费。包括制修订国家标准中必须进行的试验、验证所发生的能源、材料、低值易耗品的购置费用及测试费用。

（四）差旅费。包括制修订国家标准过程（包括技术审查、技术协调和审核、复审）中，按规定支出的城市间交通费、住宿费、伙食补助费和市内交通费等费用。

（五）会议费。包括制修订国家标准过程中为了进行论证、研讨、协调而召开有关会议，按规定开支的会议住宿费、伙食费、会议场地租金、交通费、文件印刷费等。

（六）劳务费。包括按规定支付给参加国家标准的起草、汇总整理、审核、翻译等方面的人员的劳务性费用。劳务费不得支付给参与标准经费及其项目管理的相关工作人员。

（七）专家咨询费。包括国家标准草案在审定过程中支付给临时聘请的咨询专家的费用。专家咨询费不得支付给参与标准经费及其项目管理的相关工作人员。

（八）公告费、印刷费。包括国家标准审批完成后进行公告和印制时所发生的费用。

（九）宣传推广费。包括对涉及面广、影响较大的国家标准，为推动其实施所发生的费用。

（十）其他费用。包括与国家标准制修订直接相关的，除上述支出以外的其他支出。

第三章　项目及预算审批程序

第八条　国家标准制修订项目按照统一规划的原则，实行公开征集制度。国务院有关行政主管部门，省、自治区、直辖市人民政府标准化行政主管部门，标准化技术委员会，以及社会团体、企业事业组织和公民，可以根据经济社会发展需要，向市场监管总局提出制修订国家标准的立项建议。

立项建议申报书应当按照规定格式填报，主要包括制修订国家标准项目的经费预算数额和来源构成等。

第九条　市场监管总局根据当年的国家标准计划立项条件，对制修订国家标准立项建议申报书进行专家评估、审查、征求意见、协调和汇总，形成年度国家标准计划，并确定计划项目的"重大""基础通用"和"一般"三种补助类别。

第十条　市场监管总局根据上年国家标准计划，依据标准性质、类别及实际需要，并考虑完成项目时间年限，编制当年标准经费预算草案，列入市场监管总局部门预算，上报财政部。

第十一条　财政部结合国家标准制修订任务、目标和国家财力情况，对标准经费预算草案进行审核，并依法及时批复经全国人民代表大会批准的标准经费预算。

第十二条　市场监管总局根据财政部批复的标准经费预算，依法及时下达国家标准制修订项目经费预算。

未列入国家标准计划的项目不予安排标准经费预算。

第四章　标准经费的使用和管理

第十三条　国家标准的制修订周期原则上不应当超过二年。按照国库集中支付制度有关规定和项目实施进度支付标准经费。

市场监管总局和项目承担单位应当按照标准经费预算执行有关要求，确保标准经费执行进度。

第十四条　项目承担单位应当按照下列要求对标准经费进行使用与管理：

（一）根据国家标准计划制定项目实施方案，并严格组织管理；

（二）严格执行国家有关财务制度规定，合理安排，节约使用，保证专款专用；

（三）标准经费应当与配套资金统筹安排，单独核算；

（四）项目完成后，项目承担单位应当按照要求及时向市场监管总局报送标准经费使用情况及项目完成情况的总结报告；

（五）标准经费结转和结余资金，按照国家有关规定执行。

第十五条　国家标准制修订工作中涉及政府采购的，按照政府采购有关规定执行。

第十六条　国家标准计划项目一经批准，项目承担单位不得自行调整。确需调整的，项目承担单位应当提出申请，按照规定程序报批。

第十七条 国家标准制修订项目被撤销或中止的，市场监管总局应当视情况收回部分或全部标准经费。

第十八条 项目承担单位不能按时完成国家标准制修订任务的，应当及时书面报告市场监管总局，经批准后方可延期。

第十九条 市场监管总局对国家标准制修订项目的实施过程和完成情况进行绩效考评。

第五章 法律责任

第二十条 项目承担单位应当对国家标准制修订项目进展情况和资金使用情况进行自查，发现有违反财经纪律、财务制度和本办法规定的，应当及时予以纠正。

第二十一条 财政部对标准经费预算执行情况进行监督。市场监管总局对标准经费使用情况进行定期或不定期的监督检查。

第二十二条 项目承担单位或者个人对标准经费存在截留、挪用、弄虚作假等违法违纪行为的，依照《中华人民共和国预算法》《财政违法行为处罚处分条例》等法律法规和国家有关规定追究相应责任。

第二十三条 有关主管部门及其工作人员存在滥用职权、玩忽职守、徇私舞弊等违法违纪行为的，按照《中华人民共和国预算法》《中华人民共和国公务员法》《中华人民共和国监察法》《财政违法行为处罚处分条例》等法律法规和国家有关规定追究相应责任；涉嫌犯罪的，依法移送司法机关处理。

第六章 附则

第二十四条 本办法由财政部、市场监管总局负责解释。

第二十五条 本办法自印发之日起施行。《财政部 质检总局 国家标准委关于印发〈国家标准制修订经费管理办法〉的通知》（财行〔2007〕29号）同时废止。

关于进一步加强行业标准管理的指导意见

(国标委发〔2020〕18号)

为适应我国经济社会高质量发展的需求,根据《中华人民共和国标准化法》和国务院印发的《深化标准化工作改革方案》要求,加快建立协调配套、简化高效的标准体系,充分发挥行业标准的技术支撑作用,现就进一步加强行业标准管理提出以下意见。

一、明晰行业标准的范围。行业标准是对没有国家标准而又需要在全国某个行业范围内统一的技术要求所制定的标准,是国务院有关行政主管部门(以下称行业主管部门)组织制定的公益类标准。行业标准的范围应限定在行业主管部门职责范围内,重点围绕本行业领域重要产品、工程技术、服务和行业管理需求制定行业标准。适量控制新增行业标准数量,鼓励进一步整合优化相关行业标准,提升单项行业标准覆盖面,增强行业标准的系统性、通用性。行业标准范围根据经济社会发展需要、国务院机构改革要求、行业标准交叉问题等需要调整的,应由行业主管部门向国务院标准化行政主管部门(以下称标准化主管部门)提出调整建议,经征求其他相关行业主管部门意见后由标准化主管部门审查确定。跨部门、跨行业的技术要求应按规定申报制定国家标准。

二、优化行业标准供给结构。贯彻落实"放管服"改革总体要求,推动行业标准更多聚焦支撑行业主管部门履行行政管理、提供公共服务的公益属性,逐步清理和缩减不适应改革要求的行业标准数量和规模,为市场自主制定的标准留出发展空间。探索建立一般性产品和服务行业标准退出机制,鼓励社会团体承担相应行业领域内标准的供给工作,充分发挥市场自主制定标准对政府组织制定标准的补充支撑作用。

三、加强行业标准制修订管理。加强行业标准立项评估,完善意见征求机制,把好行业标准准入关。增强行业标准起草组的代表性、专业性,加强关键技术指标的调查论证、比对分析、试验验证。行业标准征求意见范围应具有广泛性,覆盖标准利益相关方。注重发挥标准化技术委员会或标准审查专家组的作用,提升标准审查结论的科学性、公正性。对已有全国专业标准化技术委员会能够满足行业需求的,原则上不再新增专业领域的行业标准化技术委员会,鼓励行业主管部门委托全国专业标准化技术委员会开展行业标准相关工作。优化行业标准审批发布流程,提高审批效率。鼓励行业标准制定部门建立涵盖立项、起草、征求意见、审查、批准发布等环节的信息平台,强化标准制定信息公开和社会监督。保障外商投资企业依法平等参与行业标准制定工作。

四、注重行业标准的协调性。建立完善行业标准协调机制,充分发挥标准化主管部门对行业标准的统筹协调作用，加快完善统一的标准信息公共服务平台，增强行业标准与国家标准之间、行业标准之间的信息交流，强化行业标准制修订工作信息的公开透明。鼓励行业主管部门加强与本行业相关社会团体之间的联系沟通，探索建立行业标准与团体标准协同推进的工作机制，增强团体标准与行业标准的协调性，切实解决相关标准间的重复交叉矛盾问题。

五、规范行业标准备案管理。健全行业标准备案工作机制，切实履行行业标准备案职责，确保"应备尽备"。充分应用信息化手段，推行行业标准备案"无纸化"，实行"即报即备""即备即公开"。建立行业标准备案信息维护更新机制，确保备案信息的准确性、时效性。

六、推动行业标准公开。坚持行业标准"公开为常态、不公开为例外"。加强行业标准出版与公开的紧密衔接，增强行业标准公开信息的准确性、时效性。加强行业标准信息公开平台建设，提升社会公众获取标准公开信息的便捷性。2020年起新发布的行业标准文本依法全部公开，推进存量行业标准文本向社会公开。

七、强化行业标准实施与监督。行业主管部门根据法律法规和本部门职责负责行业标准的组织实施与监督工作。加大行业政策制定对行业标准的引用力度，以行业标准规范行业管理。建立行业标准实施评估机制，开展行业标准实施情况统计分析。围绕行业管理需要，适时开展行业标准实施情况监督检查。行业标准解释工作由行业标准审批发布部门负责。行业标准技术咨询可委托相关标准化技术委员会专家提供答复意见。

八、加强行业标准复审修订。建立健全行业标准复审工作机制，落实行业标准复审主体责任。加快建立行业标准实施信息反馈机制，加强行业标准实施评估与复审工作的衔接，根据科学技术和行业发展需求及时修订标准，有效解决行业标准老化滞后问题。2021年年底前完成实施超过五年的行业标准复审工作。

九、规范使用行业标准代号。健全行业标准代号管理机制，严格行业标准代号申请、变更、使用等程序和要求。严格控制新增行业标准代号，确需新增或调整的按程序审批。严格行业标准代号使用，确保在标准、文件和出版物中准确使用标准化主管部门批准的标准代号。2020年年底前完成行业标准代号清理工作，公布合法有效的行业标准代号。

团体标准管理规定

(国标委联〔2019〕1号)

第一章 总 则

第一条 为规范、引导和监督团体标准化工作,根据《中华人民共和国标准化法》,制定本规定。

第二条 团体标准的制定、实施和监督适用本规定。

第三条 团体标准是依法成立的社会团体为满足市场和创新需要,协调相关市场主体共同制定的标准。

第四条 社会团体开展团体标准化工作应当遵守标准化工作的基本原理、方法和程序。

第五条 国务院标准化行政主管部门统一管理团体标准化工作。国务院有关行政主管部门分工管理本部门、本行业的团体标准化工作。

县级以上地方人民政府标准化行政主管部门统一管理本行政区域内的团体标准化工作。县级以上地方人民政府有关行政主管部门分工管理本行政区域内本部门、本行业的团体标准化工作。

第六条 国家实行团体标准自我声明公开和监督制度。

第七条 鼓励社会团体参与国际标准化活动,推进团体标准国际化。

第二章 团体标准的制定

第八条 社会团体应当依据其章程规定的业务范围进行活动,规范开展团体标准化工作,应当配备熟悉标准化相关法律法规、政策和专业知识的工作人员,建立具有标准化管理协调和标准研制等功能的内部工作部门,制定相关的管理办法和标准知识产权管理制度,明确团体标准制定、实施的程序和要求。

第九条 制定团体标准应当遵循开放、透明、公平的原则,吸纳生产者、经营者、使用者、消费者、教育科研机构、检测及认证机构、政府部门等相关方代表参与,充分反映各方的共同需求。支持消费者和中小企业代表参与团体标准制定。

第十条 制定团体标准应当有利于科学合理利用资源,推广科学技术成果,增强产品的安全性、通用性、可替换性,提高经济效益、社会效益、生态效益,做到技术上先进、经济上合理。

制定团体标准应当在科学技术研究成果和社会实践经验总结的基础上,深入调查分析,进行实验、论证,切实做到科学有效、技术指标先进。

禁止利用团体标准实施妨碍商品、服务自由流通等排除、限制市场竞争的行为。

第十一条 团体标准应当符合相关法律法规的要求，不得与国家有关产业政策相抵触。

对于术语、分类、量值、符号等基础通用方面的内容应当遵守国家标准、行业标准、地方标准，团体标准一般不予另行规定。

第十二条 团体标准的技术要求不得低于强制性标准的相关技术要求。

第十三条 制定团体标准应当以满足市场和创新需要为目标，聚焦新技术、新产业、新业态和新模式，填补标准空白。

国家鼓励社会团体制定高于推荐性标准相关技术要求的团体标准；鼓励制定具有国际领先水平的团体标准。

第十四条 制定团体标准的一般程序包括：提案、立项、起草、征求意见、技术审查、批准、编号、发布、复审。

征求意见应当明确期限，一般不少于30日。涉及消费者权益的，应当向社会公开征求意见，并对反馈意见进行处理协调。

技术审查原则上应当协商一致。如需表决，不少于出席会议代表人数的3/4同意方为通过。起草人及其所在单位的专家不能参加表决。

团体标准应当按照社会团体规定的程序批准，以社会团体文件形式予以发布。

第十五条 团体标准的编写参照GB/T1.1《标准化工作导则 第1部分：标准的结构和编写》的规定执行。

团体标准的封面格式应当符合要求，具体格式见附件。

第十六条 社会团体应当合理处置团体标准中涉及的必要专利问题，应当及时披露相关专利信息，获得专利权人的许可声明。

第十七条 团体标准编号依次由团体标准代号、社会团体代号、团体标准顺序号和年代号组成。团体标准编号方法如下：

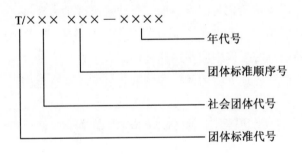

社会团体代号由社会团体自主拟定，可使用大写拉丁字母或大写拉丁字母与阿拉伯数字的组合。社会团体代号应当合法，不得与现有标准代号重复。

第十八条 社会团体应当公开其团体标准的名称、编号、发布文件等基本信息。团体标准涉及专利的，还应当公开标准涉及专利的信息。鼓励社会团体公开其团体标准的全文或主要技术内容。

第十九条 社会团体应当自我声明其公开的团体标准符合法律法规和强制性标准的要

求，符合国家有关产业政策，并对公开信息的合法性、真实性负责。

第二十条 国家鼓励社会团体通过标准信息公共服务平台自我声明公开其团体标准信息。

社会团体到标准信息公共服务平台上自我声明公开信息的，需提供社会团体法人登记证书、开展团体标准化工作的内部工作部门及工作人员信息、团体标准制修订程序等相关文件，并自我承诺对以上材料的合法性、真实性负责。

第二十一条 标准信息公共服务平台应当提供便捷有效的服务，方便用户和消费者查询团体标准信息，为政府部门监督管理提供支撑。

第二十二条 社会团体应当合理处置团体标准涉及的著作权问题，及时处理团体标准的著作权归属，明确相关著作权的处置规则、程序和要求。

第二十三条 鼓励社会团体之间开展团体标准化合作，共同研制或发布标准。

第二十四条 鼓励标准化研究机构充分发挥技术优势，面向社会团体开展标准研制、标准化人员培训、标准化技术咨询等服务。

第三章　团体标准的实施

第二十五条 团体标准由本团体成员约定采用或者按照本团体的规定供社会自愿采用。

第二十六条 社会团体自行负责其团体标准的推广与应用。社会团体可以通过自律公约的方式推动团体标准的实施。

第二十七条 社会团体自愿向第三方机构申请开展团体标准化良好行为评价。团体标准化良好行为评价应当按照团体标准化系列国家标准（GB/T20004）开展，并向社会公开评价结果。

第二十八条 团体标准实施效果良好，且符合国家标准、行业标准或地方标准制定要求的，团体标准发布机构可以申请转化为国家标准、行业标准或地方标准。

第二十九条 鼓励各部门、各地方在产业政策制定、行政管理、政府采购、社会管理、检验检测、认证认可、招投标等工作中应用团体标准。

第三十条 鼓励各部门、各地方将团体标准纳入各级奖项评选范围。

第四章　团体标准的监督

第三十一条 社会团体登记管理机关责令限期停止活动的社会团体，在停止活动期间不得开展团体标准化活动。

第三十二条 县级以上人民政府标准化行政主管部门、有关行政主管部门依据法定职责，对团体标准的制定进行指导和监督，对团体标准的实施进行监督检查。

第三十三条 对于已有相关社会团体制定了团体标准的行业，国务院有关行政主管部门结合本行业特点，制定相关管理措施，明确本行业团体标准发展方向、制定主体能力、推广应用、实施监督等要求，加强对团体标准制定和实施的指导和监督。

第三十四条　任何单位或者个人有权对不符合法律法规、强制性标准、国家有关产业政策要求的团体标准进行投诉和举报。

第三十五条　社会团体应主动回应影响较大的团体标准相关社会质疑，对于发现确实存在问题的，要及时进行改正。

第三十六条　标准化行政主管部门、有关行政主管部门应当向社会公开受理举报、投诉的电话、信箱或者电子邮件地址，并安排人员受理举报、投诉。

对举报、投诉，标准化行政主管部门和有关行政主管部门可采取约谈、调阅材料、实地调查、专家论证、听证等方式进行调查处理。相关社会团体应当配合有关部门的调查处理。

对于全国性社会团体，由国务院有关行政主管部门依据职责和相关政策要求进行调查处理，督促相关社会团体妥善解决有关问题；如需社会团体限期改正的，移交国务院标准化行政主管部门。对于地方性社会团体，由县级以上人民政府有关行政主管部门对本行政区域内的社会团体依据职责和相关政策开展调查处理，督促相关社会团体妥善解决有关问题；如需限期改正的，移交同级人民政府标准化行政主管部门。

第三十七条　社会团体制定的团体标准不符合强制性标准规定的，由标准化行政主管部门责令限期改正；逾期不改正的，由省级以上人民政府标准化行政主管部门废止相关团体标准，并在标准信息公共服务平台上公示，同时向社会团体登记管理机关通报，由社会团体登记管理机关将其违规行为纳入社会团体信用体系。

第三十八条　社会团体制定的团体标准不符合"有利于科学合理利用资源，推广科学技术成果，增强产品的安全性、通用性、可替换性，提高经济效益、社会效益、生态效益，做到技术上先进、经济上合理"的，由标准化行政主管部门责令限期改正；逾期不改正的，由省级以上人民政府标准化行政主管部门废止相关团体标准，并在标准信息公共服务平台上公示。

第三十九条　社会团体未依照本规定对团体标准进行编号的，由标准化行政主管部门责令限期改正；逾期不改正的，由省级以上人民政府标准化行政主管部门撤销相关标准编号，并在标准信息公共服务平台上公示。

第四十条　利用团体标准实施排除、限制市场竞争行为的，依照《中华人民共和国反垄断法》等法律、行政法规的规定处理。

第五章　附　　则

第四十一条　本规定由国务院标准化行政主管部门负责解释。

第四十二条　本规定自发布之日起实施。

第四十三条　《团体标准管理规定（试行）》自本规定发布之日起废止。

附件：团体标准的封面格式（略）

公路工程建设标准管理办法

(交公路规〔2020〕8号)

第一章 总 则

第一条 为贯彻落实《交通强国建设纲要》，进一步推进公路工程建设标准化工作，规范公路工程标准管理，保障人身健康和生命财产安全，促进公路工程技术进步和创新，提升技术和服务质量，根据《中华人民共和国公路法》《中华人民共和国标准化法》《交通运输标准化管理办法》等法律法规，以及国家工程建设标准化改革发展等要求，制定本办法。

第二条 公路工程建设标准是指以科学、技术和工程实践经验为基础，对公路工程建设、管理、养护和运营提出的技术要求。

第三条 本办法适用于公路工程建设标准的制定、实施与监督管理。

第四条 公路工程建设标准分为强制性标准和推荐性标准。

下列标准属于强制性标准：

（一）涉及工程质量安全、人身健康和生命财产安全、环境生态安全和可持续发展的技术要求；

（二）材料性能、构造物几何尺寸等统一的技术指标；

（三）重要的试验、检验、评定、信息技术标准；

（四）保障公路网安全运行的统一技术标准；

（五）行业需要统一控制的其他公路工程建设标准。

强制性标准以外的标准是推荐性标准。

第五条 交通运输部按照职责依法管理公路工程建设标准，组织制定公路工程建设强制性标准和公路工程建设行业规范、细则、规程、手册、指南、标准图等推荐性标准，引领行业技术进步和高质量发展。

县级以上地方人民政府交通运输主管部门分工管理本行政区域内公路工程建设标准的相关工作。

第六条 鼓励积极参与国际标准化活动，推进公路工程建设标准外文翻译和出版工作，开展对外合作交流，制定双边、多边国家互认的国际通用标准，推进国内外公路工程建设标准的转化和运用。

第七条 为满足地方自然条件、地形地质等特殊要求，省级交通运输主管部门可在特定行政区域内提出统一的公路工程技术要求，按有关规定和程序要求编制地方标准。

鼓励社会团体和企业制定高于推荐性标准相关技术要求的公路工程团体标准和企业

标准。

公路工程地方标准、团体标准、企业标准的技术要求不得低于公路工程强制性标准的相关技术要求。

第二章 标 准 制 定

第八条 交通运输部根据行业发展、公路工程建设标准化实际需要、社会资源及行业经济状况，制定公路工程建设行业标准体系，根据社会经济和工程技术发展及时进行调整，实行动态管理。公路工程建设标准按照国家有关编号规则进行编号。

第九条 按照国家财务预算管理、政府采购等规定及公路工程建设行业标准立项程序要求，有关单位可提出标准项目立项申请。经专家评审和交通运输部审核等程序，确定公路工程建设行业标准项目年度计划。

第十条 公路工程建设行业标准制修订工作实行主编单位负责制。年度计划下达后，主编单位组织编写组承担相关标准的起草、编制工作。制修订工作按照编制大纲、征求意见稿、送审稿、报批稿等阶段程序进行。

第十一条 公路工程建设行业标准编制大纲、送审稿的审查由公路工程建设标准归口管理部门组织，由主审专家等组成的专家组或公路工程建设行业标准技术委员会承担具体审查工作。征求意见工作由主编单位负责组织。报批稿由公路工程建设标准归口管理部门审核发布。

第十二条 公路工程建设标准的制修订应符合下列要求：

（一）贯彻执行国家有关法律、法规和技术政策，遵循安全可靠、耐久适用、技术先进、节能环保和经济合理的原则，适应公路工程技术发展要求；

（二）公路工程建设标准涉及的关键技术应根据实际情况，进行专题研究和测试验证；

（三）积极采用新技术、新工艺、新材料和新设备等科技创新成果，推动大数据、物联网、人工智能、智慧公路等先进技术的应用；

（四）与国家及行业现行有关强制性标准协调一致，避免矛盾；

（五）标准的条文应严谨明确、文字简炼，标准编写的格式和用语应符合相关规定。

第十三条 公路工程建设标准的主要内容应当采取多种方式征求协会、企业以及相关生产、使用、管理、科研和检测等单位的意见。公路工程建设强制性行业标准应征求省级交通运输主管部门及有关部门意见。

第十四条 公路工程建设标准编制的经费使用和管理应符合国家和行业相关规定。

第十五条 公路工程建设行业标准由交通运输部根据出版管理的有关规定确定出版单位。公路工程建设行业标准的版权归交通运输部所有。

第十六条 公路工程建设标准发布后，标准归口管理部门、标准编制单位、标准化协会等单位，应当依法组织开展标准的宣传培训等工作。

第十七条 公路工程建设强制性标准应当免费向社会公开。推动公路工程建设推荐性标准免费向社会公开。鼓励公路工程建设团体标准、企业标准通过标准信息公开服务平台向社会公开。

第十八条 公路工程建设地方标准、团体标准、企业标准的制定按照有关工程建设标准的规定执行。

第三章 标 准 实 施

第十九条 各有关单位在公路工程建设、管理、养护和运营过程中应严格执行公路工程建设强制性标准有关规定，鼓励采用公路工程建设推荐性标准。

第二十条 企业应当依法公开其执行的公路工程建设标准的编号和名称；企业执行自行制定的企业标准，还应当公开其主要功能和性能指标。

第二十一条 标准实施后，应根据技术进步、实际需求等因素，适时对标准的适用性进行复审。标准复审周期一般不超过 5 年。

第二十二条 对于公路工程建设、管理、养护、运营中违反公路工程强制性标准的行为，任何单位和个人有权向交通运输主管部门、标准化行政主管部门或有关部门检举、投诉。

第二十三条 公路工程建设标准的使用单位和个人可将标准使用过程中发现的问题和意见反馈至标准归口管理部门或标准主编单位。

第四章 监 督 管 理

第二十四条 县级以上地方人民政府交通运输主管部门应开展对本行政区域内公路工程建设标准实施情况的监督检查。对发现的违法违规行为，应依法处理。

第二十五条 县级以上地方人民政府交通运输主管部门应当建立社会监督机制，公开举报投诉方式。接到举报投诉的，应依法处理。

第二十六条 鼓励将公路工程建设标准编制与科技奖励评审、信用管理等工作挂钩。

第五章 附 则

第二十七条 本办法由交通运输部公路局具体解释。

第二十八条 本办法自 2020 年 7 月 1 日起施行，有效期 5 年。

交通运输部关于推进交通运输领域全面实施预算绩效管理工作的通知

(交财审发〔2019〕106号)

各省、自治区、直辖市、新疆生产建设兵团交通运输厅（局、委），部属各单位，部内各司局：

为深入贯彻落实《中共中央 国务院关于全面实施预算绩效管理的意见》，按照《财政部关于贯彻落实〈中共中央 国务院关于全面实施预算绩效管理的意见〉的通知》（财预〔2018〕167号）的要求，进一步加强交通运输领域预算绩效管理，提高资金使用效益，服务交通强国建设，现制定本实施意见。

一、指导思想

以习近平新时代中国特色社会主义思想为指导，全面贯彻落实党的十九大和十九届二中、三中全会精神，按照高质量发展的要求，紧紧围绕统筹推进"五位一体"总体布局和协调推进"四个全面"战略布局，坚持交通运输供给侧结构性改革为主线，以建设交通运输系统全方位、全过程、全覆盖的预算绩效管理体系为总目标，创新预算管理方式，更加注重结果导向、强调成本效益、硬化责任约束，着力解决当前交通运输领域预算管理存在的突出问题，提高财政资源配置效率和使用效益，优化交通运输领域公共资源配置，推动交通运输高质量发展。

二、工作目标

全面推动交通运输领域预算绩效管理工作，力争到2020年底在部省两级层面，基本建成贯穿预算编制、执行、监督全过程，涵盖部门预算项目支出绩效、部门预算单位整体支出绩效、国有资本经营预算绩效、中央对地方转移支付资金绩效和交通运输财政资金政策绩效的交通运输预算绩效管理体系；到2022年底，在交通运输系统基本建成全方位、全过程、全覆盖的预算绩效管理体系，做到"花钱必问效、无效必问责"，大幅提升预算管理水平和政策实施效果。

三、工作任务

（一）全面推进部门预算项目支出绩效管理。

1. 优化一级项目和二级项目的设置。按照财政部做实中央部门预算项目库的要求，进一步优化一级项目和二级项目的设置。2020年预算编制完成前，部属各单位应做好本单位（系统）部门预算内所有一级项目和二级项目的梳理、整合和优化工作，并将设置结果报部。部财务审计司组织完善交通运输部部门预算的一级项目设置工作，进一步优化一级项目设置，整合压缩一级项目数量，报财政部审批后实施。

2. 梳理规范一级项目绩效目标和绩效指标设置。在优化项目设置基础上，梳理规范一级项目的绩效目标和绩效指标，从产出、成本、效益、可持续影响和服务满意度等方面，逐步建立交通运输部一级项目绩效指标体系。2020年预算编制完成前，部属各单位应做好本单位所有涉及的一级项目的绩效目标梳理工作，并明确与二级项目的对应关系。部财务审计司组织完善交通运输部部门预算一级项目绩效目标设置，并理顺和优化二级项目绩效目标汇总流程。

3. 强化项目支出事前绩效评估。部属各单位、部内有关项目主管司局，要结合项目预算评审、项目审批等工作对项目绩效目标进行评估，确保绩效目标设置的科学性、合理性，从源头上提高预算编制的科学性和准确性。部财务审计司和部属各单位财务部门，在部门预算编制阶段要严格做好绩效目标编报审核工作，未按要求设定和评估绩效目标的，不得列入项目库，不得安排预算。

4. 强化绩效执行监控和绩效自评工作。不断夯实部门预算项目支出绩效执行监控全覆盖和绩效自评全覆盖成果。在部门预算执行阶段，部将对绩效目标实现程度和预算执行实行"双监控"，部属各单位针对发现的问题应及时纠正。在部门决算环节，全面开展绩效自评，如实反映绩效目标实现结果，对绩效目标未达成或目标制定明显不合理的，相关单位要作出说明并提出改进措施，无正当理由的后续不再安排预算。2020年前，部财务审计司组织制定部门预算绩效管理工作办法和考核体系，开展部属单位绩效管理工作考评试点，并逐步将考评结果作为当年预算安排的重要参考依据。

5. 稳步推进部门预算项目支出重点绩效考评。坚持每年选取一定数量和资金规模的部门预算项目支出开展重点绩效考评。部门预算项目支出年度绩效考评涵盖一般公共预算项目和政府性基金项目。自2020年开始，除向财政部申报的重点考评项目外，每年从各部属单位上年批复预算项目库中随机抽取一定数量的二级项目实施绩效考评，考评结果将作为当年预算安排的重要参考依据。同时，逐步开展部门预算一级项目绩效考评试点和资产使用绩效评价试点。

（二）全面推进部门预算整体支出和国有资本经营预算支出绩效管理。

6. 不断扩大单位整体支出绩效目标申报范围。将部属单位预算收支全面纳入绩效管理。在部门预算编制过程中逐步扩大单位整体支出绩效目标申报的范围，从单个预算单位向预算汇总单位扩展，从海事、长航、救捞等系统单位向其他部属单位扩展，从基层单位向交通运输部整体扩展，逐步实现整体支出绩效目标填报全覆盖。加强整体支出绩效目标审核。上级单位应结合政策文件规定、年度任务分解和管理制度要求等做好对下级单位整体支出绩效目标的审核评估，确保绩效目标设定科学合理。

7. 逐步开展单位整体支出绩效评价。在扩大单位整体支出绩效目标申报范围的基础上，推进单位整体支出绩效自评工作和重点绩效考评工作。开展整体支出绩效目标申报的单位，部门决算环节同步开展整体支出绩效自评工作。逐步扩大部门预算整体支出重点绩效考评范围，探索从单个预算单位向预算汇总单位扩展。

8. 逐步探索国有资本经营预算绩效评价。将部属中央文化企业国有资本经营预算支出纳入预算绩效管理范围。借鉴部门预算项目支出和整体支出绩效评价经验，推动部属中央文化企业完善绩效指标设置，并逐步推进相关绩效自评和考评工作。

（三）深入推进中央对地方转移支付资金绩效管理。

9. 建立完善中央对地方交通运输转移支付资金绩效指标体系。部内有关司局要加快组织提出分类型、分领域、分层次的中央对地方转移支付资金绩效指标和评价标准体系，推动绩效指标和评价标准科学合理、细化量化、可比可测；及时总结和创新评价方法，加强与地方交通运输主管部门沟通交流，为交通运输行业统一开展中央对地方转移支付资金绩效评价工作提供指导。

10. 加强中央对地方交通运输转移支付资金事前绩效审核。部内有关司局、省级交通运输主管部门，要结合预算评审、项目审批等，加强中央对地方转移支付资金的事前绩效评估工作。其中：省级及以下交通运输主管部门应做好申请中央对地方转移支付资金项目的事前绩效评估、绩效目标编报和初审等工作；部内有关司局应做好绩效目标审核工作，将绩效目标审核嵌入承诺资金安排等流程，将绩效评估结果作为申请预算的必备条件和交通运输部安排项目资金的前置条件。

11. 稳步推进中央对地方交通运输转移支付资金绩效自评。按照财政部关于中央对地方转移支付绩效管理相关要求，部内有关司局和省级交通运输主管部门要全面开展交通运输领域中央对地方转移支付资金绩效自评工作。其中：省级及以下交通运输主管部门应做好本地区中央对地方转移支付绩效自评等工作；部内有关司局在地方绩效评价工作基础上，做好中央对地方转移支付绩效评价的汇总分析工作。

12. 深入开展中央对地方交通运输转移支付项目绩效考评。逐步扩大车辆购置税资金补助项目绩效考评范围，从车辆购置税资金支持重点项目绩效考评向一般公路建设项目扩展，其中：省级交通运输主管部门每年应至少组织开展一项车辆购置税项目绩效考评；部将开展重点抽评，每4年基本覆盖所有省、自治区、直辖市。同步推进港口建设费安排地方建设项目等其他中央对地方转移支付支出绩效考评试点工作。自2019年开始，选择资金规模或社会影响力较大的港口建设费安排地方建设项目支出开展重点绩效考评试点。同时，在总结车辆购置税和港口建设费项目重点绩效考评经验基础上，逐步探索其他中央对地方转移支付资金支持项目绩效考评。

（四）逐步推进交通运输领域资金政策绩效管理。

13. 探索建立交通运输领域资金政策定期评估机制。将交通运输领域中央财政资金政策全面纳入绩效管理。对实施期超过一年的交通运输领域重大资金政策实施全周期跟踪问效。探索结合国家规划中期评估等工作，综合衡量交通运输领域资金政策效果，总结建立交通运输中央财政资金政策绩效评价机制，为政策的实施管理提供决策支撑。

四、工作要求

（一）提高思想认识，加强组织领导。

全面实施预算绩效管理是推进国家治理能力和治理体系现代化的内在要求，是深化财税体制改革、建立现代财政制度的重要内容。各部门各单位要进一步提高站位和认识，把思想和行动统一到党中央、国务院的决策部署上来，以全面实施预算绩效管理为关键点和突破口，提升财政资金的配置效率和使用效益，提高交通运输公共服务供给质量。各部门各单位要加强对预算绩效管理的组织领导，充实预算绩效管理人员。要进一步理顺明确预算绩效管理部门和业务主管部门职责分工与工作机制，加强协同配合，实现业务管理和预算绩效管理的深度融合，确保全面实施预算绩效管理工作顺利实施。

（二）明确责任约束，深化监督考核。

各部门各单位要进一步完善绩效管理的责任约束机制，部门和单位主要负责同志对本部门本单位预算绩效负责，项目责任人对项目预算绩效负责，对重大项目的责任人实行绩效终身责任追究制。要对绩效监控、绩效评估评价结果弄虚作假或预算执行与绩效目标严重背离的下级部门、单位及其责任人进行追责。要结合审计监督、财务检查等活动，对全面实施预算绩效管理的情况加强监督管理。要加强对下一级预算单位预算绩效管理工作的指导和考核，建立健全考核结果通报与反馈制度，逐步实现绩效评价结果与预算安排挂钩，探索将绩效管理工作成效作为考核评价干部的有效参考。

（三）做好宣贯培训，营造良好氛围。

各部门各单位要积极做好交通运输领域全面实施预算绩效管理政策解读和宣贯培训工作，不断丰富培训方式，加大培训频次，切实提高预算绩效管理人员业务素质和管理水平。要充分利用各种新闻媒体、网络平台等多种媒介，积极宣传绩效管理理念和要求，深度挖掘典型案例，为推动交通运输领域全面实施预算绩效管理营造良好的发展环境。

交通运输部
2019 年 7 月 31 日

公路工程标准体系（JTG 1001—2017）

1 总则

1.0.1 为加强公路工程标准构成的科学性和系统性，适应公路建设、管理、养护、运营的需要，制定本体系。

1.0.2 本体系适用于公路领域的行业标准。

1.0.3 体系范围包括公路工程从规划建设到养护管理全过程所需要制定的技术、管理与服务标准，也包括相关的安全、环保和经济方面的评价等标准。

1.0.4 体系制定贯彻创新、协调、绿色、开放、共享的发展理念，立足公路交通发展阶段的内在联系和规律，反映一定时期内公路工程发展的需求。

1.0.5 体系标准分为强制性标准和推荐性标准。涉及保障人身健康和生命财产安全、国家安全、生态环境安全和满足社会经济管理基本要求的为强制性标准，其余为推荐性标准。

1.0.6 体系结构充分考虑公路建设、管理、养护、运营需协调的各种要求、指标、概念以及相互关系，并随着科学技术的发展不断地更新和完善。

1.0.7 体系内容与交通运输其他标准体系协调配套。

2 术语

2.0.1 公路工程标准体系 standard system for highway engineering
公路工程建设、管理、养护、运营相关标准按其内在联系形成的科学的有机整体。

2.0.2 板块 plate
公路工程标准体系的第一层分类，是具有自成体系性和内在相关性的标准的集合。

2.0.3 模块 module
公路工程标准体系的第二层分类，是板块内具有共同特征或为实现某一功能而相互关联的要素的单元。

3 体系结构

3.1 体系框架

3.1.1 公路工程标准的体系结构分为三层：

  1 第一层为板块，按照公路建设、管理、养护、运营协调发展要求所做的标准分类。
  2 第二层为模块，在各板块中归纳现有、应有和计划制修订的标准的具体类别。
  3 第三层为标准。

3.1.2 公路工程标准体系框架如图3.1.2所示。

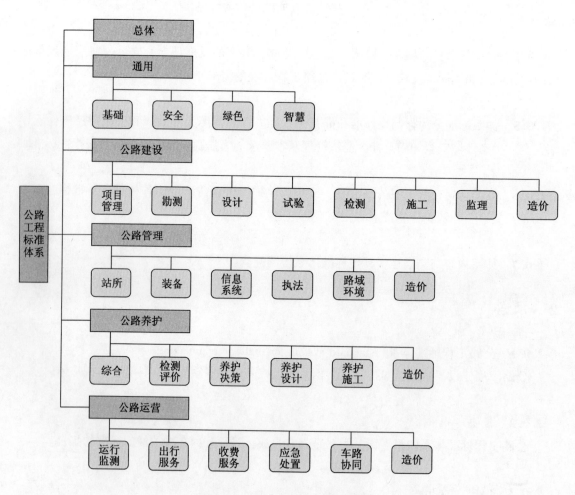

图 3.1.2 公路工程标准体系框架

3.2 板块构成

3.2.1 公路工程标准体系由总体、通用、公路建设、公路管理、公路养护、公路运营六个板块构成。

3.2.2 总体板块是公路工程标准体系、标准管理及标准编制的总体要求，明确公路工程标准的定位，是公路工程标准管理及编写应执行的规定和要求。

3.2.3 通用板块是公路建设、管理、养护、运营所遵循的基本要求，明确公路建设、公路管理、公路养护和公路运营四个板块的共性功能、指标及相互关系。

3.2.4 公路建设板块是实施公路新建和改扩建工程所遵循的技术和管理要求。

3.2.5 公路管理板块是公路管理和运政执法所遵循的技术和管理要求。

3.2.6 公路养护板块是公路既有基础设施维护所遵循的技术和管理要求。

3.2.7 公路运营板块是公路运营、出行服务和智能化所遵循的技术、管理和服务要求。

3.2.8 公路建设、公路管理、公路养护、公路运营板块中对同一事物从不同角度提出的要求应相互协调、互为补充。

4 内容及范围

4.1 总体

4.1.1 总体板块由《公路工程标准体系》《公路工程标准制修订管理导则》《公路工程标准编写导则》等标准构成。

4.2 通用

4.2.1 通用板块由基础、安全、绿色、智慧等模块构成。

4.2.2 基础模块确定公路工程中有关安全、环保、公众利益、工程质量等基础性技术指标的标准。

4.2.3 安全模块以保障公路建设、管理、养护、运营过程中的人身健康和生命财产安全为目的，确定设计、施工、运营等环节的安全评价、风险防控、应急处置等基础性标准。

4.2.4 绿色模块以促进公路环境保护、资源节约与节能减排为目的,确定生态保护与修复、材料循环利用、能效与排放等基础性标准。

4.2.5 智慧模块以提升公路信息化、智能化水平为目的,确定公路信息化总体框架、系统功能、基础数据、数据质量、传输网络、网络安全、信用体系、能源网络等基础性标准。

4.3 公路建设

4.3.1 公路建设板块由项目管理、勘测、设计、试验、检测、施工、监理、造价等模块构成。

4.3.2 项目管理模块用于指导公路建设项目的过程管理,由组织实施、过程监管、考核评价等标准构成。

4.3.3 勘测模块用于指导公路调查与测量,由公路勘测、工程地质勘察、工程水文勘测设计等标准构成。

4.3.4 设计模块用于指导公路新建或改扩建工程设计,由路线、路基、路面、桥涵、隧道、交通工程及沿线设施等设计标准构成。

4.3.5 试验模块用于指导公路设计、施工、养护、运营等环节的室内试验,由土工试验、土工合成材料试验、岩石试验、集料试验、结合料试验、沥青及沥青混合料试验、水泥及水泥混凝土试验等标准构成。

4.3.6 检测模块用于指导公路设计、施工、运营等环节的现场检测,由路基路面现场测试、桥梁现场检测、隧道现场检测、机电系统现场检测等标准构成。

4.3.7 施工模块用于指导公路新建或改扩建工程施工作业及管理,由路基、路面、桥涵、隧道、交通工程及沿线设施等施工标准构成。

4.3.8 监理模块用于指导公路工程施工的监督管理、咨询服务,由工程施工监理等标准构成。

4.3.9 造价模块用于指导公路建设立项、设计、施工及竣工验收等各个阶段造价确定和控制,由造价文件编制导则、投资估算、概算预算、工程量清单等标准构成。

4.4 公路管理

4.4.1 公路管理板块由站所、装备、信息系统、执法、路域环境、造价等模块构成。

4.4.2 站所模块用于指导基层路政执法、运政执法的站所建设,由基层站所建设等标准构成。

4.4.3 装备模块用于指导基层路政、运政执法的装备配置和设施建设,由执法车辆配置、取证仪器设备配备、现场处置设备配备等标准构成。

4.4.4 信息系统模块用于指导路政、运政执法的执法信息系统建设,由行政执法信息系统、信用系统等标准构成。

4.4.5 执法模块用于指导路政、运政行政执法行为及评价,由行政许可、行政处罚、行政强制、行政检查、执法评价等标准构成。

4.4.6 路域环境模块用于指导路域环境的治理,由路域环境管理的评定指标、现状检查、效果评价等标准构成。

4.4.7 造价模块用于指导公路管理资金预算及实施的造价确定和控制,由站所、装备、信息系统、人员、业务经费指标等标准构成。

4.5 公路养护

4.5.1 公路养护板块由综合、检测评价、养护决策、养护设计、养护施工、造价等模块构成。

4.5.2 综合模块用于指导公路及其各类设施的养护,由公路养护总体要求和各专业养护要求等标准构成。

4.5.3 检测评价模块用于指导既有公路基础设施的检测、评价,由现场检测及监测、技术状况评定、设施性能评价等标准构成。

4.5.4 养护决策模块用于指导公路养护规划及计划编制,由决策方法、数据管理等标准构成。

4.5.5 养护设计模块用于指导公路既有设施的养护设计,由路基、路面、桥涵、隧道、交通工程及沿线设施等标准构成。

4.5.6 养护施工模块用于指导公路既有设施的养护施工作业及管理,由路基、路面、桥涵、隧道、交通工程及沿线设施、施工作业和施工管理等标准构成。

4.5.7 造价模块用于指导公路养护资金预算以及养护工程各阶段的造价确定和控制,由公路养护预算导则、预算、工程量清单等标准构成。

4.6 公路运营

4.6.1 公路运营板块由运行监测、出行服务、收费服务、应急处置、车路协同、造价等模块构成。

4.6.2 运行监测模块用于指导公路沿线设施及与互联网技术融合的监测体系建设、运行与管理，由公路沿线监测设施设置、基于移动终端的智能感知、云平台技术要求、"互联网+"技术融合应用等标准构成。

4.6.3 出行服务模块用于指导公路沿线服务区及沿线信息发布设施的运行、管理及服务，由服务设施和出行信息服务等标准构成。

4.6.4 收费服务模块用于指导收费公路联网收费系统的建设、管理、运营和服务，由软硬件技术要求、操作流程、联网运营和服务规范、收费信用体系等标准构成。

4.6.5 应急处置模块用于指导公路应急能力建设、应急资源管理和公路突发事件应急处置，由应急中心建设、装备与物资配备、应急处置技术等标准构成。

4.6.6 车路协同模块用于指导车路交互方式的驾驶安全预警与交通控制系统的建设、运营服务，由路侧智能设施设置、车路交互通信、安全预警等标准构成。

4.6.7 造价模块用于指导路网运行监测、应急处置、出行服务等资金预算的确定和控制，由人员、设备、业务经费指标等标准构成。

5 编号规则

5.0.1 标准编号由标准代号、板块序号、模块序号、标准序号、标准发布年号组成。

5.0.2 标准编号规则为 JTG（/T）××××.×—××××。推荐性标准的编号在标准代号后加"/T"表示；JTG 是交、通、公三字汉语拼音的首字母；后面的第一位数字为标准的板块序号，其中 1 代表总体、2 代表通用、3 代表公路建设、4 代表公路管理、5 代表公路养护、6 代表公路运营；第二位数字为标准的模块序号，根据图 3.1.2 中所表示的模块顺序由左往右分别从 1 开始相应编号，未设模块一级的，按 0 编号；第三、四位数字为所属模块的标准序号，按顺序编号，在具体标准编制中，若同属同一标准，但需要分成若干部分单独成册，并构成系列标准的，从 1~9 按顺序编号，前面加"."表示；破折号后为标准发布年份，按 4 位编号。标准编号示意如图 5.0.2-1、图 5.0.2-2 所示。

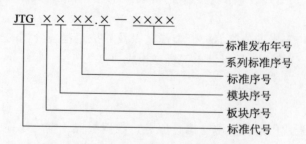

图 5.0.2-1 公路工程强制性标准编号示意

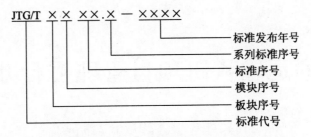

图 5.0.2-2 公路工程推荐性标准编号示意

交通运输科研项目管理暂行办法

(交办规划〔2017〕2号)

第一章 总 则

第一条 为促进交通运输科研项目管理的规范化、制度化，根据《国务院关于改进加强中央财政科研项目和资金管理的若干意见》(国发〔2014〕11号)等文件要求，制定本办法。

第二条 本办法所称的交通运输科研项目(以下简称项目)，是指交通运输部从一般公共预算中列支经费，为交通运输行业发展战略、规划、政策研究、标准(定额)制(修)订和科技成果推广等工作提供支撑的课题研究项目。

第三条 项目分为战略规划政策项目、标准(定额)项目和科技成果推广项目三类。

第四条 项目管理包括立项、任务书(合同)签订、组织实施、验收、成果管理和监督检查等。

标准(定额)项目管理按照国家及我部现行相关管理办法、导则执行。

第五条 部综合规划司是战略规划政策项目主管司局，归口负责并会同各业务主管司局承担战略规划政策项目的管理；部公路局、水运局、科技司是标准(定额)项目主管司局，按职责分别负责有关标准(定额)项目的管理；部科技司是科技成果推广项目主管司局，负责科技成果推广项目的管理。

第六条 项目承担单位是项目实施的责任主体，按照签订的项目任务书(合同)开展项目研究，并对项目完成情况负责。

根据实际工作需要，项目由多家单位共同承担的，应明确项目第一承担单位。

项目承担单位应为具有法人资格的企事业单位或行业协会(学会)。

第二章 立 项

第七条 项目主管司局根据部重点工作安排，提出项目立项建议或向有关单位征集项目立项建议。

科技成果推广项目立项建议需经项目依托工程所在地省级或计划单列市交通运输主管部门审核后报部科技司。

第八条 项目主管司局会同业务主管司局组织有关专家对立项建议进行评审，遴选确定项目和项目承担单位，根据评审意见形成年度立项清单。

经部领导审定的年度重大政策研究项目在立项评审中予以优先考虑。

第九条 项目承担单位的遴选确定依据《中华人民共和国政府采购法》及其实施条例等有关法律法规的规定执行。

第十条 项目主管司局原则上于每年6月30日前完成下一年度的立项及项目承担单位的遴选确定工作，将项目信息报部财务审计司，财务审计司按程序向财政部申请预算。

第三章 任务书（合同）签订

第十一条 预算下达90日内，项目主管司局组织与项目承担单位签订项目任务书（合同），明确项目的研究目标、主要研究内容、关键技术方案、成果形式、完成期限、经费预算等。

第十二条 项目承担单位应及时编制项目研究大纲或实施方案并报送项目主管司局，项目主管司局组织对实施方案进行评审，通过评审的项目，由项目主管司局作为委托方（甲方）与项目第一承担单位（乙方）签订任务书（合同）。

战略规划政策项目由业务主管司局组织对研究大纲进行评审，并作为保证方（丙方）对任务书（合同）予以保证。

第十三条 任务书（合同）中的约定，如项目承担单位、项目负责人、主要研究内容、关键技术方案、成果形式、完成期限等，原则上不允许更改。如因故需要更改，应履行报批程序。

战略规划政策项目任务书（合同）的变更，应报业务主管司局批准，同时报项目主管司局备案；其他项目任务书（合同）的变更，应报项目主管司局批准。

第四章 组织实施

第十四条 项目主管司局、业务主管司局应切实加强对项目的日常管理和业务指导，积极协调解决项目实施中出现的问题，对项目实施不力的要加强督导。

项目承担单位应强化主体责任，加强支撑服务条件建设，提高对科研人员的服务水平，确保按期保质完成项目研究。

同一年度每位项目负责人原则上不得同时主持2项（不含）以上项目。

第十五条 项目承担单位应主动加强与项目主管司局、业务主管司局的对接，按要求及时报告项目进展情况，并根据研究工作需要适时组织开展专家咨询。

战略规划政策项目的承担单位应在主要研究内容完成初稿后，邀请业务主管司局及有关专家开展中期评审。

标准（定额）项目和科技成果推广项目实行年度报告制度，项目第一承担单位应于每年11月30日前将项目实施情况报项目主管司局。

第十六条 项目因故不能按时完成的，项目承担单位应在项目实施期结束3个月前提出延期申请。

项目延期最长不得超过 1 年。

第十七条 项目在实施过程中有下列情况之一的，项目主管司局有权终止项目：

（一）项目承担单位擅自变更任务书（合同）研究内容、关键技术方案、项目负责人或研究期限的；

（二）项目承担单位不接受监督检查的；

（三）因项目执行不力，造成项目无法完成的；

（四）因不可抗力因素，造成项目无法完成的。

第十八条 项目承担单位应按照《交通运输部办公厅关于加强和改进交通运输科研项目经费管理的通知》（交办财审〔2016〕137 号）的要求，切实加强项目经费管理，督促指导项目研究人员合规使用项目经费。

第五章　验　　收

第十九条 项目承担单位应在项目实施期结束后 3 个月内提交项目验收申请。

战略规划政策项目的验收申请应提交业务主管司局；其他项目的验收申请应提交项目主管司局。

第二十条 项目主管司局或业务主管司局在收到验收申请并经初步审查同意后，在 60 天内组织开展项目验收评审，对照任务书（合同）约定审查项目完成情况，形成验收意见。

科技成果推广项目验收包括预验收和验收两个环节。预验收由依托工程所在地省级或计划单列市交通运输主管部门组织。通过预验收的项目，应根据预验收意见修改完善，并由项目第一承担单位报经省级或计划单列市交通运输主管部门审查同意后，向部科技司提出验收申请。

第二十一条 项目验收结论分为通过验收、存在问题暂缓通过验收、不通过验收。

第二十二条 凡有下列情况之一的，为存在问题暂缓通过验收：

（一）未能完成项目全部研究内容的；

（二）提供的验收文件、资料、数据存在较大瑕疵，专家认为需要较长时间补充完善的。

对于存在问题暂缓通过验收的项目，由项目主管司局或业务主管司局责令项目承担单位限期整改后再次提出验收申请。

第二十三条 凡有下列情况之一的，为不通过验收：

（一）项目研究内容完成度不足 80% 的；

（二）提供的验收文件、资料、数据不真实，有弄虚作假和剽窃其他研究成果行为的；

（三）首次验收被确定为"存在问题暂缓通过验收"，再次验收仍不满足通过验收条件的。

对于不通过验收的项目，项目承担单位下一年度不得承担项目，项目负责人下三年度不得承担项目。

第六章 成果管理

第二十四条 项目承担单位负责项目的归档工作,并应在科研项目通过验收评审后 30 天内完成项目归档。

第二十五条 项目主管司局汇总项目成果,并商业务主管司局按部政务信息公开要求以适当形式向社会公开。

项目成果涉及国家秘密的,有关单位和人员应按照《中华人民共和国保守国家秘密法》等规定,做好保密管理工作。

第二十六条 项目形成的知识产权,其权属、运用和管理按照《交通运输行业知识产权管理办法》(交科技发〔2010〕78号)的规定执行。

第七章 监督检查

第二十七条 项目主管司局、业务主管司局及财务审计司对项目的实施情况进行监督检查,检查结果作为选择项目承担单位的重要依据。

第二十八条 对项目实施过程中有造假、抄袭、剽窃等学术不端行为的项目承担单位和个人,项目主管司局将其纳入科研信用记录,并追究其责任。

第八章 附 则

第二十九条 本办法由交通运输部综合规划司负责解释。

第三十条 本办法自 2017 年 1 月 10 日起生效,有效期五年。

交通运输部关于全面深化
交通运输改革的意见

(交政研发〔2014〕242号)

各省、自治区、直辖市、新疆生产建设兵团交通运输厅(局、委),部属各单位、部内各单位:

为深入贯彻党的十八大和十八届三中、四中全会的精神,落实中央的战略部署,全面深化交通运输改革,提出以下意见。

一、全面深化交通运输改革的指导思想、总目标和基本原则

(1) 坚持深化改革,遵循市场规律,是交通运输持续健康发展的基本经验,是新的历史条件下实现"四个交通"的关键抉择。改革开放30多年来,我国交通运输事业快速发展,城乡交通运输面貌发生了历史性变化,为促进国家经济社会发展和改革开放,为服务群众安全便捷出行作出了重要贡献。当前,我国经济发展进入新常态,交通运输发展进入新阶段,改革进入攻坚期和深水区。必须以强烈的历史使命感、责任感,在新的历史起点上全面深化改革,最大限度调动一切积极因素,以更大决心冲破思想观念的束缚、突破利益固化的藩篱、提高推进发展的能力,努力开拓中国特色交通运输事业更加广阔的前景。

(2) 全面深化交通运输改革,必须高举中国特色社会主义伟大旗帜,以邓小平理论、"三个代表"重要思想、科学发展观为指导,贯彻落实党中央、国务院的决策部署,坚持社会主义市场经济改革方向,以提升服务、改善民生为出发点和落脚点,坚决破除各方面体制机制弊端,进一步解放和发展交通运输生产力,努力开创"四个交通"发展新局面,为全面建成小康社会提供更加坚实的支撑和保障。

(3) 全面深化交通运输改革,总目标是推进交通运输治理体系和治理能力现代化。到2020年,在交通运输重要领域和关键环节改革上取得决定性成果,交通运输体制机制更加完善,发展质量和服务水平显著提升,支撑和保障国民经济、社会发展、民生改善能力显著增强,形成更加成熟规范、运行有效的交通运输制度体系。

实现这个总目标,必须坚持以下原则:

——坚持市场决定作用。立足于交通运输的基础性、先导性、服务性,进一步厘清政府与市场的边界,发挥市场在交通运输资源配置中的决定性作用,加快转变政府职能,更好发挥政府作用。

——坚持依法推进。坚持运用法治思维和法治方式推进改革,凡属重大改革都要于法有据;实践证明行之有效的,推动及时上升为法律法规;实践条件还不成熟、需要先行先试

的，推动按照法定程序作出授权。

——坚持注重实效。坚持以改革促发展，正确处理改革与发展的关系，推动交通运输改革成果更多更公平地惠及广大群众。在改革中要突出问题导向，敢于攻坚克难，加强探索创新，确保改革取得实效。

——坚持统筹兼顾。对一些涉及面广、影响深远的重大改革，坚持加强顶层设计和实践探索相结合，兼顾各方利益，广泛凝聚共识，寻求"最大公约数"，切实把握好改革的力度和节奏，做到稳中求进。

二、完善综合交通运输体制机制

（4）深化交通大部门制改革。加强综合交通运输制度建设，推动国家层面出台加快综合交通运输发展的指导意见。建立健全综合交通运输发展协调机制，建立健全和落实部与部管国家局之间的职责关系和工作运行机制，推动完善部管国家局与地方交通运输主管部门之间的工作协调机制，促进各种交通运输方式融合发展。支持地方交通运输主管部门负责本区域内综合交通运输规划、建设、管理与服务，统筹地方铁路、公路、水路、民航、邮政等管理，加快形成"大交通"管理体制和工作机制。鼓励和支持各地加大综合交通运输改革探索，选择具备条件的地方建立综合交通运输改革试验区。

铁路、民航、邮政的其他改革由国家铁路局、中国民用航空局、国家邮政局具体研究部署。

（5）完善综合交通运输规划编制机制。制定出台综合交通运输规划编制与实施办法。服务国家"一带一路"、京津冀协同发展、长江经济带等战略，建立跨区域的交通运输规划编制协调机制。落实国家规划、政策、规定，完善各种运输方式规划编制工作机制，加强铁路、公路、水路、民航、邮政发展的统筹规划。完善交通运输规划项目征集和论证制度，充分发挥下一级交通运输主管部门和社会各方的作用。探索建立交通运输与国土、住建等部门之间多规衔接的规划编制机制。

（6）完善综合运输服务衔接机制。制定完善多式联运系统、综合交通枢纽等建设、服务标准，实现各种运输方式标准的有效衔接。成立综合交通运输标准化技术委员会，统筹推进综合交通运输标准的制修订和实施工作。推进货运"一单制"、客运"一票制"、信息服务"一站式"，实现综合运输一体化服务。完善国家重大节假日等特殊时期运输服务协调机制，提升综合运输服务保障能力和水平。

三、加快完善交通运输现代市场体系

（7）完善交通运输市场规则。建立公平开放、统一透明的交通运输市场，完善市场准入制度，探索分类建立负面清单。探索交通运输领域对外商投资实行准入前国民待遇加负面清单的管理模式。全面清理交通运输领域妨碍统一市场和公平竞争的规定和做法，反对地方保护，反对垄断和不正当竞争。

（8）完善交通运输价格形成机制。注重发挥市场形成价格的作用，逐步放开铁路、公路、水路、民航、邮政等竞争性环节价格。提高公共交通、农村客运、航道等公益性服务定价透明度，公示收费项目和服务标准，接受社会监督。规范港口收费，减少收费项目，对竞争性服务收费实行市场调节。加快修订《港口收费规则》。完善各种运输方式价格形成机制，根据服务质量实行不同定价，更好地发挥价格在合理调节出行需求中的作用。

（9）完善交通运输市场信用体系。建立健全涵盖交通运输工程建设、运输服务等领域的行业信用体系。针对不同交通运输从业主体，逐步建立具有监督、申诉和复核机制的综合考核评价体系。制定并落实守信激励和失信惩戒制度，建立健全交通运输市场主体和从业人员"黑名单"制度，实施动态监管。建立全国统一的交通运输行业信用信息平台，推进与公安、工商、税务、金融、安监等部门信用系统的有效对接和信息共享。

四、加快转变政府职能

（10）深化行政审批制度改革。全面清理交通运输行业行政审批事项，进一步加大水运、海事等领域简政放权力度，减少交通运输建设投资、生产经营活动等审批。完善交通运输行政审批事项承接落实机制，确保下放的事项承接到位。全面清理非行政许可审批事项，减少工商登记前置审批。精简交通运输行政审批环节，优化审批流程，完善跨区域联合审批制度，推进网上办理和窗口集中办理，实现审批、管理、监督相分离。

（11）加强公共服务职责。清理规范交通运输行政权力，公布交通运输部门权力清单、责任清单和权力运行流程图。加快实施政社分开，完善交通运输行业社会组织管理体制，实现行业协会商会与行政机关真正脱钩，将适合由行业社会组织承担的职能，委托或移交给社会组织承担。建立交通运输部门向社会力量购买服务制度，制定交通运输领域政府购买服务实施意见，明确购买服务的种类、性质和内容，推动逐步扩大政府购买服务范围。在公共汽电车、轨道交通等运营服务领域，进一步引入竞争机制，采取合同、委托等方式向社会购买。

（12）加强市场监管职责。加强交通运输过程监管和后续管理，强化生产经营者的主体责任，完善市场退出机制。加快建立交通运输强制性标准体系，重点加强对安全生产、工程质量、环境保护、服务质量等方面的监管。应用信息化等手段创新监管方式，建立交通运输监管信息服务平台，推进监管信息的归集和共享。深化交通运输职业资格制度改革，对从业人员实施分类培养、分级管理。

（13）加快事业单位分类改革。认真落实中央关于高等院校深化改革的要求，探索大连海事大学深化改革的目标和途径。合理划分交通运输系统所属公益性检测机构与经营性检测机构，稳步推进机构整合，探索实现跨区域、跨行业的信息共享和数据互认。推动全国船舶检验深化改革，加快建设国际一流的船舶检验机构。稳步推进部属事业单位改革，按照政事分开、事企分开和管办分离的要求，科学界定单位类别，明确功能定位，实行分类管理。完善部属事业单位内部治理体系和运行管理模式，加强综合绩效考核。深化部属文化单位改革，增强发展活力。

五、加快推进交通运输法治建设

（14）完善交通运输法规体系。完善综合交通运输法规体系，发挥法治在综合交通运输体系建设中的引领和规范作用。推进交通运输法律、法规的制修订工作。健全交通运输立法项目的征集、论证及立法后评估制度。完善铁路、公路、水路、民航、邮政法规的立改废释工作机制。

（15）推进交通运输综合执法。按照减少层次、整合队伍、提高效率的原则，研究制定交通运输综合执法指导意见，稳步推进交通运输综合行政执法。相对集中执法权，明确市县两级交通运输部门为主要的行政执法主体，省级交通运输部门保留必要的执法职责。加强公路"三乱"等重点领域执法整治，完善执法程序，规范自由裁量权，做到严格规范公正文明执法。健全执法经费由财政保障制度，推动将交通运输执法机构纳入行政序列。积极推动跨部门联合执法。健全交通运输行政执法与刑事司法衔接机制，完善案件的移送标准和程序。

（16）健全交通运输依法决策机制。加快法治政府部门建设，把公众参与、专家论证、风险评估、合法性审查、集体讨论决定确定为交通运输重大行政决策法定程序。建立内部重大决策合法性审查机制，未经合法性审查或审查不合法的，不得提交讨论。积极推行交通运输部门法律顾问制度。建立重大决策终身责任追究制度及责任倒查机制。完善交通运输部门领导干部学法制度，提高运用法治思维和法治方式解决问题的能力。

六、深化交通运输投融资体制改革

（17）建立事权和支出责任相适应的制度。按照中央财税体制改革和事权划分的要求，研究制订公路、水路等领域事权划分方案。根据事权的划分，建立与事权相匹配的支出责任体系和管理制度，调整完善与履行职责相适应的机构设置、人员配备和保障机制。

（18）完善社会资本参与交通建设机制。探索推广政府与社会资本合作等模式，引导和鼓励社会资本通过特许经营等方式，参与交通运输基础设施等投资、建设、养护和运营。支持各地通过投资补助、基金注资、担保补贴、贷款贴息等方式，优先支持引入社会资本的项目。建立中央交通专项资金用于支持政府与社会资本合作项目的运行机制。鼓励各地探索设立交通产业投资基金和发展基金，建立稳定的资金保障机制。推动各地建立支持交通运输发展的地方政府举债融资机制，防范和化解交通运输政府性债务风险。

（19）完善交通运输预算管理制度。制定完善交通运输预算管理制度规定或意见。推行部门综合预算管理模式，编制交通运输发展三年滚动预算。建立健全交通运输发展规划与三年滚动预算衔接机制。清理和规范专项转移支付项目，取消效果不明显的专项，整合归并功能相近、领域相同专项。完善预算绩效管理制度，建立具有行业特色的预算绩效评价指标体系。细化部门预决算公开内容，逐步将部门预决算公开到基本支出和项目支出。

七、深化公路管理体制改革

（20）推进公路建设管理体制改革。完善公路建设工程质量与安全监督机制，建立健全工程质量终身负责制。积极试行公路建设项目自管、代建、设计施工总承包等模式，探索项目专业化管理新模式。落实项目法人责任制，完善法人资格管理、目标考核、监督约束等机制。改革工程监理制，明确监理发展定位和职责，引导监理企业转型发展。完善招标投标制，改革资格审查和评标办法，加强信用评价在招标投标中的应用，加大对围标、串标等行为的重点监管和依法查处。强化合同管理制，完善合同管理体系，建立健全合同履约考核评价制度。

（21）推进公路养护管理体制改革。根据公路的不同功能定位，建立健全政府与市场合理分工的公路养护组织模式。按照国家财税体制改革要求，科学划分国道、省道、农村公路的养护管理职责。建立完善以公共财政为主的非收费公路养护保障机制，加强养护资金使用监管。深化全寿命周期养护成本理念，全面开展预防性养护。积极探索公路养护市场化机制，推进收费公路养护工程、普通国省干线大修养护工程向社会公开招投标，农村公路专业性养护工程采取政府购买服务等方式。组建区域性公路养护应急保通队伍。

（22）完善公路运行管理机制。加强公路路面技术状况和重大桥隧安全运行监测，完善公路灾害预报预警体系。完善公路应急管理体系，加强跨部门、跨区域应急力量配备和协调，强化警地联合应急机制建设。推进国家区域性公路交通应急反应与物资储备中心建设。建立健全公路设施损毁、破坏责任倒查和追究制度。联合工信、公安等部门完善公路源头治超、联合治超、科技治超工作机制，重点整治车辆非法改装等行为。探索实行计重前置、非现场执法等公路治超方式。推进跨区域大件运输一站式审批和一证通行。

（23）完善收费公路政策。立足我国基本国情和社会多元化的出行需求，按照使用者付费、债务风险可控等原则，完善收费公路发展机制。制定收费公路改革方案，加快推进《收费公路管理条例》修订。改革收费公路管理模式，对政府投资的收费公路实行收支两条线，通行费收支纳入政府预算管理；对采用政府与社会资本合作模式及社会资本全额投资建设的经营性高速公路，实行特许经营。改革收费公路通行费率形成机制，实现通行费率与营运服务水平等挂钩。完善收费公路信息公开制度。

八、深化水路管理体制改革

（24）深化港口管理体制改革。理顺港口管理体制，推动港口资源整合，促进区域港口集约化、一体化发展。完善现代港口服务体系，推动港口与临港物流园区、保税区等融合发展。完善港口岸线管理制度，提高岸线资源使用效率。支持国有港口企业创新建设、经营方式，发展混合所有制经济。完善引航体制机制，建立健全引航服务标准和规范，加强引航服务与安全监督管理。

（25）深化航道管理体制改革。完善国家与地方航道管理机构的职责体系，逐步建立以中央和省两级为主，相对集中的管理模式。加快推进长江航道管理体制改革，促进事企分开。根据事权与支出责任相适应的原则，推进界河航道管理体制改革，加强中央统一管理。建立健全跨区域内河航道管理机构，完善部属航道管理机构与地方航道管理机构的联动机制。理顺通航建筑物管理体制，建立健全运转高效的三峡等枢纽通航管理体制。

（26）深化海事管理体制改革。理顺海事、港航等部门水上监督职责，实现统一高效管理。全面推进海事革命化、正规化、现代化建设，适应区域一体化发展要求，加强海事管理模式、监管方式创新，提升海事监管、航海保障和应急处置等能力。推进海事基层执法机构改革，加强现场执法。加快推进内河巡航救助一体化。完善船舶污染等突发事件应急处置机制。完善海事履约机制和海事磋商机制。完善与海警部门的协作机制，加强海上行政执法。

（27）深化搜救打捞体制改革。建立健全与现阶段经济社会发展相适应的现代化专业救助打捞体系，提升救助打捞能力。完善应急值班待命制度，科学配置救助打捞力量，探索建立海事巡航和专业救助联动合作机制。加强与有关方面的应急联动，完善海上搜救和重大海上溢油应急处置的机制，健全社会力量共同参与救助打捞的机制。推进交通运输专业打捞单位市场化改革。加快救捞系统飞行单位机构改革，建立适应公共安全应急需求和符合国家民航规则标准的管理运行体制机制。

（28）深化交通公安管理体制改革。按照国家司法管理体制改革要求，深化交通公安的改革。积极推进交通公安正规化、专业化、现代化建设，全面提升交通公安工作和队伍建设水平。加强水上治安综合治理，创新立体化水上治安防控体系。深化行业内外合作，完善区域性和行业性相互补充的执法合作机制。

九、完善现代运输服务体系

（29）深化公共交通体制机制改革。探索公共交通引导城市合理发展模式，完善城市交通拥堵综合治理机制，科学引导公众出行需求，合理控制私人小汽车的增长和使用，使公共交通成为公众出行优选。改革公共交通管理体制，推动公共交通与城市土地使用一体化规划，探索建立规划、建设、运营一体化的管理模式。完善城市公共交通资源配置机制，优化公共汽电车、轨道交通线网布局，引导公共交通企业规模经营、适度竞争。完善城市公共交通发展绩效评价体系，深化公交都市创建工作。健全城乡和跨区域公共交通衔接机制，促进城乡和区域公共交通协调发展。

（30）深化道路客运市场化改革。优化道路客运线网布局规划，提高群众换乘的便捷性。改革道路客运班线经营权配置机制，全面推进实施客运线路服务质量招投标制度。发挥市场在线路资源配置中的决定性作用，扩大企业在站点变更、班次增减、车辆更新等方面的经营自主权。创新客运组织和管理方式，适应多样化的出行需求。完善农村客运运营机制，促进城乡道路客运一体化发展。

（31）完善交通运输促进物流业发展体制机制。推动物流管理体制改革，发挥交通运输在物流业发展中的基础和主体作用。完善交通运输与发展改革、商务、海关、供销等部门综合协调机制，打破条块分割和地区封锁，加快形成跨区域物流大通道，降低物流成本。大力推广多式联运、甩挂运输、共同配送等组织方式，支持无车承运人、货运中介等管理方式创新。完善配送车辆进入城区作业相关政策，建立健全城市配送与车辆管理工作协作机制，着力解决物流运输"最后一公里"问题。加强物流信息资源的整合利用，加快推进国家交通运输物流公共信息平台建设，促进各类平台之间的互联互通和信息共享。

（32）推进出租汽车行业市场化改革。科学定位出租汽车服务，完善运力投放机制，科学调节出租汽车总量，推进通过服务质量招投标等方式配置出租汽车的车辆经营权。完善出租汽车价格动态调整机制，形成与公共交通合理的比价关系。加强对手机召车等新型服务模式的规范管理，鼓励发展多样化约车服务。推动出租汽车行业实行公司化、集约化经营和员工制管理，进一步形成畅通有序的行业诉求表达和权益保障机制。

（33）深化汽车维修和驾培市场化改革。建立实施汽车维修技术信息公开制度，促进维修市场公平竞争。推进汽车维修配件供应渠道开放流通，破除维修配件渠道垄断，探索建立汽车维修配件质量追溯体系。鼓励汽车维修企业开展连锁经营或重组并购，打造优质品牌，提升服务水平和资源配置效率。深化机动车驾驶员培训和道路从业人员培训市场化改革，推动完善考培分离制度，强化专职驾驶员培训。

十、完善交通运输转型升级体制机制

（34）完善智慧交通体制机制。研究制定智慧交通发展框架。加快推进交通运输信息化、智能化，促进基础设施、信息系统等互联互通，实现ETC、公共交通一卡通等全国联网。推动交通运输行业数据的开放共享和安全应用，充分利用社会力量和市场机制推进智慧交通建设。完善交通运输科技创新体制机制，强化行业重大科技攻关和成果转化，推进新一代互联网、物联网、大数据、"北斗"卫星导航等技术装备在交通运输领域的应用。完善对基础性、战略性、前沿性科学研究和共性技术研究的支持机制，培育建设一批国家级、省部级协同创新中心、重点实验室、工程中心和研发中心。建立健全交通运输领域科研设施和仪器设备开放运行机制。

（35）完善绿色交通体制机制。研究制定绿色交通发展框架和评价指标体系，引导社会各方共同推进绿色交通发展。健全营运车船燃料消耗和主要污染物排放的市场准入和退出机制。加强绿色交通统计监测体系建设，完善重点交通运输企业节能减排监管和工程建设生态保护制度。完善交通运输节能减排产品（技术）推广机制，大力推广应用清洁能源。积极推进内河船型标准化。推广合同能源管理，积极培育绿色循环低碳交通运输服务机构，推进环境污染第三方治理。大力倡导绿色出行。

（36）完善平安交通体制机制。科学界定交通运输管理部门与其他安全监管部门的责任界限，健全交通运输安全生产责任体系。制定交通运输安全监管工作责任规范，探索推行尽职免责的监管制度。健全交通运输安全生产责任追究机制，强化落实安全生产"一票否决"制度。完善交通运输隐患排查治理体系，健全安全生产重大隐患排查治理、报备、挂牌督办等制度。建立交通运输安全风险防控体系，健全安全风险辨识、评估、预防控制等制度。完善危险品运输安全监督管理制度。建立交通运输安全生产巡视制度。

（37）加强交通运输对外合作与开放。贯彻落实国家"一带一路"等战略，推进陆上和海上战略通道建设，推进区域交通互联互通和国际运输便利化。统筹国际国内两个市场，深化交通运输对外交流与合作，提高"引进来"和"走出去"水平。积极参与自由贸易试验区建设，创新航运开放等政策。理顺国际道路运输管理体制，探索建立垂直管理与委托管理相结合的工作机制。

（38）推进交通运输行业文化创新。深入实践社会主义核心价值观，大力培育和弘扬交通精神，增强交通运输发展内生动力。完善交通运输新闻发言人制度，改进信息发布和政策解读工作。提升交通运输舆情收集和研判能力，及时回应社会关切，注重引导社会舆情。推动交通运输领域传统媒体与新兴媒体融合发展，提升交通运输行业公共关系处理水平。

（39）完善交通运输反腐败体制机制。严格落实党风廉政建设主体责任和监督责任，制定实施切实可行的责任追究制度。认真落实查办案件以上级纪委领导为主，线索处置和案件查办在向同级党委报告的同时，必须向上级纪委报告制度。完善惩治腐败防控廉政风险、防止利益冲突、领导干部报告个人有关事项、任职回避等方面的规章制度。深化交通运输领域专项整治，着力解决招标投标、设计变更、物资采购、资金拨付等环节发生的腐败问题。加强纪检监察监督与巡视监督、审计监督的协调联动。

十一、加强全面深化交通运输改革的组织领导

（40）各部门各单位要把思想和行动统一到全面深化交通运输改革的决策部署上，紧跟中央的新论断、新规定、新要求，正确处理局部和全局、当前和长远的关系，正确对待利益格局调整，确保改革任务落实到位。部和各级交通运输部门要健全改革领导机构和办事机构，加强改革的组织实施。要结合实际抓紧制定实施方案，细化实化改革任务和举措，明确责任分工和时间表，建立改革任务台账，逐项抓好落实。要加强对改革任务进展情况的督查和评估，根据内外部因素变化及时作出调整，不断推动改革取得实效。

（41）各部门各单位要充分发挥积极性、主动性、创造性，大胆探索，加强重大改革试点工作，以点带面，推动交通运输改革不断深化。对一些暂时拿不准或不宜全面推开的改革，要选择有代表性的地区和单位开展改革试点，形成经验逐步推广。要在试点实施过程中及时总结成功经验，推动试点工作一批一批压茬进行，梯次推进，加快形成一批可复制、可推广的试验成果。

（42）各部门各单位要加强统筹协调，统一思想，凝聚共识，破解难题，齐心协力推进改革。要加强对改革的统筹推进，充分调动各方面改革的积极性，加强沟通协作，共同研究破解改革中遇到的突出困难和问题。要加强宣传和舆论引导，广泛凝聚共识，形成改革合力，确保改革任务顺利完成，推进交通运输治理体系和治理能力现代化。

交通运输部
2014 年 12 月 30 日

交通运输部关于加强和改进交通运输标准化工作的意见

(交科技发〔2014〕169号)

各省、自治区、直辖市、新疆生产建设兵团交通运输厅(局、委),国家铁路局、中国民用航空局、国家邮政局,有关交通运输企业、高等学校,部管各社团,部属各单位,部内各单位:

为深化改革,进一步提高交通运输标准化工作水平,推进行业治理体系和治理能力现代化,提出以下意见。

一、总体要求

1. 指导思想。贯彻落实党的十八大、十八届三中全会精神,面向"四个交通"发展需求,全面深化标准化工作体制机制改革,加强标准化管理体系和技术体系建设,强化标准有效实施,为交通运输工程建设、产品和服务质量的提升提供保障。

2. 基本原则。

——深化改革、服务发展。深化管理体系改革,加强技术体系建设,推进强制性标准与推荐性标准分类管理,充分发挥标准对发展综合交通、转变政府职能、推动技术进步、优化产业结构、提升行业国际竞争力的促进作用。

——需求引领、重点突破。立足"四个交通"发展的阶段性需求,不断完善标准化发展规划,加快重点领域标准制修订,充分发挥标准在行业提质增效升级中的引领作用。

——政府主导、企业主体。政府加强标准化宏观管理和综合协调,发挥好对强制性标准和公益类推荐性标准的主导作用,发挥好企业在标准制定和应用中的主体作用。

——多方参与、协同推进。充分调动各方积极性,形成各级交通运输主管部门、企业、社会组织等的标准化工作合力,推进国家标准、行业标准、地方标准、企业标准的协调发展。

——尊重科学、重在实施。以科技进步和技术创新推动标准的升级,以标准促进科技成果的转化应用,完善标准实施监督机制,加强实施效果的评估。

3. 发展目标。经过3年努力,基本建成政府、企业、社会组织各司其职的标准化管理体系,各种交通运输方式标准有效衔接的机制健全顺畅;综合运输、安全应急、节能环保、管理服务等领域的标准化技术体系系统完善,标准质量和实施效果显著增强,标准与科技研发的结合更加紧密;国际标准化活动的参与度与话语权明显提升,标准化对交通运输科学发展的支撑和保障作用充分发挥。

二、深化体制改革，健全管理体系

4. 健全交通运输标准化组织机构。设立交通运输部标准化管理委员会，指导交通运输标准化工作，审议交通运输标准化战略、规划、政策、法规，审定交通运输标准化年度工作计划，协调衔接各种交通运输方式标准。

5. 改革政府部门标准化工作。政府加强对标准化工作的分类指导，加强强制性标准管理，完善推荐性标准体系，重点加强关键共性、基础性、公益性的推荐性标准管理。积极引用和有效使用标准，加强行业管理，做好市场监管和服务。

6. 发挥企业在标准化中的主体作用。鼓励企业制定和采用先进标准，通过提升企业标准化工作水平，提高企业竞争力。鼓励企业参与或承担国家和行业标准制修订工作。积极推进企业成立标准制修订联盟，制定联盟标准。

7. 支持社会组织开展标准化工作。积极鼓励社会组织在市场化程度高、技术创新活跃的专业领域，探索社会组织标准制修订模式和体制，稳步推进社会组织标准化工作健康发展，并逐步通过社会组织标准的增量带动政府推荐性标准的改革。

8. 加强专业标准化技术委员会管理。优化专业布局，减少职能交叉，完善考核评价机制。成立综合交通运输标准化技术委员会，广泛吸纳铁路、公路、水路、民航、邮政以及城市交通等领域的管理专家和技术专家参与，协调各种运输方式间的需要统一的技术、管理和服务要求，拟订相关标准。

三、围绕行业发展，完善技术体系

9. 完善交通运输技术标准体系。围绕发展需求，完善行业技术标准体系，实施动态管理。鼓励地方结合实际制定地方标准，对有国家或行业标准的，支持地方制定严于国家和行业标准的地方标准。制定国家标准、行业标准时，应积极吸纳地方标准相关内容。

10. 加强重点领域标准制定。各级交通运输主管部门要把标准化工作作为转变政府职能的重要抓手，在取消行政审批和许可的领域，需要加强监管的领域，抓紧制定和完善相关标准，加快综合运输、安全应急、节能环保、管理服务、城市客运等领域的技术标准制定。加强工程建设、养护管理、运输装备、信息化等领域关键标准的制修订。

11. 推进标准有效实施。加强标准宣贯、培训力度，通过质量监督抽查、产品质量认证、市场准入、工程验收管理、标准符合性审查等方式推进标准有效实施。健全交通运输标准审查评估机制，强化对标准协调性、规范性的审查，以及对标准实施效果的评估。加强标准的实施监督。继续推进企业安全生产标准化、运营服务标准化、公路施工标准化和船型标准化等工作。

12. 加强质量监督抽查。完善部级抽查、省级互查等多方参与、协同配合的工程质量安全督查机制，加强工程建设、养护、运营、管理全过程强制性标准实施情况的监督检查。建立产品质量监督抽查部省联动机制，扩大产品质量监督抽查种类和范围，加大行业产品质量监督抽查力度。研究探索服务质量监督抽查方法，逐步建立服务质量监督抽查机制。

13. 强化计量基础支撑作用。加强交通运输领域专业计量机构建设，加快急需的专业计量标准器具的研制和计量检定规程制修订。加强对质量检验机构的计量检定、校准工作的监督检查。

14. 推进交通运输产品与服务认证。建立健全行政监管、行业自律、社会监督相结合的认证管理模式，推动行业产品认证健康有序发展。强化行业重点监管产品的认证。提高自愿性产品认证在设计、招投标、工程建设等活动中的采信度。研究探索服务认证方法，逐步开展服务认证。

四、优化运行机制，提高质量水平

15. 加强标准制修订全过程管理。完善标准制定程序，及时披露标准制定过程信息，保证制定过程公开透明。优化标准审批流程，缩短制定周期。建立健全标准修订快速程序，加强标准维护更新。严格标准复审，保证标准的有效性和适用性。

16. 加大科技研发对标准的支撑。强化科技计划执行与标准制修订的互动。加大科技计划对标准研制的支持力度，鼓励有条件的科技项目成果转化形成标准。标准制修订要有效承接科技创新成果，提高标准的技术水平。

17. 加强标准国际化工作。积极参与国际标准化活动，提高国际标准制定的参与度和话语权。推动交通运输行业优势特色技术制定为国际标准。加强行业标准中外文版同步出版工作，推动中国标准的海外应用。

五、保障措施

18. 加强组织领导。各级交通运输主管部门要高度重视标准化工作，切实加强对标准化工作的组织领导，完善规章制度和工作程序，将标准化理念贯穿到交通运输工程建设、作业管理和运输服务等工作中。

19. 加强人才队伍建设。推动建立高素质的标准化人才队伍，积极开展教育与培训。研究建立激励机制，按照相关政策要求，将从事标准化工作的业绩与技术职称评定、个人荣誉与待遇挂钩，吸引优秀专业人才从事标准化工作。

20. 落实经费保障。积极争取国家和地方财政经费投入，将强制性标准和公益类推荐性标准制修订、标准实施监督等标准化工作纳入预算管理。鼓励和引导企业和社会组织加大标准化工作经费投入，积极参与标准化活动。

中华人民共和国交通运输部
2014 年 8 月 13 日